Qualidade e produtividade nos transportes

Dados Internacionais de Catalogação na Publicação (CIP)
(Câmara Brasileira do Livro, SP, Brasil)

Qualidade e produtividade nos transportes. --
2. ed. -- São Paulo : Cengage Learning, 2024.

1. reimp. da 2 ed. de 2016
Vários autores.
Bibliografia.
ISBN 978-85-221-2411-4

1. Transportes 2. Transportes - Controle de qualidade 3. Transportes - Eficácia organizacional 4. Transportes - Produtividade.

15-06224 CDD-388

Índice para catálogo sistemático:
1. Transportes : Qualidade e produtividade 388

Qualidade e produtividade nos transportes

2ª edição

Amir Mattar Valente
Eunice Passaglia
Jorge Alcides Cruz
José Carlos Mello
Névio Antônio Carvalho
Sérgio Mayerle
Sílvio dos Santos

Austrália • Brasil • Canadá • México • Cingapura • Reino Unido • Estados Unidos

**Qualidade e Produtividade nos Transportes
2ª edição**

**Amir Mattar Valente
Eunice Passaglia
Jorge Alcides Cruz
José Carlos Mello
Névio Antônio Carvalho
Sérgio Mayerle
Sílvio dos Santos**

Gerente editorial: Noelma Brocanelli

Editora de desenvolvimento: Gisela Carnicelli

Supervisora de produção gráfica: Fabiana Alencar Albuquerque

Editora de aquisição: Guacira Simonelli

Especialista em direitos autorais: Jenis Oh

Assistente editorial: Joelma Andrade

Revisão: Nelson Barbosa, Beatriz Simões e Luicy Caetano de Oliveira

Pesquisa iconográfica: ABMM Iconografia

Diagramação: PC Editorial Ltda.

Capa: BuonoDisegno

© 2016 Cengage Learning Edições Ltda

Todos os direitos reservados. Nenhuma parte deste livro poderá ser reproduzida, sejam quais forem os meios empregados, sem a permissão, por escrito, da Editora. Aos infratores aplicam-se as sanções previstas nos artigos 102, 104, 106 e 107 da Lei nº 9.610, de 19 de fevereiro de 1998.

Esta editora empenhou-se em contatar os responsáveis pelos direitos autorais de todas as imagens e de outros materiais utilizados neste livro. Se porventura for constatada a omissão involuntária na identificação de algum deles, dispomo-nos a efetuar, futuramente, os possíveis acertos.

A editora não se responsabiliza pelo funcionamento dos links contidos neste livro que possam estar suspensos.

Para informações sobre nossos produtos, entre em contato pelo telefone
+55 11 3665-9900

Para permissão de uso de material desta obra, envie seu pedido para
direitosautorais@cengage.com

© 2008 Cengage Learning. Todos os direitos reservados.

ISBN-13: 978-85-221-2411-4
ISBN-10: 85-221-2411-6

Cengage
WeWork
Rua Cerro Corá, 2175 – Alto da Lapa
São Paulo – SP – CEP 05061-450
Tel.: (11) 3665-9900

Para suas soluções de curso e aprendizado, visite
www.cengage.com.br

Impresso no Brasil.
Printed in Brazil.
1. reimpressão - 2024

Sumário

APRESENTAÇÃO IX
PREFÁCIO X
INTRODUÇÃO XI
SOBRE OS AUTORES XIII

CAP. 1 TRANSPORTE URBANO DE PASSAGEIROS 1
Jorge Alcides Cruz e Névio Antônio Carvalho

Os conceitos de qualidade e produtividade no transporte urbano de passageiros 1
O processo de produção do transporte urbano de passageiros 2
    Considerações gerais 2
    Fatores condicionantes do processo de produção 3
    O ciclo de produção 5
Técnicas e estratégias para aumentar a qualidade e a produtividade 15
    Uso de equipamentos e novas tecnologias 16
    O planejamento e o controle da manutenção 16
    Controle de consumo e de custos 17
    Ambiente empresarial e relação com os usuários 17
    O planejamento e o gerenciamento da operação 18
    Controle da receita 18
    Treinamento e formação de pessoal 19
Planejando o futuro e modelando a organização 19
Referências 22
Anexo A – Indicadores de qualidade e produtividade 24

CAP. 2 TRANSPORTE RODOVIÁRIO DE PASSAGEIROS 43
Sérgio Mayerle

Introdução 43
    Tipos de transporte rodoviário de passageiros 45
    Objetivo do planejamento operacional 47
    Etapas do planejamento operacional 47
Custos operacionais 48
    Classificação dos custos 48
    Métodos de cálculo de custos operacionais 50

Estudo da demanda 51
    Matriz origem-destino 52
    Variação da demanda média anual 53
    Variação mensal da demanda ao longo do ano 53
    Variação da demanda diária ao longo da semana 55
    Variação da demanda horária ao longo do dia 56
    Previsão da demanda 56
    Níveis de serviço e divisão de mercado 59
    Pesquisa de mercado e ajuste do modelo de utilidade 60
Estudo da oferta 64
    Estudo da rede viária 64
    Modelo de geração de viagens 68
Alocação de veículos 74
    Técnica de construção de ciclos de viagens 74
    Um exemplo numérico 77
Alocação de condutores 79
    O problema de alocação de condutores 80
    Modelos de alocação de trabalhadores em local fixo 84
    Modelos baseados em cobertura e particionamento de conjuntos 85
    Técnicas heurísticas aplicadas ao SCP 87
    Relaxação Lagrangeana aplicada ao SCP 91
Referências 96
Anexo A – Dados e resultados do Modelo de Geração de Viagens 101
Anexo B – Dados e resultados do Modelo de Alocação de Frota 112
Anexo C – Algoritmo de Relação Lagrangeana para resolução
           do Modelo de Cobertura de Conjuntos 114

CAP. 3   TRANSPORTE AQUAVIÁRIO DE CARGAS 117
Sílvio dos Santos

Qualidade e produtividade no transporte aquaviário de cargas 117
    Produtividade em um sistema de transportes 117
    Qualidade de um sistema de transportes 118
O processo de produção do transporte aquaviário de cargas 119
    Etapas do processo de produção do transporte aquaviário 120
    Interfaces entre os ambientes da empresa no processo de produção do transporte 121
    Vantagens práticas da caracterização da empresa como um conjunto de ambientes 121
Técnicas e estratégias para aumentar a qualidade e a produtividade do transporte
    aquaviário de cargas 122
    Utilização de equipamentos modernos 122
    Utilização de novas tecnologias 123
    Renovação da frota 123

Planejamento e gerenciamento da operação 124
Planejamento e controle da manutenção 125
Utilização de técnicas modernas de carga e descarga 126
Otimização do carregamento das embarcações 127
Legislação, acordos operacionais e parcerias 127
Treinamento de pessoal em todos os níveis 128
O uso da logística 129
O uso da informática 130
Simplificando os processos aduaneiros 131
Planejando o futuro e modelando a organização 132
Referências 133
Anexo A – Unidades relativas ao nível de serviço 135

CAP. 4 TRANSPORTE FERROVIÁRIO DE CARGAS 141
Eunice Passaglia

Qualidade e produtividade no transporte ferroviário de cargas 141
    Qualidade com produtividade na empresa de transporte de cargas 142
    Parâmetros indicadores de produtividade de um sistema de transporte ferroviário
        de cargas 144
    Parâmetros indicadores de qualidade de um sistema de transporte ferroviário de cargas 147
    Exemplo de aplicação dos indicadores de qualidade e produtividade 148
O processo de produção do transporte ferroviário de cargas 150
    Etapas no processo de produção do transporte ferroviário de cargas 150
    Interfaces entre os ambientes da empresa no processo de produção do transporte 150
    Vantagens práticas da caracterização da empresa como um conjunto de ambientes 151
Técnicas e estratégias para aumentar a qualidade e a produtividade do transporte
    ferroviário de cargas 153
Conclusão 158
Planejando o futuro e modelando a organização 158
Referências 160
Anexo A – Unidades estatísticas e de informação utilizadas no transporte ferroviário de
       cargas 162

CAP. 5 TRANSPORTE RODOVIÁRIO DE CARGAS 167
Amir Mattar Valente

Qualidade e produtividade no transporte rodoviário de cargas 167
    Introdução 167
    Seleção da frota 167

Etapas da decisão 170
Transporte próprio ou fretado? 171
Técnicas para aumentar a qualidade e a produtividade do transporte rodoviário de cargas 173
   Introdução 173
   Qualidade e produtividade 173
   Treinamento da mão de obra 173
   O uso da logística para obter ganhos de produtividade 175
   A produtividade do veículo e a utilização de novas tecnologias 176
   Informatização 176
   Implicações da manutenção na produtividade do veículo 176
   Técnicas modernas de carga e descarga 180
   Métodos de otimização da distribuição de cargas no veículo 182
   Melhorando a eficiência da roteirização 187
Estratégias para maior produtividade: acordos operacionais 195
   Introdução 195
   A produtividade do veículo e os acordos transportador – embarcador ... 195
   A produtividade do veículo e os acordos transportador – transportador .. 196
   A produtividade do veículo e os acordos transportador – fabricantes de veículos 197
   Franchising 197
   Sistema integrado de logística: centro de distribuição, terminais, armazéns 197
   Estratégias para maior produtividade – Monitoramento eletrônico 198
Referências 203

CAP. 6   TRANSPORTE AÉREO 207
José Carlos Mello

Introdução 207
Aspecto internacional da regulamentação 210
O transporte aéreo no Brasil 213
Indústria aeronáutica brasileira 227
Aeroportos 228
Acidentes aéreos 235
Referências 239

Apresentação

Pela oportunidade oferecida pelo Serviço Social do Transporte/Serviço Nacional de Aprendizagem do Transporte (Sest/Senat), a qual viabilizava a pesquisa e a produção de material instrucional (textos e fitas de vídeos) sobre o tema "Qualidade e Produtividade nos Transportes", pudemos, já na ocasião, vivenciar a carência de bibliografia sobre tal assunto no Brasil.

As dimensões geográfica, populacional e econômica do Brasil, associadas às suas características físicas, conduzem à necessidade do pleno uso das diversas modalidades de transporte. Sabe-se que, cada uma delas, com suas peculiaridades e vocações, pode bem contribuir para a existência de um eficiente sistema integrado que seja capaz de atender, de forma otimizada, às demandas existentes.

Porém, além da necessidade de uma infraestrutura bem concebida, também é fundamental a eficácia na operação. Esta publicação traz conceitos, técnicas e informações referentes à qualidade e à produtividade no transporte de cargas considerando-se os modais rodoviário, ferroviário e aquaviário. No que se refere a passageiros, aborda-se o transporte urbano e o rodoviário. Por último, o livro trata do modal aéreo em seus aspectos de regulamentação, indústria brasileira, aeroportos, acidentes e traz um panorama sobre o transporte aéreo no Brasil. A logística não é nem poderia ser esquecida. Por sua forte característica sistêmica, ela se faz presente, direta ou transversalmente, em toda a publicação.

Durante essa jornada, muitos foram aqueles que nos ajudaram direta e indiretamente, fornecendo informações, dados, apoio e estímulo. Cabe destacar a atenção recebida da Confederação Nacional dos Transportes (CNT), do Sest/Senat e também da Universidade Federal de Santa Catarina (UFSC), onde alguns dos autores lecionam. Igualmente não nos faltou apoio dos empresários do setor de transportes. São eles quem vivenciam os problemas, e deles pudemos colher relatos de diversas experiências e de casos práticos. Gostaríamos, nesta oportunidade, de agradecer a todos aqueles que colaboraram.

Finalmente, gostaríamos de agradecer a nossos familiares, que não somente souberam ceder parte do precioso tempo de convívio, como também nos incentivaram para que tal projeto pudesse se tornar realidade.

Estamos, em 2015, com nova edição e com a vivência do contato com os leitores. Com base na experiência até aqui vivida, mantemos a motivação e a certeza de que este livro seguirá firme em seu papel de contribuir com a evolução da prática dos transportes no Brasil, bem como com a formação e o aperfciçoamento de profissionais para o setor. Permaneceremos sempre atentos para que novos conhecimentos, tecnologias e práticas possam ser contemplados na continuidade desta obra.

Os autores

Prefácio

Esta obra reúne importantes contribuições ao transporte brasileiro e registra a produção científica de renomados acadêmicos e estudiosos, que fizeram no transporte brilhante trajetória profissional, fato que referencia esta obra como bibliografia básica para todos que atuam no setor.

Relevantes abordagens sobre a regulação do setor, logística integrada, qualidade e produtividade, entre outros temas de igual importância, são desenvolvidos com primazia e dispensam comentários.

Fica evidente que pesquisa com foco no crescimento social e econômico das empresas é fundamental e garante a aplicabilidade dos resultados e dos conceitos científicos no transporte, promovendo saudável aproximação entre a academia e o empresariado.

As proposições indicadas transpõem para o transporte as metodologias e sistemas empregados com sucesso em outros países e foram, neste livro, adaptadas às particularidades dos serviços de transporte brasileiro.

Demonstram, ainda, a inovação proposta pelos autores, em especial, nos aspectos relativos aos indicadores, entre os quais destaco o de ecoequilíbrio, que contribui diretamente para a consolidação de uma cultura de preservação ambiental que está sendo adotada pelos empresários do setor de transporte e que é amplamente apoiada e difundida pelo Sistema Confederação Nacional do Transporte (CNT).

Um setor que contribui de forma expressiva para a formação do Produto Interno Bruto do país e que cresceu muito rapidamente na última década está aberto à quebra de paradigmas e pronto a romper com o empirismo conservador.

Acredito que este livro terá o dom de inspirar e estimular a adoção de novas práticas que impulsionem ainda mais o transporte brasileiro.

A capacidade de crescimento do setor de transporte está diretamente relacionada à aplicação produtiva de novos conceitos, tecnologias e no aproveitamento de maneira socialmente responsável dos recursos disponíveis.

Diante disso, sobressai a importância da transferência do conhecimento produzido nas universidades para as empresas de todas as modalidades de transporte, que terão nesta publicação um referencial para o seu desenvolvimento.

Clésio Andrade
Presidente da CNT

Introdução

Conforme pode ser observado nos dias atuais, qualidade e produtividade, além de serem anseios da sociedade moderna, tornaram-se requisitos indispensáveis para garantir a sobrevivência das organizações nas mais diversas áreas de atividade econômica.

Nesse sentido, a estratégia a ser adotada por essas organizações deve assegurar a excelência na produção, tanto de bens como de serviços, o que pode ser traduzido por uma gestão que possibilite obter a máxima eficiência no processo de produção-produtividade, levando-se em conta a maximização na satisfação dos requisitos esperados pelo cliente: a qualidade.

Para tanto, é necessário conhecer o mercado, isto é, as necessidades e especificações dos clientes em potencial.

Nos últimos anos, têm sido adotados novos conceitos e modelos de gestão que incentivam a competitividade, em que o aumento da produtividade e a melhoria da qualidade são alvos de uma busca constante. Nesse contexto, as teorias de gestão desenvolvidas buscam aumentar a produtividade do serviço prestado por meio da redução de desperdícios e da introdução de tecnologias adequadas à produção e ao seu gerenciamento, além de aumentar a participação da empresa no mercado.

As cidades brasileiras apresentam, em maior ou menor grau, deficiências em seus sistemas de transporte urbano de passageiros. A falta de investimentos em infraestrutura, o baixo poder aquisitivo dos usuários, as más condições da frota, os problemas de gestão, entre outros fatores, contribuem para a reduzida qualidade dos serviços. A superação desses problemas é um dos mais importantes desafios da administração pública moderna, preocupada em melhorar a qualidade de vida nas cidades. A contribuição das empresas permissionárias/concessionárias de serviços de transporte coletivo de passageiros, nesse processo, é de fundamental importância.

Várias cidades, nos últimos anos, implantaram sistemas de bilhetagem eletrônica e outras inovações tecnológicas. Esse fato, aliado às questões de conjuntura econômica e social, obriga as operadoras a assumir uma nova postura gerencial como condição de sobrevivência no mercado, incorporando em sua rotina a busca por maior qualidade e produtividade.

A dinâmica de funcionamento de um sistema de transporte urbano de passageiros é relativamente complexa, em razão das inúmeras variáveis que interferem no processo de produção. Essa complexidade, durante algum tempo, limitou a adoção de programas de gestão pela qualidade e produtividade. Hoje, com a disseminação de novos conceitos e modelos de gestão, o espaço está aberto para a qualificação e modernização das empresas.

Até meados da década de 1970, o desempenho das empresas de transportes era avaliado somente do ponto de vista da sua produtividade. Com base em estudos realizados nessa época, a produtividade passou a ser vista de forma ampla, abrangendo todos os elementos intervenientes ao transporte, quais sejam, aqueles ligados diretamente à atividade-fim, bem como os de seu suporte, acarretando que a produtividade do sistema vai depender da produtividade de cada integrante, que, por sua vez, terá pontos de vista específicos sobre qualidade, eficiência e produtividade.

A qualidade com produtividade para uma empresa de transporte deve buscar abranger a organização de forma global, incluindo uma estratégia de negócios, baseada em informações relacionadas aos clientes, que visa identificar os pontos fortes e fracos da concorrência, e uma estratégia de aperfeiçoamento organizacional, que visa assegurar um ritmo mais rápido de desempenho em todos os aspectos do negócio.

Essa filosofia consolidou-se, principalmente, nos países desenvolvidos, onde se busca não somente produzir a oferta mais elevada possível, respeitando-se os parâmetros estabelecidos pelo custo e tecnologia, mas também conquistar o usuário, elevando a rentabilidade e o lucro da empresa, satisfazendo seus anseios para obter uma boa imagem do serviço prestado.

> A qualidade na prestação de serviços é um assunto recente e no setor de serviços de transportes ainda é incipiente, sobretudo no de transporte de cargas. Nesse setor, qualidade tem sido vista mais como um condicionante a ser atingido na busca de redução de custos do que uma meta a ser alcançada ou superada levando-se em conta a necessidade de sobrevivência das empresas.

Devemos ficar atentos. A qualidade do serviço, corretamente entendida, pode se transformar em uma arma altamente efetiva – um meio de se criar e sustentar uma vantagem competitiva, entendendo-se esta como a diferença perceptível de melhor satisfazer, em relação aos concorrentes, as necessidades identificadas do cliente. Isso só pode acontecer se os serviços forem tratados como uma questão estratégica e forem adicionados mecanismos para torná-los um valor-chave da organização.

Sobre os Autores

Amir Mattar Valente
Engenheiro civil – UFSC – 1979
Mestre em Engenharia de Transportes – COPPE/UFRJ – 1983
Doutor em Engenharia de Produção – PPGEP/UFSC – 1994
Professor no curso de pós-graduação em Engenharia Civil – UFSC
Consultor de Empresas
Consultor de Projetos na Confederação Nacional do Transporte – CNT
Consultor de Projetos na Agência Nacional de Transportes Terrestres – ANTT
Consultor de Projetos no Departamento Nacional de Infraestrutura de Transportes – DNIT
Coautor do livro *Gerenciamento de transporte e frotas*
Membro do Conselho Estadual de Transportes de Passageiros – SC
Ministrante de diversos cursos e palestras.
Autor de diversos artigos publicados em anais de congressos, periódicos e revistas nacionais e internacionais.

Eunice Passaglia
Engenheira civil – UFSC – 1972
Especialização em Engenharia de Transportes – COPPE/UFRJ – 1976
Mestre em Planejamento de Transportes – IME – 1988
Doutora em Engenharia de Produção – PPGEP/UFSC – 1993
Professora no curso de pós-graduação em Engenharia Civil – UFSC
Consultora de empresas
Membro do Conselho Estadual de Transportes de Passageiros – SC
Ministrante de diversos cursos e palestras
Autora de diversos artigos publicados em anais de congressos, periódicos e revistas nacionais e internacionais.
Coautora do livro *Gerenciamento de transporte e frotas*.

Jorge Alcides Cruz
Engenheiro civil – UFRGS – 1974
Especialista em Planejamento de Transportes Urbanos e Controle de Tráfego – UnB – 1975
Mestre em Engenharia de Produção – UFSC – 1991
Doutor em Engenharia de Produção – UFSC – 1998
Técnico de Nível Superior do Ministério dos Transportes (GEIPOT – 1975-1986; CBTU – 1984-1985; EBTU – 1986-1990; DNER – 2000-2001; Prefeitura Municipal de Florianópolis, 2001-2011).
Consultor em Planejamento de Transportes Urbanos (Resposta Consultoria Ltda.; ESSE – Empresa Sul-Brasileira de Serviços de Engenharia Ltda.; IDAQ – Instituto de Desenvolvimento, Assistência Técnica e Qualidade em Transporte; Prefeitura Municipal de Londrina-PR; OferBus

– Assessoria e Informática Ltda; Consórcio GEITRAN/MAGNA; Única – Consultores de Engenharia Urbana Ltda; Ambiens – Consultoria e Projetos Ambientais Ltda; FEESC – Fundação de Ensino
e Engenharia de Santa Catarina; Prefeitura Municipal de Criciúma/SC; ANTT – Agência Nacional de Transportes Terrestres; APPE – Assessoria para Projetos Especiais, Socioambiental Consultores Associados Ltda.; Carmona Consultoria Ambiental; Instituto do Conhecimento Paralelo 27° SS; Bauer Engenharia; Labtrans/UFSC – Laboratório de Transportes e Logística da Universidade Federal de Santa Catarina/UFSC).

José Carlos Mello
Engenheiro civil – UFRGS – 1969
Mestre em Transportes – COPPE/UFRJ – 1972
Doutor em Transportes – COPPE – 1978
Autor de *Planejamento dos Transportes e Planejamento dos Transportes Urbanos*
Professor da UFSC, COPPE e FGV
Vice-presidente da Gol Linhas Aéreas Inteligentes
Conselheiro da Alstom Energia e Transportes do Brasil.

Névio Antônio Carvalho
Engenheiro civil – UFSC – 1985
Mestre em Engenharia de Produção – Transportes – UFSC – 1989
Diretor Técnico do Instituto Ethos de Pesquisa Aplicada, Florianópolis – 1992
Gerente do Núcleo de Transportes da Prefeitura Municipal de Florianópolis – 1993-1996
Instrutor do IDAQ em cursos de Planejamento da Operação nas Empresas de Transporte Urbano de Passageiros, Teresina, Natal, Curitiba e Belo Horizonte – 1997
Diretor do Instituto 21 de Políticas Públicas, Florianópolis – 1997-1999
Coordenador adjunto do Projeto Linha Rápida/Integração do Transporte Coletivo da Região Metropolitana de Porto Alegre, Metroplan/SCP, Porto Alegre – 2000-2002
Diretor-geral do Instituto 21 de Políticas Públicas, Florianópolis – 2002-2006
Analista de Infra-estrutura de Transportes em Engenharia Civil do Departamento Nacional de Infraestrutura de Transportes – DNIT/SC.

Sérgio Fernando Mayerle
Engenheiro civil – UFSC – 1979
Mestre em Engenharia de Produção – UFSC – 1984
Doutor em Engenharia de Produção – UFSC – 1996
Professor adjunto da Universidade Federal de Santa Catarina
Experiência na área de Engenharia de Transportes, com ênfase em Planejamento de Transportes, atuando principalmente nos seguintes temas: transporte de passageiros, *bus and crew scheduling*.

Sílvio dos Santos
Engenheiro civil – Transportes – Escola Politécnica da USP – 1967 a 1971
Cursos de Especialização – ACTIM – Agence pour la Cooperation Technique Industrielle et Economique – Ministério das Relações Exteriores – França – Navegação Interior, Portos e Ferrovias – 1983 – 1987 e 1991

Mestre em Engenharia – UFSC – 2004 a 2005
Gerente de Transportes Hidroviários e Marítimos da Secretaria de Infraestrutura de Santa Catarina- 2005 a 2010
Conselheiro dos Conselhos de Autoridade Portuária dos Portos de Imbituba, Laguna, Itajaí e São Francisco do Sul – 2005 a 2010

Engenheiro nas seguintes empresas:
Companhia do Metropolitano de São Paulo – 1971 a 1974
Escritório Técnico Figueiredo Ferraz – 1975 a 1980
Sotepa – Sociedade Técnica de Projetos – 1981 a 1982
FEPASA – Ferrovias Paulista S.A. – 1983 a 1985
Secretaria de Transportes do Estado de São Paulo – 1985 a 1987
Secretaria de Transportes e Obras do Estado de Santa Catarina – 1987 a 1989
Ferronorte – Ferrovias Norte Brasil – 1989 a 1995
Secretaria de Desenvolvimento do Econômico de SC – 1995 a 1996
Michel Sola Engenharia e Consultoria – 1999 a 2001
Prosul – Engenharia e Consultoria – 2001 a 2003
Laboratório de Transportes da UFSC – 2003 a 2005 e 2010 a 2015
Secretaria de Infraestrutura do Estado de Santa Catarina – 2005 a 2010

Professor nas seguintes instituições:
Planejamento de Transportes na Escola Politécnica da USP - 1973 a 1974
Modelos de Simulação de Transportes no Instituto Militar de Engenharia – IME – 1977 a 1980
Portos e Navegação Fluvial, Planejamento de Transporte e Projetos de Rodovias da Universidade Católica de Santos – 1993 a 2000
Ferrovias e Portos, Rios e Canais da UFSC – 1995 – 2004 a 2005
Transportes e Seguros do Curso de Administração em Comércio Exterior da Única – Florianópolis – 2002 a 2006.

Escreve no *site*: www.portogente.com.br de 2005 a 2015.

CAPÍTULO 1

Transporte Urbano de Passageiros

Jorge Alcides Cruz
Névio Antônio Carvalho

Os conceitos de qualidade e produtividade no transporte urbano de passageiros

As estratégias de gerenciamento da qualidade e da produtividade podem ser divididas em três correntes principais: estratégias baseadas na ISO (países do Mercado Comum Europeu); gestão da qualidade total (desenvolvida pelos norte-americanos) e o controle da qualidade total (desenvolvido originalmente no Japão).

São muitas as definições de qualidade e produtividade encontradas na literatura e na prática empresarial. A adequação ao uso (Juran, 1990), a conformidade com os requisitos (Crosby, 1990), a totalidade de aspectos e características do serviço que satisfaçam necessidades implícitas ou explícitas do usuário e a busca constante da satisfação do desejo dos usuários (Deming, 1991; Feigenbaum, 1994; Parasuraman et al., 1985) são algumas das mais utilizadas para a definição de qualidade. No setor de transporte urbano de passageiros, o enfoque conceitual direciona-se para a satisfação plena do usuário e para a precisa identificação do tipo de oferta desejada. Campos (2009) resume esta visão ao destacar que um produto ou serviço de qualidade é aquele que atende perfeitamente, de forma confiável, segura e no tempo certo, às necessidades do cliente. Já o conceito mais comum de produtividade incorpora a relação entre o produto obtido e os insumos utilizados no processo de produção. O texto de Contreras-Montoya et al. (1999) define "eficiência produtiva de uma empresa como a capacidade que a mesma tem de ofertar um determinado nível de produto ou serviço a um custo mínimo".

Para a medição da qualidade e da produtividade, utilizam-se tradicionalmente indicadores que expressam o nível de serviço da oferta, os quais refletem os efeitos da qualidade gerencial dos processos produtivos tanto do órgão gestor de transportes (a quem cabe a especificação da oferta) como da empresa operadora. Essa dualidade ou divisão de responsabilidades, sem dúvida, torna o processo mais complexo e as soluções tendem a ser morosas. O trabalho de Lima Junior (1995) aponta que a ênfase em programas de qualidade e de produtividade implantados nas empresas operadoras privadas normalmente volta-se para os aspectos operacionais e internos, com destaque para a produtividade, enquanto os órgãos gestores/empresas públicas tendem a privilegiar aspectos relacionados à qualidade.

O processo de medição apresenta graus diferenciados de complexidade, o que pode ser visto no texto de Contreras-Montoya et al. (1999):

> [...] as relações entre os diferentes insumos como trabalho, capital, combustível na produção do serviço de transporte, e as produtividades próprias de cada um, apresentam em geral uma certa complexidade na sua estimativa, que se incrementa pela dependência entre insumos e produtos, pela mistura entre insumos na estimação de custos de operação, pela tecnologia empregada e, inclusive, pela definição do resultado do processo produtivo (assentos-km, passageiros-km, ônibus-km etc.); a produtividade depende, além desses fatores, de condições operacionais exógenas e do entorno institucional definido onde o serviço é fornecido, por exemplo têm-se condições físicas da infraestrutura viária, restrições de velocidade por congestionamento e por geometria da via, relações contratuais de emprego, políticas de subsídio e de função social do transporte da força de trabalho, entre outras.

Uma gestão moderna precisa considerar, de forma equilibrada, as noções de qualidade e produtividade. Como aponta Lima (1996), "[...] um método de gestão da produtividade com qualidade do transporte coletivo urbano por ônibus é um procedimento destinado a selecionar, comparar, calcular e analisar atributos e respectivos indicadores de qualidade, sem prejuízo da sua produtividade, para promover a melhoria contínua do serviço".

O processo de produção do transporte urbano de passageiros

Considerações gerais

Um processo produtivo, na área de serviços, pode ser visto como a forma pela qual se transformam recursos de entrada a fim de criar serviços úteis de saída. Os recursos de entrada, no caso de uma empresa operadora de transporte urbano de passageiros, são veículos, pessoal de operação, pessoal de manutenção, pessoal administrativo e equipamentos diversos, que são utilizados para disponibilizar uma oferta de transporte público urbano. Como resultado final desse processo, têm-se os passageiros transportados aos seus destinos.

Para que esse processo produtivo preencha as expectativas dos usuários dos serviços, as empresas operadoras e o órgão gestor precisam cumprir as suas responsabilidades (Lindau e Rosado, 1992):

- Os pontos de paradas, estações e terminais devem estar adequados para prover as necessidades básicas de conforto, informação e proteção.
- Os veículos devem cumprir o horário previsto de passagem no ponto de parada, em níveis satisfatórios de lotação e em condições admissíveis de limpeza, manutenção e segurança; as tarifas devem ser suportáveis.
- Os motoristas e cobradores devem ter um elevado grau de urbanidade no trato com o passageiro e desempenho satisfatório de suas atribuições profissionais.
- As vias utilizadas devem apresentar condições no mínimo razoáveis de pavimentação e dispor, nas suas diversas formas, de medidas prioritárias para a circulação dos coletivos.
- Os usuários devem chegar ao seu destino dentro do tempo previsto, sem sofrer desgastes físicos e mentais decorrentes da qualidade do serviço.

Fatores condicionantes do processo de produção

O exame das peculiaridades do serviço de transporte urbano de passageiros permite assinalar algumas características, as quais condicionam a busca pela qualidade e produtividade do serviço:

Figura 1.1 – Condicionantes da qualidade em serviços de transportes.
Fonte: LIMA JR., O. F.; GUALDA, N. D. F. Condicionantes da Qualidade em Serviços de Transporte. In: *Anais do IX ANPET*, p. 634-645, 1995.

- O desequilíbrio entre a oferta e a demanda de forma cíclica ao longo do dia e sazonal ao longo do ano acarreta custos altos de imobilização de capital, com reflexos evidentes na produtividade da operadora (Lima Junior; Gualda, 1995).
- As demandas por transporte são derivadas de outras demandas, isto é, "a atividade de transporte, normalmente, é parte de uma cadeia de eventos, cujo interesse do cliente está no resultado final dessa cadeia e não apenas na atividade de transporte" (Lima Junior, 1995); um exemplo claro, nesse contexto, é a comprovada relação entre os fluxos de passageiros e o nível de atividade econômica da região onde o sistema atua.
- É um serviço perecível, pois não pode ser estocado (lugar não preenchido é serviço perdido e custo afundado), o que dificulta o ajuste da capacidade das instalações de produção do serviço, parte sob a responsabilidade das operadoras, parte sob a responsabilidade de outros agentes (gestão do trânsito, especificação da oferta, entre outros exemplos) (Lima Junior; Gualda, 1995).
- O consumo do serviço de transporte ocorre simultaneamente ao momento de sua produção (só existe enquanto é consumido) e em lugares públicos, fora de local pertencente ao usuário e fora das instalações fixas das empresas operadoras; isso acarreta uma dificuldade adicional em manter as características de qualidade e produtividade homogêneas, acrescentando desafios à operadora. Para superar a referida dificuldade, é necessário estabelecer padrões de prestação do serviço a ser perseguidos e treinar seus empregados para mantê-lo, apesar do comportamento não homogêneo dos usuários e do próprio ambiente de prestação do serviço (Lima Junior; Gualda, 1995).
- A satisfação tem que se dar tanto com o resultado do processo como com o próprio processo de produção; "o passageiro deseja chegar no local e horário programados, mas deseja que isso ocorra com segurança e razoável conforto" (Lima Junior; Gualda, 1995).
- O caráter de serviço público do transporte coletivo urbano de passageiros faz que a programação da produção (quantidade de serviço a ser ofertado), bem como a sua fiscalização e o seu controle (incluindo a fixação da tarifa), seja, em grande parte, executada por agente externo à empresa: o governo; essa separação entre o produtor e o controlador da qualidade da produção, além de dificultar a busca da qualidade pela empresa operadora, tende a condicionar sua visão estratégica à administração do operacional (Lima Junior; Gualda, 1995).
- As empresas operadoras são condicionadas a determinadas obrigações contratuais, em decorrência da concessão/permissão dos serviços prestados, que dificultam a adesão espontânea aos novos paradigmas mundiais de qualidade, entre elas a área de operação predefinida (mercado definido), tabela de horários preestabelecida (ritmo de produção pouco flexível) e tarifas controladas pelo poder público (demanda não necessariamente define o preço) (Lima Junior; Gualda, 1995).

O ciclo de produção

Ao se proceder ao exame de elementos-chave inerentes às organizações empresariais (recursos humanos, procedimentos empresariais e aspectos relacionados à tecnologia) e aos mercados em que estão inseridas (preocupação com os clientes, relação entre concorrentes, relação empresa-fornecedor, relação empresa–poder público), fica claro que a gestão pela qualidade em uma empresa operadora de transporte urbano de passageiros deve abranger todo o ciclo de produção do serviço, contemplando não só as funções de produção, mas também as de apoio.

Na Figura 1.2, pode ser observado o ciclo básico de produção do serviço de transporte público urbano de passageiros, bem como o relacionamento entre suas funções e com o ambiente externo à empresa operadora:

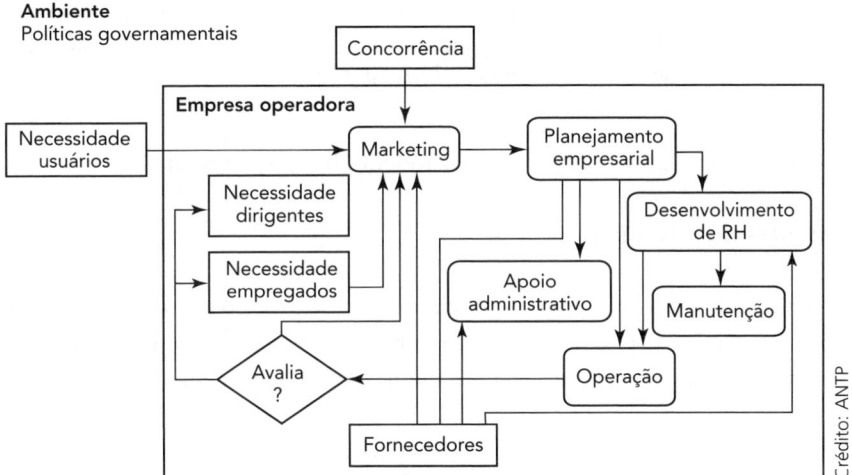

Figura 1.2 – Ciclo de produção do transporte coletivo urbano.
Fonte: Fernandes; Bodmer (1995).

Na medida em que a competição se processa em um mercado regulamentado, basicamente existem três tipos de disputa na operação dos serviços de transporte urbano de passageiros:

- A disputa pelo usuário, que é exercida durante a operação. A criação de áreas exclusivas de operação por empresas e/ou a adoção de um modelo de remuneração com base em mecanismos de compensação tarifária, mesmo sob controle privado, é uma forma de reduzir, por vezes eliminar, esse tipo de competição. Desde o início da década de 1990, principalmente nas maiores cidades, as empresas têm sofrido a pressão do transporte clandestino ou alternativo.

A disputa pelo direito de estabelecer plantas de produção; tendo em vista que o mercado não é livre, as empresas não podem produzir todo e qualquer produto que desejarem; a entrada de novos operadores e mesmo a expansão dos serviços dos operadores existentes somente se faz através de delegação do ente governamental; caracteriza-se aí uma disputa por esse direito; significa, objetivamente, a disputa para operar uma nova linha ou para expandi-la espacial ou operacionalmente (aumento de frota).

A disputa por transferência de receitas entre empresas; essa forma de disputa se caracteriza nos modelos de remuneração onde existe algum mecanismo de redivisão das receitas tarifárias entre as empresas; nestes casos, tendo em vista que a receita global é dividida entre as empresas em função de um determinado conjunto de parâmetros relativos ao custo de produção, a disputa se processa atuando cada empresa no sentido de elevar seus quantitativos sobre esses parâmetros; na prática, tais disputas se processam por ações administrativas ou operacionais que permitem a elevação dos quantitativos envolvidos no cálculo da repartição; usualmente, as empresas tentam elevar tanto a frota quanto a quilometragem, visto que esses são os principais parâmetros usualmente utilizados nos processos de redivisão (Orrico Filho; Santos, 1995).[1]

O ciclo de produção é composto pelas funções básicas, a seguir definidas.

Necessidades dos usuários

- O valor agregado ao usuário pelo prestador de serviço de transporte materializa-se por meio da satisfação de poder chegar ileso e pontualmente em seu destino, tendo percebido o tempo de prestação do serviço como agradável e seguro (Fernandes; Bodmer, 1995).
- Em termos de expectativa ou benefício implícito, o usuário deve ter a tranquilidade de saber que o serviço estará disponível quando for necessário para seu deslocamento.

Durante muito tempo, as empresas relegaram as demandas e o contato direto com os usuários. O caráter de produção do serviço em regime de concessão/permissão permitiu que o poder público intermediasse os eventuais conflitos entre os usuários e as empresas. Um dado interessante pode ser extraído de uma pesquisa realizada em 1994.

PESQUISA

Em pesquisa realizada em 1994, com o objetivo de identificar o perfil na gestão da qualidade e produtividade das empresas de transporte urbano no Brasil, concluiu-se que mais de 50% das

---

[1] Publicado nos anais do XXV Congresso da ANPET.

empresas entrevistadas "não possuem contato regular ou esporádico com seus clientes e não realizam qualquer pesquisa sobre necessidades ou satisfação dos clientes" (Lima, 1996).

As empresas operadoras, nos últimos anos, perceberam que esse tipo de postura não contribuía para o bom andamento dos negócios, e o quadro mudou.

EXEMPLO

A Empresa de Transportes Flores Ltda., de São João de Meriti (RJ), hoje colhe os resultados de um trabalho que iniciou na década de 1990 com a adoção de práticas voltadas para o atendimento das necessidades dos usuários, inovando e se antecipando às tendências. Ações de planejamento estratégico corporativo, e a adoção de práticas e padrões de trabalho com foco na qualidade resultaram em definições de metas de longo prazo, as quais orientaram a trajetória da empresa. O reconhecimento público deste esforço pode ser mensurado pelo fato de ter sido classificada, pela 4ª vez consecutiva, como a melhor empresa na categoria transporte metropolitano de passageiros no Prêmio Maiores e Melhores de 2014, promovido pelas Revistas *Transporte Moderno* e *Technibus*. A empresa transporta aproximadamente sete milhões de passageiros por mês, utilizando cerca de 633 veículos com uma idade média de 2,1 anos. Somente nos últimos dois anos foram adquiridos 380 ônibus novos, configurando um investimento maciço na renovação e ampliação da frota, com tecnologias mais modernas, permitindo oferecer aos clientes cada vez mais conforto e segurança em suas viagens. (Fonte: Revista *As Maiores do Transporte & As Melhores do Transporte 2014*, n. 27, nov. 2014, p. 50-52.)

Marketing

O marketing empresarial pode ser definido como o conjunto de atividades que visa identificar as necessidades qualitativas e quantitativas dos diversos clientes, em especial o cliente externo (usuário). De acordo com Fernandes e Bodmer (1995), o marketing empresarial é constituído por:

- pesquisa e análise dos diversos segmentos de usuários;
- pesquisa e análise de novas tecnologias ou novos segmentos de mercado a atender;
- pesquisa e análise das atividades e do desempenho da concorrência;
- análise da legislação que afeta a especificação dos serviços;
- interação com todas as áreas da empresa a fim de identificar possíveis gargalos de produção em razão das necessidades do mercado;
- avaliação do serviço prestado do ponto de vista da operadora (dirigentes e empregados) e do ponto de vista dos usuários;
- planejamento e execução da comunicação externa da empresa operadora. Nesse contexto, inserem-se ações visando aproximar a empresa da comunidade.

EXEMPLO

Em Santos (SP), a campanha de marketing institucional da Viação Piracicabana, intitulada Transportando Vidas, foi criada com o intuito de fidelizar os clientes, formar opinião e fortalecer a marca e instituição na região. Dividida em três fases, a campanha aborda assuntos relacionados aos atributos do sistema, a valorização do coletivo e o relacionamento com os clientes, buscando sua fidelização.

A primeira fase teve início em setembro de 2009, com duração de quatro meses; nesse momento, se mostrou que "as boas coisas da vida vão de ônibus", apresentando o estudante, o trabalhador, a família, os amigos, o casal de namorados, ou seja, "gente como a gente", com a valorização do coletivo.

A segunda fase, iniciada em janeiro de 2010, durou seis meses, período em que foram evidenciados os "atributos positivos do sistema", com a aproximação entre cliente e empresa, e com apresentação de fatores como tecnologias, inovações e respeito aos clientes, atendimento adequado e seguro dispensado aos idosos e deficientes, respeito ao meio ambiente, monitoramento on-line das linhas, cartão transporte, atendimento, respeito, qualificação dos profissionais.

A terceira fase, com início em julho de 2010, que teve duração de seis meses, considerava a ideia do relacionamento e da fidelização dos clientes. Esta fase focalizou as vantagens do transporte coletivo quanto à fluidez do trânsito, ocupação racional do espaço viário, redução de custos, segurança e meio ambiente, com o propósito de atrair o cliente do carro para ônibus.

Na avaliação da empresa, as ações aplicadas se mostraram eficientes, proporcionando resultados excelentes em relação à satisfação do público. A iniciativa foi premiada na BIENAL ANTP DE MARKETING – 2010.(Fonte: ANTP, 2013; Crédito: ANTP.)

Planejamento empresarial

O planejamento empresarial é um conjunto de atividades que visa promover a definição integrada para todas as funções da empresa, em termos do que fazer, quando fazer, como fazer e quanto custará para produzir o serviço especificado pela área de marketing (Fernandes; Bodmer, 1995). Tal especificação do serviço deve ser traduzida para as diversas funções de produção da empresa em termos de ações a adotar e meios e métodos a utilizar. São atividades básicas dessa função, listadas no texto referenciado:

- Definição de padrões básicos de funcionamento para todas as áreas da empresa, contendo filosofia de gestão, missão, objetivos e diretrizes a seguir.
- Definição de padrão de aceitação para cada uma das características do serviço de transporte requeridas pelos usuários.
- Planejamento e controle da especificação dos diversos tipos de serviços de transporte a serem prestados pela empresa operadora em conjunto com a função marketing.
- Planejamento e controle da especificação do processo de prestação dos serviços em conjunto com as funções de apoio administrativo, de manutenção e de operação.
- Especificação, em conjunto com a função marketing, do processo de controle das características do serviço prestado.

- Especificação dos produtos a serem adquiridos e necessários à prestação do serviço de transporte em conjunto com as funções operacionais e de apoio administrativo, bem como dos equipamentos e das instalações a serem utilizados.
- Definição da quantidade e das habilidades do pessoal necessário ao processo de produção do serviço de transporte.
- Análise da dependência estratégica de fornecedores.
- Desenvolvimento de planos de contingência para o serviço prestado.
- Identificação de desvios ou não conformidades do serviço prestado e especificação, tanto de ações reparadoras quanto de ações preventivas, para que o desvio não volte a ocorrer.
- Análise do desempenho do serviço do ponto de vista da empresa operadora (dirigentes e empregados).

Em termos estratégicos, a abordagem da qualidade deve levar em conta as características do mercado em que a empresa atua, os resultados que vem obtendo e os fatores importantes para seu desempenho, entre eles a identificação das expectativas e as percepções dos usuários e demais interessados.

Segundo pesquisa em Lima (1996), os problemas mais comuns detectados por dirigentes de empresas são:

PESQUISA

- elevado número de socorros de rua;
- alto índice de acidentes;
- elevado número de reclamações;
- absenteísmo do pessoal de operação e manutenção;
- alta rotatividade do pessoal de operação;
- alta rotatividade do pessoal de manutenção;
- baixa durabilidade dos pneus;
- falta de capacitação do pessoal de operação e manutenção;
- baixo índice de passageiros por quilômetro;
- furos de horários;
- dificuldade em cumprir os horários preestabelecidos;
- evasão de renda.

> **EXEMPLO**
>
> A Empresa de Transporte Coletivo Viamão, do município de Viamão (RS), foi apontada como Referencial de Excelência no 8º Ciclo do Prêmio ANTP de Qualidade – 2011, promovido pela Associação Nacional de Transportes Públicos. Os critérios para a premiação foram: *liderança* (incluindo governança corporativa, exercício de liderança e promoção da cultura de excelência e análise do desempenho da organização), *estratégias e planos* (desdobrado em formulação e em implementação de estratégias), *clientes* (compreendendo imagem e conhecimento do mercado e relacionamento com clientes), *sociedade* (incluindo responsabilidade socioambiental e desenvolvimento social), *informações e conhecimento* (abrangendo informações da organização e ativos intangíveis e conhecimento organizacional), *pessoas* (incluindo sistemas de trabalho, capacitação e desenvolvimento e qualidade de vida), *processos* (focalizando processos principais do negócio e processos de apoio, processos relativos a fornecedores e processos econômico-financeiros) e *resultados* (abarcando resultados econômico-financeiros, resultados relativos a clientes e ao mercado, à sociedade, às pessoas, a processos e a fornecedores). Diz o gerente geral da empresa: "Para obtermos tal reconhecimento, foi necessário atendermos de forma equilibrada aos anseios dos clientes, dos funcionários, dos fornecedores, dos acionistas e da sociedade, preocupando-nos com as devidas questões sociais e ambientais". (Fonte: *Revista Technibus*, n. 103, ago./set. 2012)

Algumas empresas, percebendo a tendência de introdução de parâmetros de qualidade na legislação que regula as concessões de linhas de transporte de passageiros e em processos licitatórios, têm partido para a busca de Certificados de Qualidade, os quais podem representar um diferencial significativo nos processos de renovações e nas ampliações do serviço.

Desenvolvimento de recursos humanos

Desde o início dos anos 1980, as empresas vêm investindo na contratação de técnicos de nível superior (engenheiros, estatísticos, advogados, psicólogos). Tem-se tornado prática corrente a contratação de funcionários e mesmo estagiários de engenharia por meio de testes e exames psicológicos. Nesse contexto, o setor de recursos humanos passou a incorporar novas atividades na estrutura empresarial (Fernandes; Bodmer, 1995):

- Formular pesquisas com funcionários para melhor avaliar os fatores de ambiente de trabalho que contribuem para o aumento ou a inibição do alto desempenho.
- Habilitar os empregados para participar dos processos democráticos de tomada de decisão e estimular a criatividade.
- Estabelecer um processo de avaliação de desempenho dos empregados, promovendo, em conjunto com a função de apoio administrativo, plano de cargos e salários que reconheça os esforços realizados para o sucesso da empresa operadora.

- Promover educação e treinamento funcionais e comportamentais, em termos de capacitação, conscientização e motivação para a qualidade.
- Estabelecer critérios claros de recrutamento e seleção de funcionários (um exemplo de processo de seleção, recrutamento e treinamento, específico para motoristas, é mostrado na Figura 1.3).

Em termos de programas de qualidade e produtividade, implantados em empresas de transporte urbano de passageiros, podem-se citar alguns casos reais de resultados:

EXEMPLO

- Na programação do Seminário Nacional do Prêmio ANTP de Qualidade – 2011, organizações que obtiveram reconhecimento apresentaram painéis focalizando os critérios do Prêmio. Falando sobre o critério Liderança, o Supervisor da Empresa de Transporte Coletivo Viamão (RS) pontuou: "após a adesão ao Programa de Qualidade, em linhas gerais, melhoramos o alinhamento de processos, de propósitos, o que gerou um ganho real de imagem, de participação e de relacionamento com a sociedade. Outra questão importante são as pessoas dentro da organização, que passaram a buscar os objetivos de forma alinhada, cada uma dando sua contribuição". (Fonte: *Revista Technibus*, n. 103, ago./set. 2012)
- A empresa Viação Urbana, de Fortaleza (CE), foi uma das vencedoras do Prêmio ANTP de Qualidade – 2011, na categoria Operadoras Rodoviárias Urbanas e Metropolitanas. Diz o diretor-executivo da companhia: "essa conquista é resultado do esforço de cada um dos quase dois mil funcionários, que somam seus esforços e resultados com os nossos, e aumentam a nossa responsabilidade de melhorar cada vez mais". (Fonte: *Revista Technibus*, n. 103, ago./set. 2012)

Apoio administrativo

É o conjunto de atividades cotidianas relacionadas às finanças, à contabilidade, à administração de recursos humanos, à assessoria jurídica, aos suprimentos, a serviços gerais e a outras que é responsável pelo funcionamento diário da empresa (Fernandes; Bodmer, 1995).

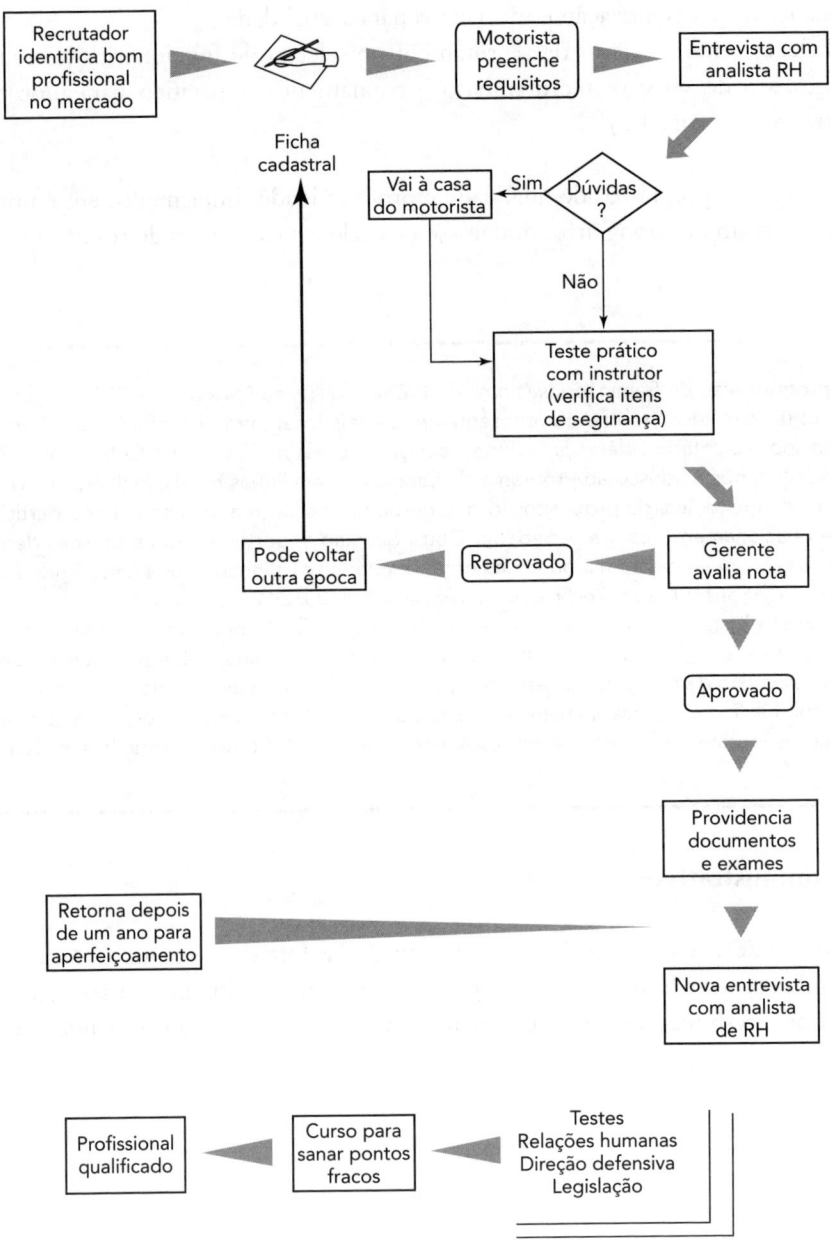

Figura 1.3 – Exemplo de processo de seleção de motorista.
Fonte: MORAIS, E. M. R.; SIQUEIRA, M. M. Gestão de recursos humanos × marketing interno: ferramenta de desenvolvimento de recursos humanos. In: *Anais do X ANPET*, p. 507-516, 1996.

Manutenção

É o conjunto de atividades relacionadas a deixar em condições operacionais instalações, equipamentos e veículos, de forma que se garanta a prestação do serviço conforme o planejado. A manutenção integra a realidade da operação e participa plenamente da produção do transporte. Uma boa gestão da manutenção é a melhor maneira de:

- conter e reduzir os custos de produção;
- assegurar a amortização dos veículos;
- preservar os investimentos realizados;
- garantir a continuidade do serviço prestado;
- oferecer qualidade.

Devem também ser consideradas, na sua dimensão econômica (que é relevante), as despesas de manutenção no setor de transportes urbanos, que representam entre 15% e 30% do total dos custos de operação das empresas.

Embora não exista uma estratégia universal de manutenção, pode-se esboçar um diagrama que mostra as variáveis de decisão de um processo de manutenção:

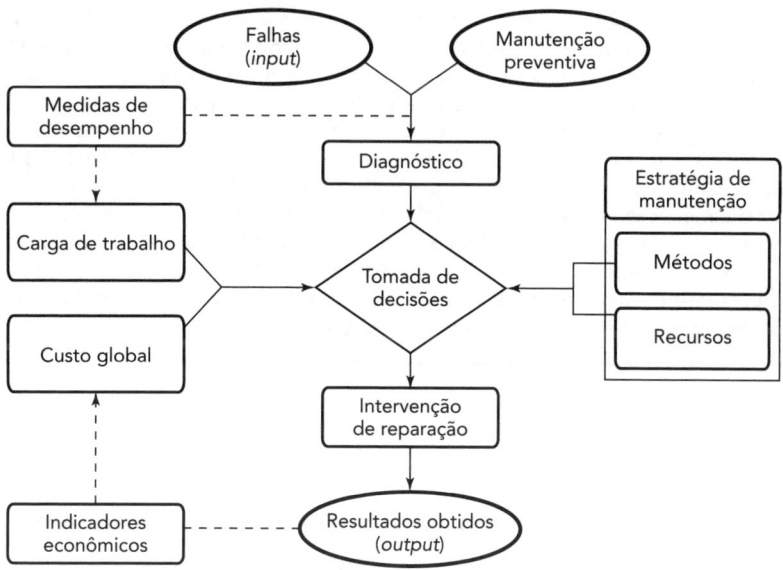

Figura 1.4 – Diagrama representativo de um processo de manutenção.
Fonte: Azevedo (1996). Publicado nos anais do XXV Congresso da ANPET.

Conforme pesquisa em Lima (1996), os problemas mais comuns detectados na área de manutenção são:

PESQUISA

- consumo de combustível e de lubrificantes;
- estado de conservação do veículo;
- desempenho do pessoal de manutenção;
- durabilidade dos pneus;
- panes/quebras de veículos;
- consumo de peças e acessórios;
- desempenho dos conjuntos mecânicos.

Sobre programas de qualidade e produtividade, implantados em empresas de transporte urbano de passageiros, podem ser citados alguns casos reais de resultados:

EXEMPLO

- A RMTC (operadora do sistema integrado de transportes de Goiânia) participa do projeto "Despoluir", da Confederação Nacional do Transporte (CNT), Serviço Social do Transporte (SEST) e do Serviço Nacional de Aprendizagem do Transporte (SENAT). Adota ações de manutenção corretiva e preventiva a fim de assegurar que a emissão de gases esteja de acordo com as normativas internacionais. Um plano de medição da opacidade semestral, realizado nos meses de abril e outubro de cada ano, gera um registro individual sobre a condição em que estão todos os ônibus do transporte coletivo. Após a avaliação, cada veículo recebe um selo, identificando a data do teste e o valor medido. Dois tipos de manutenção são promovidos a fim de garantir constante adequação à regulamentação nacional. As corretivas são feitas sempre que existe a necessidade de reparar algo que apresenta algum defeito. Já a manutenção preventiva é feita a cada 19 mil quilômetros rodados e o processo envolve troca de óleo lubrificante, filtro de combustível, de ar e separador de água. Quando os limites são excedidos, o motor é desmontado e as peças desgastadas são substituídas. A medida contribui para a diminuição dos níveis de emissão de gases poluentes e garante veículos eficientes e de acordo com as normas definidas como adequadas para a conservação da qualidade do meio ambiente. (Fonte: Disponível em: <http://www.rmtcgoiania.com.br/blog/2012/12/22/onibus-passam-por-manutencao-para-contribuir-com-diminuicao-dos-niveis-de-emissao-de-gases-poluentes/>. Acesso em: 13 out. 2015. Crédito: RMTC.)

Operação

Conjunto de atividades relacionadas à realização do serviço de transporte propriamente dito, em termos de componentes físicos, de pessoas e de processos.

De acordo com a pesquisa em Lima (1996), os problemas mais comuns detectados na área de operação são:

PESQUISA

- cumprimento dos horários;
- passageiros transportados;
- custos da operação;
- índice de passageiros por quilômetro;
- reclamações/sugestões dos usuários;
- acidentes;
- absenteísmo e rotatividade de pessoal;
- panes/socorro de rua.

Em termos de programas de qualidade e produtividade, implantados em empresas de transporte urbano de passageiros, podem ser citados alguns casos reais de resultados:

EXEMPLO

- Empresas operadoras e órgãos gestores de transporte urbano têm utilizado programas de gerenciamento de tráfego que monitoram a circulação da frota de ônibus em tempo real, indicando a posição dos veículos no trajeto e o tempo de percurso. Estas informações permitem identificar pontos críticos e implementar melhorias para aumentar a eficiência do transporte urbano e a mobilidade do trânsito. Em Goiânia (GO), desde 2009 funciona o Serviço de Informação Metropolitano (SIM), operado pelo Consórcio da Rede Metropolitana de Transporte Coletivo (RMTC), que oferece informações aos passageiros do transporte urbano e gerencia as atividades de gestão, operação e manutenção dos terminais de integração, além de controlar e monitorar toda a frota. Desde a instalação do sistema, houve redução de custos, a produtividade operacional aumentou em 55% e os clientes do transporte urbano estão mais satisfeitos. (Fonte: *Revista Technibus*, n. 104, out./nov. 2012)

Técnicas e estratégias para aumentar a qualidade e a produtividade

Em consonância com a formação de recursos humanos, as empresas vêm introduzindo modernas técnicas de gestão e de administração, fazendo uso sistemático das técnicas computacionais no seu dia a dia. Diversas são as empresas que desenvolvem metodologias de automatização nas áreas operacional e de manutenção, destacando-se a importância da computação no recebimento das prestações de contas, no controle da demanda e na venda de créditos (sistemas de bilhetagem eletrônica), no controle estatístico dos dados operacionais, na programação de linhas, no gerenciamento dos serviços na área de manutenção – controle de peças, de pneus, movimentação dos componentes do almoxarifado, controle das revisões preventivas dos veículos etc. Entre as várias técnicas e estratégias para aumentar a qualidade e a produtividade do transporte urbano de passageiros, podem ser citadas.

Uso de equipamentos e novas tecnologias

- Adoção de sistemas que limitam o giro do motor para otimização da faixa de torque e controle da velocidade (controle noturno na garagem, pelo manobrista).
- Adoção de sistemas para registro de freadas e curvas bruscas, com identificação da linha, do horário e do motorista.
- Adoção de sistemas para controle de irregularidades em operação: excesso de velocidade, tempo parado e cumprimento de horário.
- Avaliação de utilização de veículos movidos a gás ou biodiesel, como opção para a redução dos custos operacionais.
- Uso de sistemas de bilhetagem eletrônica para controle e sistematização de informações operacionais e de arrecadação.
- Utilização de painéis luminosos internos nos veículos coletivos com mensagens eletrônicas sobre as condições do trajeto e informações gerais para os usuários.
- Disponibilização nos coletivos de conexão à internet e dispositivos USB.

Depois de alguns anos de hesitação causada pela incerteza quanto ao seu custo-benefício e aos efeitos sobre a operação, a automação da arrecadação tarifária já é uma realidade para as empresas de transporte urbano no Brasil, diante da necessidade do aumento de produtividade e da coibição da evasão de receita. A bilhetagem eletrônica e sistemas de monitoramento operacional, implantados em muitas cidades, refletem a busca da modernização e da melhoria da qualidade dos serviços.

O planejamento e o controle da manutenção

- Controle, por carro, dos serviços de manutenção preventiva, com acompanhamento estatístico periódico.
- Verificação noturna diária da pressão dos pneus de 25% da frota.
- Acompanhamento diário de quebras/ocorrências em relação à frota.
- Controle diário de resserviços, por veículo e por mecânico.
- Acompanhamento sistemático da durabilidade dos pneus e dos motivos de troca/retirada, com análise individualizada por marca.
- Análise de consistência dos registros de bomba, auferindo periodicamente os instrumentos de registros de consumo.
- Controle diário do estado de limpeza/avarias dos ônibus, pelo manobrista, na garagem.
- Formação de monitores de qualidade (ex-motoristas) para testar, *in loco*, o estado dos veículos.
- Definição do carro-padrão da empresa, com todos os requisitos de limpeza e conservação.
- Adoção de ficha de socorro de rua, com registros por tipo de ocorrência e identificação do motorista.

- Cadastro de manutenção por carro, registrando serviço e mecânico responsável; as ordens de serviço são numeradas e sequenciais.
- Pesquisa de opinião com motoristas sobre o atendimento do pessoal de manutenção.
- Projeto "Professor Pardal" para incentivar os inventores.
- Visitas técnicas periódicas aos fabricantes de carrocerias e chassis.
- Manutenção preventiva do motor, com programação de análise de óleo e lubrificantes visando prevenir o desgaste do motor.
- Acompanhamento da vida útil de componentes do motor.
- Adoção de um programa de redução de emissão de poluentes por parte dos veículos coletivos.

Controle de consumo e de custos

- Acompanhamento dos custos por carro, diariamente.
- Acompanhamento do consumo de combustível, por veículo e por motorista.
- Controle diário de consumo de componentes, por veículo, identificando-se a quilometragem do momento da troca.
- Controle de despesas mensais de reposição de peças e acessórios por veículo.
- Manutenção de estoque mínimo no almoxarifado, com software de acompanhamento, on-line, do fluxo de entrada e saída de peças e acessórios.
- Acompanhamento diário do custo operacional por quilômetro.
- Controle diário de horas trabalhadas e de adicional noturno do pessoal de operação.

Ambiente empresarial e relação com os usuários

- Projeto SOL (Segurança, Ordem e Limpeza): tem por objetivo reduzir o número de acidentes (na empresa e com os veículos), ordenar o espaço físico da empresa e conscientizar os funcionários da importância do "saber" não sujar e manter ambientes limpos. Diz um diretor da Rápido Araguaia: "o conceito é não sujar para não limpar", citando os exemplos das garagens e ônibus, mantidos sempre limpos e arrumados (*Revista Technibus*, n. 33, 1996).
- Execução periódica de pesquisas de opinião com o usuário e de programas de esclarecimento ao usuário sobre as características do serviço que ele utiliza e sobre o trabalho que está por trás do ônibus limpo, moderno, pontual, seguro, rápido, conveniente e confortável que ele deseja para o seu deslocamento (Lima, 1996).
- Implantação da central de comunicação com o usuário (com ligação gratuita) e monitoramento por índice de atendimento.
- Disponibilização de informações em tempo real nos terminais, pontos de parada e no interior dos coletivos.

- Disponibilização de aplicativos para smartphones com informações sobre horários, itinerários e outras informações relevantes para os usuários.
- Disponibilização no interior dos coletivos de conexão à internet e entradas USB (carga/operação de dispositivos eletrônicos).

O planejamento e o gerenciamento da operação

- Implantação de centrais de controle, que permitem a supervisão de todas as operações dos ônibus e as entradas e saídas de passageiros de todas as estações (instalação de câmaras de monitoramento em toda a rede).
- Implantação de sistemas de bilhetagem eletrônica, que permitem um controle preciso da demanda e da arrecadação.
- Adoção de sistemas de radiocomunicação para controle da operação dos serviços/contato com motoristas.
- Implantação de "pontos de regulação", que orientam os motoristas a controlar o cumprimento do horário estabelecido para a linha, em determinado ponto, na tentativa de melhorar a regularidade e a pontualidade do serviço; esse procedimento incorpora a carta de tempo do motorista, que é um guia de orientação contendo os principais pontos que compõem a linha, bem como os horários programados para o ônibus passar naqueles pontos.
- Controle diário da frota realizado em relação à prevista por linha.
- Controle diário de quilometragem útil em relação à quilometragem total rodada.
- Controle da frota operante em relação às viagens diárias por linha.
- Controle da média de passageiros × veículo, por linha, por dia ou por período.
- Acompanhamento diário da taxa de ocupação máxima.
- Acompanhamento diário, por faixa horária e por linha, da produtividade da demanda passageiros transportados × passageiros previstos.
- Acompanhamento diário do fator de cumprimento de viagens: viagens previstas/viagens realizadas.
- Ações no órgão de gerência para resolver problemas de congestionamento e no sistema viário.
- Ações no órgão de gerência para alteração de frota, linhas e frequência de viagens.
- Ações no órgão de gerência para implantação de sistemas operacionais que visam ao aumento da produtividade; por exemplo, a implantação de sistemas integrados de transporte urbano de passageiros.

Controle da receita

- Implantação de sistemas de bilhetagem eletrônica.
- Controle diário de arrecadação por linha, por cobrador, por faixa horária, por tipo de passagem (comparação da média prevista com a média real).

- Análise diária de consistência de catracas.
- Controle de descontos e gratuidades mediante definição prévia de média por linha, por faixa horária; havendo distorções, inicia-se uma fiscalização durante três dias.

Treinamento e formação de pessoal

- Treinamento e conscientização dos funcionários com o objetivo de capacitar o pessoal em métodos e técnicas de gestão que lhe dê intimidade com o hábito de identificar, selecionar, priorizar, controlar e, sobretudo, avaliar os processos mais importantes para o resultado final do trabalho, que é a melhoria da qualidade e da eficiência do transporte.
- Monitoramento da satisfação dos funcionários; o objetivo é formar um quadro de pessoal que tenha perspectiva de crescimento profissional, que se sinta valorizado mediante um bom salário, inserção correta na função certa e maior autonomia para pensar, sugerir e decidir.
- Projeto motorista acidente zero: com premiação anual.
- Programa motorista/cobrador-padrão, com os requisitos de menor número de acidentes, melhor técnica de operação, melhor disciplina no trânsito, obediência às normas da empresa, zelo e moralidade em relação à família e à empresa e assiduidade e pontualidade.
- Treinamento em mecânica (eixos dianteiros, direção, reparo do motor, caixa de mudanças, eixos traseiros, sistemas de freio).
- Treinamento em técnicas de operação (partida de motor, manuseio do câmbio, rotação/aceleração do motor, freio e condução econômica).
- Treinamento em direção defensiva, relações humanas e legislação de trânsito.
- Pesquisa de opinião junto ao motorista e ao cobrador.
- Pesquisa de opinião com o pessoal de manutenção para colher críticas e sugestões.
- Uso dos registros de equipamentos para premiação.
- Adoção de plano de cargos e salários.

Planejando o futuro e modelando a organização

É importante efetuar um pequeno diagnóstico da situação atual do transporte coletivo urbano nas cidades brasileiras. A transcrição de duas visões (poder público e operadoras) é necessária para uma compreensão equilibrada dos desafios a serem superados. O texto a seguir demonstra como os empresários do setor avaliam o atual momento:

> [...] Em abril de 2015, encerra-se o prazo para que os municípios com mais de 20 mil habitantes elaborem os planos de mobilidade urbana. Aqueles que não cumprirem a medida poderão perder acesso a recursos federais para investimento em transporte. No último levantamento feito pelo IBGE, em 2012, 90% das cidades brasileiras não

tinham o Plano Municipal de Transporte. A estimativa atual não oficial é pouco animadora: menos de 20% das cidades possuem o plano ou estão em fase de elaboração. A escassez de pessoal qualificado para realizar o trabalho, a falta de apoio do governo federal e os problemas financeiros que atingem grande parte dos municípios são os principais motivos para as dificuldades de avançar nessa questão. O setor empresarial une esforços para mudar esse quadro caótico e garantir, além da qualidade do transporte público, um equilíbrio econômico nos contratos de prestação de serviço. A falta de produtividade do setor – resultante principalmente da disputa do ônibus com o transporte individual no espaço viário -, de subsídios financeiros e de reajustes tarifários tem colocado em xeque a própria operação do transporte público. Há urgência em priorizar todas as instâncias da mobilidade urbana. É preciso planejar os sistemas, capacitar os gestores públicos, investir em infraestrutura e garantir a modicidade das tarifas. Estamos há mais de 20 anos atrasados nessa evolução. Se continuarmos com mais do mesmo mais uma vez em 2015, será ainda mais difícil nos recuperarmos dessa crise sem precedentes. (Fonte: Editorial da *Revista NTU Urbano*, Ano II, n. 12, nov./dez. 2014.)

Já o poder público, aqui representado pelo Instituto de Pesquisa Econômica Aplicada (IPEA) e pelo Ministério das Cidades, apresenta a seguinte visão sobre a mesma problemática:

[...] O atual modelo de mobilidade urbana adotado nos municípios do país, sobretudo nas grandes cidades, caminha para a insustentabilidade principalmente devido à baixa prioridade dada e inadequação da oferta do transporte coletivo; às externalidades negativas causadas pelo uso intensivo dos automóveis (congestionamento e poluição do ar); à carência de investimentos públicos e fontes de financiamento ao setor; à fragilidade da gestão pública nos municípios; e à necessidade de políticas públicas articuladas nacionalmente. O aumento na oferta da infraestrutura viária (mais ruas e viadutos) não é uma solução sustentável no longo prazo, pois o aumento de capacidade das vias urbanas produz, ao contrário, um incentivo à demanda por tráfego capaz de erodir grande parte da capacidade adicionada (Fonte: IPEA, 2012).

[...] Atualmente nossas cidades vivenciam uma série de disfunções urbanas, tais como, congestionamento veicular, poluição ambiental, acidentes de trânsito, entre outras, que impactam diretamente ou indiretamente na qualidade de vida dos cidadãos. A elevada taxa de motorização e a dispersão dos usos do solo impactam diretamente na ineficiência do sistema de transporte urbano, que reflete no aumento da quilometragem percorrida, diminuição do IPK e consequente aumento da tarifa para estabelecer o equilíbrio econômico-financeiro do sistema. Quando as taxas de motorização aumentam e o serviço de transporte público tem sua qualidade reduzida, os usuários pendulares, definidos como sendo os que se deslocam tanto por transporte privado como por transporte público, passam a usar mais frequentemente o transporte privado, produzem uma queda significativa da demanda por transporte público. Quando o sistema de transporte público apresenta queda na demanda, uma das medidas mais frequentemente adotada pelos operadores, em sistemas com baixa regulamentação, é a redução da frequência na oferta dos serviços e o aumento da tarifa. Nestes casos, a operação das rotas tende a se concentrar em linhas de alta demanda e eixos rentáveis. Como consequência, há perda na permeabilidade de rede e, consequentemente, uma redução drástica da acessibilidade global. (Ministério das Cidades, 2013)

Os problemas comuns apontados não são de fácil resolução e a grande maioria não depende de ações isoladas das empresas operadoras. No entanto, alguns fatores-chave podem ser enfrentados em uma filosofia de melhoria contínua e com base em experiências de gestão moderna:

- Desenvolvimento de mecanismos de relacionamento direto com os usuários, buscando aferir necessidades de mudanças a nível operacional. Nesse aspecto, devem-se buscar a elevação do nível de serviço das linhas convencionais e a oferta de novas opções de transporte, como um serviço operado por veículos dotados de ar-condicionado, acesso à internet e que permita apenas passageiros sentados. Esta última medida, inclusive, além de atrair os usuários de veículos particulares, configuraria uma resposta da classe empresarial para a manutenção e o aprimoramento da regulamentação do setor.
- Modernização das relações de trabalho por meio de motivação e comprometimento dos funcionários com a melhoria dos resultados empresariais. Medidas como a implantação de um plano de cargos e salários, participação nos resultados da empresa, treinamento em relações humanas, direção defensiva, legislação, primeiros socorros, qualidade e produtividade ajudam na criação de um novo ambiente de trabalho.
- Adoção de tecnologia adequada às condições organizacionais e de mercado em todas as suas etapas de produção, considerando, principalmente, os aspectos relacionados ao gerenciamento das atividades. Nesse sentido, o acompanhamento das inovações tecnológicas é fundamental, notadamente na área de equipamentos para geoposicionamento e levantamento de informações em tempo real. Sistemas de Transporte Inteligente (ITS) já estão sendo utilizados para otimizar a operação e elevar o nível de satisfação dos usuários de transporte urbano. Esses sistemas utilizam tecnologias de setores distintos, tais como sistema de posicionamento global (GPS), sistema de informações geográficas (GIS), banco de dados/*data warehouse*/*data mining*, internet e telecomunicação, cujo objetivo é disponibilizar informações aos usuários de transporte coletivo nas paradas de ônibus, no interior dos coletivos e em equipamentos eletrônicos (smartphones, tablets, notebooks e computadores pessoais). A arquitetura do sistema engloba comunicação entre GPS, centro de controle e interface com o público (Painel e Web) (Weigang et al., 2001; Sousa; Cruz; Richeter, 2014).
- Especificação das características do serviço a ser prestado em termos de qualidade e produtividade, por meio da adoção do planejamento como ferramenta gerencial; nesse aspecto, pode ser útil o uso de ferramentas como o Método de Análise Hierárquica (apoio à decisão de escolha das ações de implementação de um programa inicial de gestão pela qualidade e produtividade) e o Método dos Fatores Críticos de Sucesso (Figueiredo; Gartner, 1999; Celis; Aragão, 2001).

- Especificação da imagem que a empresa operadora deseja perseguir junto aos diversos atores relacionados ao negócio de transporte público urbano.
- Adoção do princípio da melhoria contínua para garantir a permanente busca da eficiência e eficácia máximas (Fernandes; Bodmer, 1995).

Assim, com a adoção de modernas práticas de organização do trabalho, de postura da liderança empresarial, de marketing e relações públicas com cliente e fornecedor e de gestão de processos, a empresa estará preparada para enfrentar um mundo em permanente transformação.

As empresas que criarem mecanismos eficazes para avaliar constantemente as mudanças de mercado, das demandas dos clientes, das novas tecnologias de transporte e distribuição, e, além disso, planejarem e anteciparem o futuro a partir dessas avaliações, estarão no seleto grupo das que sobrevivem, lucram e crescem (Lima, 1996).

REFERÊNCIAS

ANTP. Associação Nacional dos Transportes Públicos. Marketing e Comunicação. *Série Cadernos Técnicos*, v. 11, 107 p., 2013.

AZEVEDO, C. O papel da manutenção na produtividade das empresas de transporte público. In: *Anais do X ANPET*, p. 559-571, 1996.

CAMPOS, V. F. *TQC*: controle da qualidade total no estilo japonês. Nova Lima: INDG Tecnologia e Serviços, 2009.

CELIS, F. C.; ARAGÃO, J. J. G. Identificação e priorização das necessidades de informação de transporte urbano de passageiros para a montagem de um sistema de inteligência estratégica. In: *Anais Eletrônicos do XI Congreso Latinoamericano de Transporte Público y Urbano*, CLATPU, La Habana, 2001.

CONTRERAS-MONTOYA, C.; SANTOS, E. M.; ORRICO FILHO, R. D. Conceitos de produtividade total e o tipo de propriedade de sistemas de ônibus urbano: evidências a partir do tamanho da empresa. In: *Actas del X Congreso Latinoamericano de Transporte Público y Urbano*, CLAPTU, p. 346-352, Caracas, 1999.

COSTA, M. B. B. da. *Analisando a produtividade de uma operadora de transporte coletivo urbano por ônibus*. 1996. Dissertação (Mestrado em Engenharia de Produção) – Escola de Engenharia, Universidade Federal do Rio Grande do Sul. Porto Alegre, 1996.

CROSBY, P. B. *Qualidade*: falando sério. São Paulo: McGraw-Hill, 1990.

DEMING. W. E. *Out of crisis*: quality, productivity and competitive position. 4. ed., Cambridge University Press, 1991.

EMPRESA DE TRÂNSITO E TRANSPORTE URBANO DE RIBEIRÃO PRETO. Serviço complementar do transporte coletivo urbano – Ribeirão Preto. São Paulo, 2001.

FEIGENBAUM, A. V. *Controle da qualidade total*. São Paulo: Makron Books, 1994. v. 4.

FERNANDES, F. S.; BODMER, M. Gestão empresarial da qualidade nos transportes: aproximação entre teoria e prática. *Revista dos Transportes Públicos*, n. 69, p. 33-43, 1995.

FERRAZ, A. C. P.; TORRES, I. G. E. *Transporte público urbano*. São Carlos: Rima, 2001.

FIGUEIREDO, A. S.; GARTNER, I. R. Planejamento de ações de gestão pela qualidade e produtividade em transporte urbano. In: CONFEDERAÇÃO NACIONAL DO TRANSPORTE, ASSOCIAÇÃO NACIONAL DE PESQUISA E ENSINO (Org.),*Transporte em Transformação II*. São Paulo: Makron Books, 1999.

INSTITUTO DE PESQUISA ECONÔMICA APLICADA. A nova lei de diretrizes da política nacional de mobilidade urbana. *Comunicados IPEA*, n. 128, jan. 2012.

JURAN, J. M. *Juran na liderança pela qualidade*. São Paulo: Pioneira, 1990.

LIMA, I. M. O. *O novo e o velho na gestão da qualidade do transporte urbano*. São Paulo: Edipro, 1996.

LIMA JUNIOR, O. F. *Qualidade em serviços de transportes*: conceituação e procedimento para diagnóstico. 1995. Tese Doutorado – Escola Politécnica, Universidade de São Paulo, São Paulo, 1995.

LIMA JÚNIOR, O. F.; GUALDA, N. D. F. Condicionantes da qualidade em serviços de transporte. In: *Anais do IX ANPET*, p. 634-645, 1995.

LINDAU, L. A.; ROSADO, A. B. Os transportes públicos urbanos e a qualidade total. *Revista dos Transportes Públicos*, n. 55, p. 11-31, 1992.

MINISTÉRIO DAS CIDADES. Planejamento em mobilidade urbana. Projeto "Diálogos Setoriais", 2013.

MORAIS, E. M. R.; SIQUEIRA, M. M. Gestão de recursos humanos x marketing interno: ferramenta de desenvolvimento de recursos humanos. In: *Anais do X ANPET*, p. 507-516, 1996.

ORRICO FILHO, R. D.; SANTOS, E. M. Forças competitivas em mercados de transporte urbano. In: *Anais do IX Congresso de Pesquisa e Ensino em Transportes*, ANPET, v. 2, p. 726-737, São Carlos, 1995.

OTÁVIO, L. A experiência e as propostas capixabas para o transporte irregular. *Revista dos Transportes Públicos*, ANTP, ano 22, n. 88, p. 19-31, 2000.

PARASURAMAN, A.; ZEITHAML, V. A.; BERRY, L. L. A conceptual model of service quality and its implications for the future research. *Journal of Marketing*, v. 49, p. 41-50, 1985.

SOUSA, E. M. F. R; CRUZ, C. B. M; RICHTER, M. O uso de geotecnologias em sistemas de transporte e organização urbana no Brasil. *Revista Mercator*, v. 13, n. 1, p. 143-152, jan./abr. 2014.

WEIGANG, L.; YAMASHITA, Y.; SILVA, O. Q.; XIJUN, D.; PRAZERES, M. A. T.; OLIVEIRA, D. C. S. Implementação do sistema de mapeamento de uma linha de ônibus para um sistema de transporte inteligente. In: XXI CONGRESSO DA SOCIEDADE BRASILEIRA DE COMPUTAÇÃO, v. 1, p. 72-85, Fortaleza, 2001.

ANEXO A – Indicadores de qualidade e produtividade

Definições

Indicador é um instrumento adotado para demonstrar ou revelar, quantitativamente, a característica de um membro de um conjunto observado. No caso, buscam-se indicadores para mostrar as características do transporte urbano de passageiros em relação à qualidade e à produtividade, agrupados de acordo com os seguintes **atributos** (característica qualitativa que identifica um ou mais membros de um conjunto observado):

- **Conforto:** sensação de bem-estar do usuário durante o seu deslocamento (dentro do veículo ou utilizando equipamento de apoio);
- **Segurança:** condição de harmonia que o usuário pode usufruir no relacionamento com o ambiente criado para o seu deslocamento: ausência de acidentes, de agressões físicas ou morais e de roubos e assaltos;
- **Confiabilidade:** certeza que o usuário tem de que o seu deslocamento ocorrerá conforme espera: sem atrasos, sem interrupções, com continuidade e sem maus-tratos;
- **Modicidade:** condição de manutenção da despesa com deslocamento em nível moderado ou reduzido;
- **Rapidez:** possibilidade que o usuário tem de efetuar seu deslocamento no menor tempo possível;
- **Intensidade de utilização do serviço:** grau com que a capacidade ofertada de transporte é aproveitada;
- **Eficiência energética:** produção do transporte utilizando a menor quantidade possível de energia;
- **Racionalidade do tempo investido:** aproveitamento do tempo investido para produzir transporte;
- **Realização do programado:** grau de cumprimento da oferta programada;
- **Desempenho da manutenção:** reflexo do trabalho da manutenção na disponibilidade da frota;
- **Desempenho operacional:** reflexo do trabalho da operação na produção de transporte;
- **Desempenho econômico:** grau de retorno do investido.

No item a seguir são apresentadas as características dos indicadores básicos mais utilizados pelas operadoras nacionais, bem como sua forma de obtenção. No item da página 30, são sugeridos outros indicadores que podem ser adotados.

Indicadores de qualidade e produtividade

Taxa de Participação da Operadora no Mercado no período p – TPM_p [%]

$$TPM_p = 100 \times \frac{Re_n}{RT_n}$$

Onde:
Re_p = receita da operadora no período p (R$);
RT_p = receita total do sistema no período p (R$).

EXEMPLO

MÊS	jan.	fev.	mar.	abr.	maio	jun.	jan.-jun.
Re	0,864	0,922	1,002	0,993	1,020	0,979	5,780
RT	2,345	2,469	2,592	2,521	2,559	2,532	15,018
TPM (%)	36,84	37,34	38,66	39,39	39,86	38,67	38,49

(em R$ 1.000.000,00)

Índice de Acidentes com Passageiros Feridos no período p – IPF_p [pass. feridos/1.000 viagens realizadas]

$$IPF_p = 1.000 \times \frac{NPF_p}{NVR_p}$$

Onde:
NPF_p = número de passageiros feridos no período p (passageiros);
NVR_p = número de viagens realizadas no período p (viagens).

EXEMPLO

MÊS	jan.	fev.	mar.	abr.	maio	jun.	jan.-jun.
Feridos	25	13	23	12	1	5	79
Viagens	42.180	42.490	56.896	60.440	59.802	59.132	320.940
IPF	0,59	0,31	0,40	0,20	0,01	0,08	0,25

Obs.: no mês de março foi realizado um treinamento com os motoristas.

Taxa de Satisfação dos Clientes Externos [usuários] no período p – TSE_p [%]

$$TSE_p = 100 \times \frac{NPS_p}{NPE_p}$$

Onde:
NPS_p = número de passageiros satisfeitos[1] no período p (passageiros);
NPE_p = número de passageiros entrevistados no período p (passageiros).

EXEMPLO

MÊS	jan.	fev.	mar.	abr.	maio	jun.	jan.-jun.
NPS	32	33	23	62	75	86	311
NPE	102	115	104	96	101	105	623
TSE (%)	31,37	28,96	22,12	64,58	74,26	81,90	49,92

Obs.: no mês de março foi implantado um novo quadro de horários.

Taxa de Satisfação dos Clientes Internos [funcionários] no período p – TSI_p [%]

$$TSI_p = 100 \times \frac{NFS_p}{NFE_p}$$

Onde:
NFS_p = número de funcionários satisfeitos[2] no período p (funcionários);
NFE_p = número de funcionários entrevistados no período p (funcionários).

EXEMPLO

MÊS		jan.	fev.	mar.	abr.	maio	jun.	jan.-jun.
	NFS	9	8	9	13	19	18	76
Operação	NFE	22	21	20	22	24	23	132
	TSI (%)	40,90	38,10	45,00	59,09	79,17	78,26	47,58

---

[1] Entrevistados que revelaram resultados bom e muito bom (as demais opções foram: regular e ruim).
[2] Entrevistados que revelaram resultados bom e muito bom (as demais opções foram: regular e ruim).

MÊS		jan.	fev.	mar.	abr.	maio	jun.	jan.-jun.
Manutenção	NFS	6	6	7	9	10	11	49
	NFE	12	12	12	12	12	12	72
	TSI (%)	50,00	50,00	58,33	75,00	83,33	91,67	68,06
Administração	NFS	9	8	9	13	18	20	77
	NFE	20	23	19	21	20	22	125
	TSI (%)	45,00	34,78	47,37	61,90	90,00	90,91	61,60
Empresa	NFS	23	22	25	35	47	49	201
	NFE	54	56	51	55	56	57	329
	TSI (%)	42,59	39,29	49,02	63,64	83,93	85,96	61,09

Obs.: no mês de abril foi implantado um programa de qualidade e produtividade.

Taxa de Regularidade no período p – TRG_p [%]

$$TRG_p = 100 \times \frac{NVR_p}{NVP_p}$$

Onde:
NVR_p = número de viagens realizadas no período p (viagens);
NVP_p = número de viagens programadas para o período p (viagens).

O padrão desse indicador consta no quadro que segue:

Intervalo (min)				Nível de serviço
< 9	9 – 12	13 – 20	> 20	
0,85 – 1,00	0,90 – 1,00	0,95 – 1,00	0,98 – 1,00	A
0,75 – 0,84	0,80 – 0,89	0,90 – 0,94	0,95 – 0,97	B
0,55 – 0,65	0,60 – 0,69	0,65 – 0,79	0,75 – 0,89	D
0,50 – 0,54	0,50 – 0,59	0,50 – 0,64	0,50 – 0,74	E
< 0,50	< 0,50	< 0,50	< 0,50	F

Índice de Reclamações pelo Motivo *m* no período *p* – $IRC_{m,p}$
[reclamações/100 viagens realizadas]

$$IRC_{m,p} = 100 \times \frac{NRC_{m,p}}{NVR_p}$$

Onde:
$NRC_{m,p}$ = número de reclamações pelo motivo *m* no período *p* (reclamações);
NVR_p = número de viagens realizadas no período *p* (viagens).

Taxa de Participação dos Custos de Manutenção no período *p* – TCM_p [%]

$$TCM_{m,p} = 100 \times \frac{CM_p}{Re_p}$$

Onde:
CM_p = custo de manutenção no período *p* (R$);
Re_p = receita da operadora no período *p* (R$).

Índice de Conforto no período *p* ou Densidade de Passageiros em Pé – δ_p [pass. em pé/m²]

$$\delta_p = \frac{PTR_p - AST \times NVR_p}{NVR_p \times A \times IRM}$$

$$\delta_p \geq 0$$

Onde:
PTR_p = número de passageiros transportados no período *p* (passageiros);
AST = número de assentos do veículo-padrão (passageiros/viagem);
NVR_p = número de viagens realizadas no período *p* (viagens);
A = área útil para o transporte de passageiros em pé (m²/viagem);[3]
IRM = índice de renovação médio da linha.

---

[3] Área interna do veículo menos as áreas correspondentes aos assentos, aos postos do motorista e do cobrador, ao motor, à catraca e às escadas.

O padrão desse indicador consta do quadro que segue:

δ	Nível de serviço	Qualidade do serviço
0,0	A	EXCELENTE
0,1 – 1,5	B	ÓTIMA
1,6 – 3,0	C	BOA
3,1 – 4,5	D	REGULAR
4,6 – 6,0	E	RUIM
6,1 – 7,5	F	PÉSSIMA

EXEMPLO

A = 5,2 m²	IRM = 1,2	AST = 40 pass.
PTR = 76 pass.	δ = 5,8 pass./m² →	NS E (viagem 1)
PTR = 52 pass.	δ = 1,9 pass./m² →	NS C (viagem 2)
PTR = 32 pass.	δ = 0,0 pass./m² →	NS A (viagem 3)
PTR = 160 pass.	δ = 2,1 pass./m² →	NS C (período)

Índice de Produtividade do Pessoal no período p – IPP_p [funcionário/pass.]

$$IPP_p = \frac{NFO_p}{PTR_p}$$

Onde:
NFO_p = número de funcionários da operadora no período p (funcionários);
PTR_p = número de passageiros transportados no período p (passageiros).

Índice de Passageiros por Quilômetro no período p – IPK_p [pass./km]

$$IPK_p = \frac{PTR_p}{KMR_p}$$

Onde:
PTR_p = número de passageiros transportados no período p (passageiros);
KMR_p = quilometragem total realizada no período p (km).

Índice de Panes no período p – INP_p [panes/100 viagens realizadas]

$$INP_p = 100 \times \frac{NPN_p}{NVR_p}$$

Onde:
NPN_p = número de panes no período p (panes);
NVR_p = número de viagens realizadas no período p (viagens).

Taxa de Poluição Ambiental Provocada pelo Veículo no período p – $TPAmb_p$ [%][4]

$$TPAmb_p = 100 \times \frac{NVel_p}{FR}$$

Onde:
$NVel_p$ = número de veículos em situação irregular no período p (veículos);
FR = frota total (veículos).

Outros indicadores de qualidade e produtividade

Conforto

Taxa de ocupação do período p – TOc_p [%]

$$TOc_p = 100 \times \frac{PTR_p}{NLO_p} = 100 \times \frac{PTR_p}{NVR_p \times (AST + 6 \times A)}$$

Onde:
PTR_p = número de passageiros transportados no período p (passageiros);
NLO_p = número de lugares oferecidos no período p (passageiros);[5]
NVR_p = número de viagens realizadas no período p (viagens);
AST = número de assentos do veículo-padrão (passageiros/viagem);
A = área útil para o transporte de passageiros em pé (m²/viagem).

---

[4] Esse indicador é medido por meio da Escala de Ringelman, que consiste em uma comparação visual entre a tonalidade da fumaça emitida por veículos com motores a explosão, e as tonalidades-padrão impressas em um cartão, que variam desde o cinza-claro até o preto.
[5] Considera-se que a capacidade do veículo corresponde a uma densidade de passageiros em pé δ = 6 pass./m², referente ao NS E.

EXEMPLO

$A = 5{,}2\ m^2$	$AST = 38$ assentos	$NVR_p = 6$ viagens
$PTR_p = 392$ pass.	(período 1) →	$TOc_p = 94{,}4\%$
$PTR_p = 157$ pass.	(período 2) →	$TOc_p = 37{,}8\%$

Conforto térmico [°C]

O padrão desse indicador consta do quadro a seguir (nível de serviço):

Temperatura média (°C)		NS
Baixa	Alta	
22,3 – 24,4	22,3 – 24,4	A
20,1 – 22,2	24,5 – 25,5	B
17,9 – 20,0	25,6 – 26,7	C
14,5 – 17,8	26,8 – 28,9	D
< 10,0	> 32,2	F

EXEMPLO

Temperatura média: 27 °C → NS D

Nível de ruído no interior do veículo [dB]

O padrão desse indicador consta do quadro que segue:

Ruído (dB)	NS
< 60	A
60 – 75	B
76 – 85	C
86 – 90	D
91 – 95	E
> 95	F

> **EXEMPLO**
>
> Ruído médio: 87 dB → NS D

Facilidade de embarque e desembarque de passageiros (cm)

O padrão desse indicador consta do quadro a seguir:

Altura do degrau (cm)	NS
0,0	A
0,1 – 10,0	B
10,1 – 20,0	C
20,1 – 30,0	D
30,1 – 40,0	E
> 40,0	F

> **EXEMPLO**
>
> Altura média dos degraus: 27,72 cm → NS D

Segurança – Taxa de Gravidade de Acidentes com Passageiros no período p – TGA_p (%)

$$TGA_p = 100 \times \frac{NAc_{n,p}}{NA_p}$$

Onde:

$NAc_{n,p}$ = número de acidentes (com passageiros) de gravidade n no período p (acidentes);

NA_p = número de acidentes (com passageiros) no período p (acidentes).

EXEMPLO

	Mês	jan.	fev.	mar.	abr.	maio	jun.	Total/Média
Ocorrências	Feridos leves	22	11	21	12	0	5	71
	Feridos graves	2	2	1	0	1	0	6
	Mortos	1	0	1	0	0	0	2
	Total	25	13	23	12	1	5	79
TGA (%)	Feridos leves	88,00	84,62	91,30	100,00	0,00	100,00	89,88
	Feridos graves	8,00	15,38	4,35	0,00	100,00	0,00	7,59
	Mortos	4,00	0,00	4,35	0,00	0,00	0,00	2,53

Confiabilidade

Intervalo Médio no período p – IM_p [min/viagem]

$$IM_p = \frac{D_p}{NVR_p}$$

Onde:
D_p = duração do período p (min);
NVR_p = número de viagens realizadas no período p (viagens).

Índice de Pontualidade no período p – IP_p

$$IP_p = \frac{NVeR_{k,p}}{NVeP_{k,p}}$$

Onde:
$NVeR_{k,p}$ = número de veículos chegando no ponto k com atraso de até 3 min ou adiantamento de até 1 min, no período p (veículos);

$NVeP_{k,p}$ = número de veículos programados para chegar no ponto k no horário, no período p (veículos).

O padrão desse indicador consta no quadro a seguir:

IP_p	1,00	0,98 – 0,99	0,97	0,96	0,95	< 0,95
NS	A	B	C	D	E	F

Tempo Médio de Espera no Ponto k no período p – TME_p [min/pass.]

$$TME_{k,p} = \frac{TTE_{k,p}}{NPO_p}$$

Onde:
$TTE_{k,p}$ = tempo total de espera observado no ponto k, no período p (min);[6]
NPO_p = número de passageiros observados no ponto k, no período p (passageiros).

Índice de Supressão de Viagens no período p – ISV_p

$$ISV_p = \frac{NVS_p}{NVR_p}$$

Onde:
NVS_p = número de viagens suprimidas no período p (viagens);
NVR_p = número de viagens realizadas no período p (viagens).

Modicidade – Taxa de Desembolso com Transporte – TDT [%]

$$TDT = 100 \times \frac{DMe}{SM}$$

Onde:
DMe = desembolso médio mensal com transporte (R$);
SM = salário médio (R$).

O padrão desse indicador é de 6% no Brasil.

---

[6] Soma dos tempos de espera de n_p passageiros.

Rapidez

Tempo Médio de Deslocamento – *TMD* [min]

$$TMD = TCop + TE + TV + TCpd + TTr$$

Onde:
TCop = tempo médio de caminhada da origem até o ponto de parada (min);
TE = tempo médio de espera pelo transporte (min);
TV = tempo médio dentro do veículo (min);
TCpd = tempo médio de caminhada do ponto de parada até o destino (min);
TTr = tempo médio de transbordo (min).

Velocidade Média Comercial – *VMC* [km/h]

$$VMC = 60 \times \frac{EXL}{TVi}$$

Onde:
EXL = extensão da linha (km/viagem);
TVi = tempo médio de viagem, incluindo os tempos nos terminais e pontos de parada (min/viagem).

Velocidade Média Operacional – *VMO* [km/h]

$$VMO = 60 \times \frac{EXl}{TVE}$$

Onde:
EXL = extensão da linha (km/viagem);
TVE = tempo médio de viagem efetiva, excluindo os tempos nos terminais e pontos de parada (min/viagem).

Intensidade de utilização do serviço

Utilização da Frota no período *p* – *UFr* [km/veículo]

$$UFr_p = \frac{EXL \times NVR_p}{FR}$$

Onde:
EXL = extensão da linha (km/viagem);
NVR_p = número de viagens realizadas no período p (viagens);
FR = frota total (veículos).

Aproveitamento Médio da Frota no período p – ApF_p [pass./veículo]

$$ApF_p = \frac{PTR_p}{FR}$$

Onde:
PTR_p = número de passageiros transportados no período p (passageiros);
FR = frota total (veículos).

Eficiência Energética – Índice de Eficiência Energética do período p – $IEEp$ [pass.km/l]

$$IEE_p = \frac{PTR_p \times KMR_p}{CTC_p}$$

Onde:
PTR_p = número de passageiros transportados no período p (passageiros);
KMR_p = quilometragem total realizada no período p (km);
CTC_p = consumo total de combustível pela frota no período p (litros).

Racionalidade do tempo investido – Aproveitamento do tempo de operação do período p – ATO_p [km/h]

$$ATO_p = \frac{EXL \times NVR_p}{HO_p}$$

Onde:
EXL = extensão da linha (km/viagem);
NVR_p = número de viagens realizadas no período p (viagens);
HO_p = tempo total de operação da frota no período p (horas).

Realização do programado

Índice de Cumprimento da Quilometragem no período p – ICQ_p

$$ICQ_p = \frac{KMR_p}{KMP_p}$$

Onde:
KMR_p = quilometragem total realizada no período p (km);
KMP_p = quilometragem total programada para o período p (km).

Índice de Cumprimento das Viagens no período p – ICV_p

$$ICV_p = \frac{NVR_p}{NVP_p}$$

Onde:
NVR_p = número de viagens realizadas no período p;
NVP_p = número de viagens programadas para o período p.

Índice de Cumprimento dos Horários no período p – ICH_p

$$ICH_p = \frac{NVA_p}{NVP_p}$$

Onde:
NVA_p = número de viagens com atraso de até 3 min ou adiantamento de até 1 min, no período p (viagens);
NVP_p = número de viagens programadas para o período p (viagens).

Desempenho da manutenção

Taxa de Disponibilidade da Frota no período p – TDF_p [%]

$$TDF_p = 100 \times \left[1 - \frac{\left(TMP_p + TMNC_p + TMO_p\right)}{FR \times NDO_p \times HOp}\right]$$

Onde:
TMP_p = tempo consumido em manutenção preventiva no período p (h);
TMC_p = tempo consumido em manutenção corretiva no período p (h);

TMO_p = tempo consumido em outras atividades de manutenção no período p (h);
FR = frota total (veículos);
NDO_p = número de dias de operação do período p (dias);
HOp = tempo médio de operação diária por veículo (h).

Índice de Confiabilidade da Frota no período p – ICF_p [km/falha]

$$ICF_p = \frac{KMR_p}{NF_p}$$

Onde:
KMR_p = quilometragem total realizada no período p (km);
NF_p = número de falhas no período p (falhas).

Tempo Médio de Liberação no período p – TML_p [h/falha]

$$TML_p = \frac{TED_p}{NF_p}$$

Onde:
TED_p = tempo total decorrido entre a entrega da ordem de serviço e a devolução do veículo, no período p (h);
NF_p = número de falhas e avarias com intervenção não programada no período p (falhas).

Desempenho operacional

Produtividade do Pessoal de Operação no período p – PPO_p

$$PPO_p = \frac{PTR_p \times KMR_p}{HHO_p} \quad (\text{pass.km/h}) \quad \text{ou} \quad PPO_p = \frac{ROp_p}{HHOP_p} \quad (\text{R\$/h})$$

Onde:
PTR_p = número de passageiros transportados no período p (passageiros);
KMR_p = quilometragem total realizada no período p (km);
HHO_p = total de homens-hora de operação no período p (h);
ROp_p = receita operacional do período p (R\$);
$HHOP_p$ = total de homens-hora de operação pagos no período p (h).

Produtividade do Pessoal de Administração no período p – PPA$_p$

$$PPA_p = \frac{PTR_p \times KMR_p}{HHA_p} \quad \text{(pass.km/h)} \quad \text{ou} \quad PPA_p = \frac{ROp_p}{HHAP_p} \quad (R\$/h)$$

Onde:
PTR_p = número de passageiros transportados no período p (passageiros);
KMR_p = quilometragem total realizada no período p (km);
HHA_p = total de homens-hora de administração no período p (h);
ROp_p = receita operacional do período p (R\$);
$HHAP_p$ = total de homens-hora de administração pagos no período p (h).

Produtividade do Pessoal de Manutenção no período p – PPM$_p$

$$PPM_p = \frac{PTR_p \times KMR_p}{HHM_p} \quad \text{(pass.km/h)} \quad \text{ou} \quad PPM_p = \frac{ROp_p}{HHMP_p} \quad (R\$/h)$$

Onde:
PTR_p = número de passageiros transportados no período p (passageiros);
KMR_p = quilometragem total realizada no período p (km);
HHM_p = total de homens-hora de manutenção no período p (h);
ROp_p = receita operacional do período p (R\$);
$HHMP_p$ = total de homens-hora de manutenção pagos no período p (h).

Produtividade da Frota no período p – PFR$_p$

$$PFR_p = \frac{RTa_p}{DM_p}$$

Onde:
RTa_p = receita tarifária do período p (R\$);
DM_p = despesas de manutenção do período p (R\$).

Percurso Médio por Veículo no período p – PMV$_p$ [km/veículo]

$$PMV_p = \frac{EXL \times NVR_p}{FR_p}$$

Onde:
EXL = extensão da linha (km/viagem);
NVR_p = número de viagens realizadas no período p (viagens);
FR = frota total (veículos).

Desempenho econômico

Custo por Passageiro Pagante no período p – CPP_p [R$/pass.]

$$CPP_p = \frac{COp_p}{NPEq_p}$$

Onde:
COp_p = custo operacional do período p (R$);
$NPEq_p$ = número de passageiros equivalentes do período p (passageiros).

Custo Médio por Passageiro Pagante no período p – CMP_p [R$/(pass.km)]

$$CMP_p = \frac{CPP_p}{KMR_p}$$

Onde:
CPP_p = custo por passageiro pagante no período p (R$/passageiro);
KMR_p = quilometragem total realizada no período p (km).

Receita Tarifária Média no período p – RTM_p [R$/(pass.km)]

$$RTM_p = \frac{RTa_p}{PTR_p \times KMR_p}$$

Onde:
RTa_p = receita tarifária do período p (R$);
PTR_p = número de passageiros transportados no período p (passageiros);
KMR_p = quilometragem total realizada no período p (km).

Margem de Cobertura do Custo Operacional no período p – MCC_p [%]

$$MCC_p = 100 \times \frac{RT_p}{COp_p}$$

Onde:
RT_p = receita total do sistema no período p (R$);
COp_p = custo operacional do período p (R$).

Índice de Consumo de Combustível no período p – ICC_p [R$/km]

$$ICC_p = \frac{DCo_p}{KMR_p}$$

Onde:
DCo_p = despesa total com combustível do período p (R$).
KMR_p = quilometragem total realizada no período p (km).

Índice de Rentabilidade Média no período p – $IReM_p$ (R$/pass.)

$$IReM_p = \frac{RT_p}{PTR_p}$$

Onde:
RT_p = receita total do sistema no período p (R$);
PTR_p = número de passageiros transportados no período p (passageiros).

CAPÍTULO 2

Transporte Rodoviário de Passageiros

Sérgio Mayerle

Introdução

O efetivo gerenciamento de empresas de transporte rodoviário de passageiros implica uma variedade de problemas de tomada de decisão. Esses problemas podem ser classificados em três níveis: estratégico, tático e operacional. Decisões relativas à localização de garagens, determinação das regiões que serão atendidas pela empresa, linhas que serão implantadas, compra de empresas concorrentes, entre outras, são vistas como estratégicas. Em nível tático, podem ser citadas decisões relacionadas à aquisição de veículos novos e à definição das políticas de contratação de pessoal. Do ponto de vista operacional, surgem questões como a determinação do roteamento e a alocação dos veículos e condutores.

Não é muito clara a distinção existente entre esses três níveis. Em linhas gerais, os problemas de nível estratégico referem-se às questões de maior impacto e com horizonte de planejamento mais longo. Por outro lado, decisões de caráter operacional ocorrem com maior frequência no processo administrativo, e apresentam um impacto menos abrangente. Quanto ao grau de estruturação desses processos decisórios, pode-se dizer que, no nível operacional, os procedimentos são mais bem estruturados que nos níveis tático e estratégico.

Entretanto, não existe uma segmentação perfeita entre os problemas desses três níveis e, a rigor, eles interagem entre si, sendo que a solução apontada para um acaba repercutindo na solução a ser adotada para o outro. Exemplificando, a mudança em alguns horários das viagens (decisão de nível operacional) pode implicar a necessidade de se adquirir novos veículos (decisão de nível tático). A construção de uma nova garagem em outra região (decisão estratégica) pode resultar na revisão das escalas de trabalho dos condutores (decisão operacional).

Apesar dessa interação, é comum se estabelecer uma hierarquia no processo decisório com o objetivo de estruturar os problemas e facilitar sua resolução. Assim, geralmente, as decisões tomadas em um nível estratégico são postas como um dado de entrada para a resolução dos problemas do nível tático. Os problemas operacionais, por sua vez, são resolvidos tomando como dados de entrada as soluções apontadas nos níveis estratégico e tático. Esse tipo de abordagem, apesar de nem sempre resultar o máximo de eficiência do sistema, apresenta a vantagem de reduzir significativamente o tamanho dos problemas, sendo, muitas vezes, a única forma viável de solucioná-los.

No nível operacional, um dos problemas mais relevantes e complexos consiste em realizar a alocação da frota e dos condutores. Em outras palavras, o problema está fundado em determinar um plano de distribuição de viagens sobre o conjunto de veículos e pessoas envolvidas na operação, de modo que cada viagem (um horário de uma linha) seja alocada a um veículo, e que a tarefa de conduzir os veículos seja distribuída entre os diversos condutores. Nesse processo de distribuição, diversos fatores devem ser considerados, tais como:

- relação de linhas, com as respectivas viagens (locais de início, locais de término, horários de partida e duração das viagens);
- características da frota existente (capacidade e comprimento dos veículos, distância entre eixos, potência, estado de conservação, autonomia para abastecimento), as quais determinam a adequação de cada tipo de veículo às diversas linhas operadas pela empresa;
- tamanho da frota, considerando os diversos tipos de veículos;
- custos operacionais (por veículo ou grupo de veículos);
- estrutura da rede viária, com a localização dos pontos de início e término das viagens, além da localização dos terminais, garagens e pontos de substituição dos condutores;
- disponibilidade de motoristas;
- legislação trabalhista vigente e os acordos firmados com os sindicatos, quanto ao regime de contratação, duração da jornada de trabalho e descansos regulares;
- políticas internas da empresa, quanto ao nível de utilização de horas-extras, rotatividade do pessoal e distribuição dos veículos entre os motoristas.

Entre as restrições a serem consideradas, algumas são mais importantes que outras. Exemplificando:

Critério #1 – Não alocar um veículo velho em uma linha que possua rampas íngremes e curvas fechadas.

Critério #2 – Não alocar um veículo novo em uma linha não pavimentada.

Embora essas duas restrições devam ser respeitadas, é razoável considerar a primeira mais importante que a segunda. Não sendo possível respeitar as duas restrições simultaneamente, é preferível que a segunda seja desconsiderada, tendo em vista que a primeira trata da segurança dos usuários e condutores.

Além disso, muitos critérios devem ser observados, os quais poderão ser conflitantes entre si. Exemplificando:

Critério #1 – Minimizar o custo operacional.
Critério #2 – Maximizar a confiabilidade em relação ao cumprimento dos horários estabelecidos.

Os dois critérios apresentados anteriormente são, de certo modo, antagônicos. A fim de satisfazer o segundo critério, é necessário incluir na programação folgas que permitam restabelecer a programação original sempre que ocorrer algum atraso na realização de uma viagem. Isso tende a aumentar os custos operacionais.

Todos esses aspectos levam a tarefa de programar as atividades de uma empresa de transporte rodoviário de passageiros a envolver manutenção e manipulação de uma base de dados bastante extensa, na qual a relação entre a solução e as variáveis intervenientes nem sempre é suficientemente compreendida e explorada. Em resumo, resolver esse problema, de forma eficiente, requer a utilização de algoritmos e técnicas de otimização que determinem uma alocação viável para as viagens existentes, e que reduzam os custos operacionais da empresa.

Tipos de transporte rodoviário de passageiros

O transporte rodoviário de passageiros é composto por diversas modalidades, com características operacionais que distinguem umas das outras. Segundo essas características, pode-se estabelecer a seguinte classificação:

- Transporte Rodoviário Urbano de Passageiros: é utilizado para a movimentação da população nos centros urbanos das cidades e regiões metropolitanas, sendo caracterizado por apresentar linhas regulares de curta distância, com horários e itinerários bem definidos e de grande frequência.[1] Nessa modalidade de transporte, um veículo chega a realizar vinte, trinta ou até quarenta viagens por dia.

---

[1] As linhas do transporte rodoviário urbano de passageiros apresentam percursos que, em geral, são inferiores a cinquenta quilômetros e, com frequência, superiores a uma viagem por hora.

- Transporte Rodoviário Intermunicipal, Interestadual e Internacional: caracteriza-se pelo transporte de passageiros entre cidades, estados e países, por meio de linhas regulares de longa distância,[2] com horários e itinerários bem definidos. Nessa modalidade, em geral, o veículo realiza no máximo cinco viagens por dia, podendo, eventualmente, levar até mais de uma semana para completar uma viagem, no caso de percursos de maior distância. Nesse tipo de transporte, é comum as empresas oferecerem serviços de bordo e utilizarem veículos com o conforto apropriado ao percurso e que estejam de acordo com as exigências dos usuários e órgãos reguladores.
- Transporte Rodoviário Escolar: essa modalidade é específica para o transporte de estudantes, da casa para a escola e vice-versa, e apresenta características operacionais distintas das duas primeiras. Por ser flexível em relação ao roteiro, o plano de operação deve garantir que cada passageiro seja transportado de sua casa para a escola satisfazendo janelas de tempo previamente acordadas entre as empresas transportadoras e os usuários. Em geral, a frota utilizada para esse tipo de transporte é composta de micro-ônibus, adaptados para oferecer a devida segurança aos seus passageiros.
- Transporte Rodoviário de Turismo: possui roteiro e horário particularizados para cada viagem, em geral estabelecidos em um contrato firmado entre a empresa e o grupo de passageiros. Os veículos utilizados apresentam características próprias às viagens de longo percurso, com algumas comodidades adicionais, como televisão, som ambiente, vídeo, bar, mesa para jogos etc.
- Transporte Rodoviário Particular de Passageiros: essa modalidade de transporte é utilizada por empresas e outras instituições no deslocamento de seus empregados entre os diferentes locais de trabalho. Cada viagem é programada de acordo com as necessidades da empresa e a disponibilidade do veículo.

Este capítulo trata somente da modalidade de Transporte Rodoviário Intermunicipal, Interestadual e Internacional, que corresponde a uma parcela significativa dos recursos mobilizados nessa área.

Além disso, entre todas as atividades administrativas desenvolvidas pelas empresas, apenas o aspecto de planejamento operacional[3] – envolvendo a alocação de veículos e pessoal – é tratado neste texto.

---

[2] As linhas do transporte intermunicipal de passageiros apresentam percursos que, em geral, são superiores a cem quilômetros.

[3] São diversas as atividades e informações mantidas pela administração das empresas de transporte rodoviário de passageiros. Entre estas, incluem-se: contabilidade financeira, contabilidade de custos, emissão da folha de pagamento, controle de consumo de combustível, controle de estoque de peças e combustível, cadastro de pessoal, análise da renovação da frota, controle de gasto dos pneus, entre outras.

Objetivo do planejamento operacional

O planejamento operacional nas empresas de transporte de passageiros tem como objetivo principal sistematizar e otimizar os procedimentos adotados na movimentação de pessoas entre diversos pontos geograficamente distribuídos.

Entende-se pelo termo sistematizar a aplicação de um conjunto de técnicas que tratem o objeto de estudo como um sistema, isto é, um conjunto de partes relacionadas e interdependentes. O enfoque sistêmico visa, fundamentalmente, dar uma forma apropriada a esses objetos de estudo, de modo que organize e simplifique as análises a serem feitas, especialmente ao tratar de situações complexas. O entendimento das partes que compõem o sistema (subsistemas) das interações existentes entre essas partes e delas com o ambiente externo ao sistema permite que o planejador obtenha uma visão mais abrangente e precisa das relações de causa e efeito associadas com o objeto em estudo.

Por outro lado, entende-se pelo termo "otimizar" a aplicação de um conjunto de métodos, modelos e técnicas de solução com o objetivo de encontrar a melhor forma de utilizar os recursos disponíveis na realização das atividades.

Assim, o planejamento operacional das empresas de transporte de passageiros consiste em analisar e organizar os vários procedimentos referentes à movimentação de passageiros, permitindo a quantificação e mobilização dos recursos necessários, de modo a aplicá-los da melhor forma possível. Pode-se concluir, portanto, que a realização do planejamento operacional tem por objetivo, entre outros, o aumento da eficiência e o consequente aumento da competitividade, da empresa que o aplica, no mercado.

Etapas do planejamento operacional

A realização do planejamento operacional nas empresas de transporte de passageiros compreende os seguintes estudos:

- análise dos custos operacionais;
- estudo da demanda;
- dimensionamento e alocação da frota; e
- dimensionamento e alocação das equipes de pessoal (motoristas).

Não obstante esses estudos serem feitos por boa parte dos técnicos, com base em conhecimentos práticos adquiridos com a experiência, é possível realizá-los utilizando métodos e modelos cientificamente desenvolvidos. Esses métodos e modelos baseiam-se, fundamentalmente, na aplicação de técnicas quantitativas e computacionais, e costumam apresentar resultados melhores que os obtidos manualmente. Em um ambiente competitivo, as empresas que fazem uso dessas técnicas quantitativas e computacionais apresentam melhor desempenho que aquelas que operam com base em procedimentos não científicos. Além disso, a utilização de ferramentas computacionais permite, ao planejador, a realização desses estudos em menor tempo, com a simulação de diversas opções e cenários.

Na bibliografia disponível sobre o assunto são encontrados diversos trabalhos desenvolvidos com esse enfoque, e os modelos encontrados dependem das características operacionais da modalidade considerada.

Custos operacionais

Para a realização da alocação de veículos, com base em critérios de custo, é necessário conhecer o valor do custo horário produtivo (em movimento) e do custo horário improdutivo (parado). Essas informações serão úteis para determinar quais sequências de viagens deverão ser alocadas em cada veículo, conforme metodologia que será apresentada no Capítulo 5.

O administrador deve estar sempre atento ao fato de que muitos fatores determinam variações substanciais nos custos ou na sua composição. Dentre eles, podem-se citar:

- Quilometragem desenvolvida: o custo por quilômetro diminui à medida que o veículo roda, pois o custo fixo é dividido pela quilometragem. Há, contudo, que se observar o uso da velocidade econômica de operação do veículo, pois o aumento da velocidade pode influenciar o consumo de combustível, de pneus e de manutenção, tirando a vantagem obtida com a nova quilometragem.
- Tipo de tráfego: é sabido que nas áreas urbanas o veículo gasta mais combustível por quilômetro rodado e tem um desgaste maior do que em áreas rurais.
- Tipo de via: o custo varia também em razão do tipo de estrada em que o ônibus trafega. Isso engloba superfície de rolamento, condição de conservação, topografia, sinuosidade etc.
- Região: de acordo com o lugar onde a transportadora atua, salários, impostos, preços de combustível etc. podem ser diferentes.
- Porte do veículo: um fator de redução do custo por passageiro/quilômetro transportado é a maior capacidade do veículo, desde que bem aproveitada.
- Desequilíbrio nos fluxos: outro fator que pode causar variação nos custos é o desequilíbrio nos fluxos. No caso do transporte de passageiros, eles costumam ser pendulares (quem vai volta).

Classificação dos custos

A análise econômica costuma fazer a distinção, apresentada a seguir, entre os custos de produção. Em nível macro, os custos operacionais dos veículos rodoviários podem ser classificados da seguinte forma:

a) Custos diretos: correspondem aos custos fixos e aos custos variáveis, que estão diretamente relacionados com a produção do serviço;
   • Custos fixos: englobam o conjunto de gastos cujo valor, dentro de limites razoáveis de produção, não varia em razão do nível de atividade da empresa ou grau de utilização do equipamento. Fazem parte desses custos: a depreciação, a remuneração do capital, o salário da tripulação (corresponde ao pagamento de motoristas, cobradores, ajudantes etc., e respectivos encargos sociais), o licenciamento e os seguros.
   • Custos variáveis: são proporcionais à utilização. Fazem parte desses custos: o combustível, o óleo lubrificante do motor, o óleo lubrificante da transmissão, lavagem e lubrificação, material rodante (corresponde a pneus, câmaras, recapagens e protetores), peças, acessórios e material de oficina e mão de obra para manutenção dos veículos.
b) Custos indiretos ou administrativos: são os custos necessários para manter o sistema de transporte da empresa, tais como: pessoal de garagens, escritórios e respectivos encargos sociais, impressos, publicidade, aluguel de pátios, garagens e escritórios, comunicações, impostos e taxas legais, construção, conservação e limpeza, viagens e estadias, despesas financeiras, entre outros.

Cabe aqui chamar a atenção para o fato de que essa classificação de custos pode ser feita de maneiras diferentes, conforme a aplicação a ser realizada. No caso do cálculo de tarifas de ônibus urbano, por exemplo, segundo o GEIPOT, os custos administrativos estão incluídos nos custos fixos.

Outro modelo de custos que pode ser apresentado é referente à terminologia adotada por alguns órgãos rodoviários para efeitos de cálculo tarifário dos diferentes serviços de transporte intermunicipal de passageiros.

Essas classificações apresentam maior interesse para a fixação de tarifas. Do ponto de vista operacional, os custos que interessam, basicamente, referem-se a duas situações distintas: custos do veículo parado (depreciação, remuneração do capital, IPVA e seguro) e custos do veículo em movimento (depreciação, remuneração do capital, IPVA, seguro, combustíveis, lubrificantes, pneus, peças de manutenção, além de salários e encargos do pessoal de manutenção e operação).

$$\text{Custos independentes} \begin{cases} \text{Combustível} \\ \text{Lubrificantes} \\ \text{Rodagem (pneus, câmaras e recauchutagem)} \\ \text{Peças e acessórios} \end{cases}$$

Custos dependentes
- Depreciação de ônibus
- Remuneração do capital
  - Ônibus
  - Almoxarifado
  - Instalações e equipamentos
- Despesas administrativas
  - IPVA e seguro obrigatório do veículo
  - Material de expediente
  - Despesas com serviço público
  - Pessoal de administração
- Pessoal de operação (salários e encargos)
  - Motoristas
  - Cobradores
  - Fiscais, inspetores e despachantes
  - Pessoal de manutenção

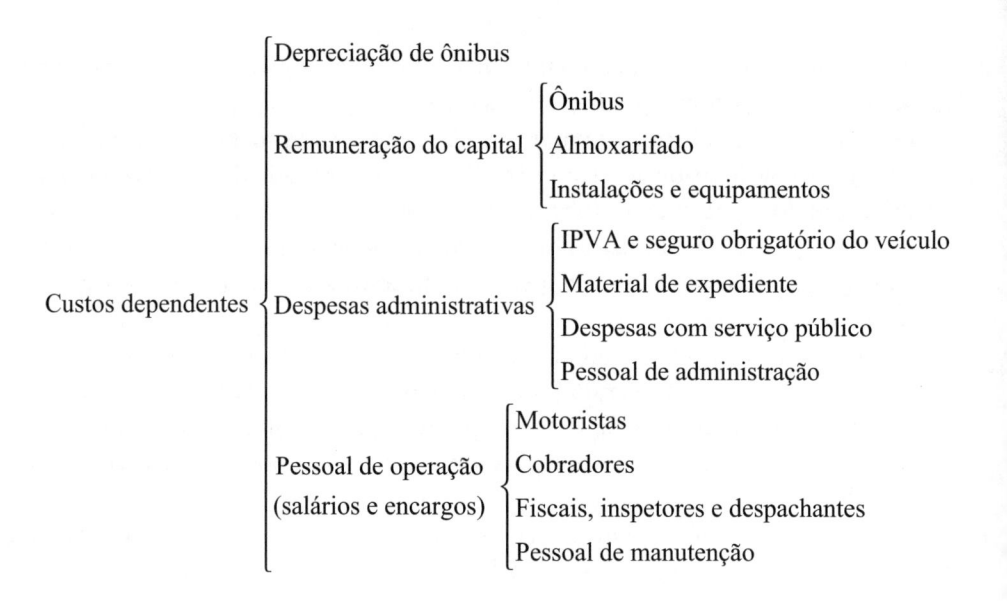

Métodos de cálculo de custos operacionais

Um método que se destaca para o cálculo dos custos de operação é uma adaptação do método de custos médios desagregados, que é amplamente utilizado pelas empresas e também divulgado por meio de revistas especializadas no setor de transportes, oferecendo estimativas bastante razoáveis de custo operacional de veículos rodoviários. Essas estimativas têm como base a apropriação de cada componente desse custo.

O método tem como base parâmetros médios de consumo. Não é sensível, portanto, a variações específicas de velocidades e carregamento dos veículos nem a condições físicas e de tráfego das rodovias. Ou seja, é calculado levando-se em conta as condições médias de tráfego, rodagem, carregamento e velocidade. Apesar de tais limitações, ele tem diversos méritos, destacando-se a praticidade e o cálculo desagregado por componente de custo (depreciação, combustíveis, pneus, salários, manutenção etc.). Possibilita ainda que cada empresa possa inserir parâmetros referentes a cada tipo, modelo ou categoria de veículo (de acordo com o nível de precisão com que ela deseje trabalhar).

Requer informações sobre preços unitários e parâmetros de consumo horário por parte dos veículos. Dado que a empresa pode alimentar o sistema de cálculo com parâmetros observados em sua frota, o método permite, diferentemente dos demais, que sejam calculados custos também nas áreas urbanas, onde há particularidades, tais como tipo de calçamento, fluxos interrompidos etc.

Para fins de apropriação dos custos horários associados a um veículo parado e em movimento, pode-se recomendar como referência a primeira classificação apresentada. Naquele modelo, os custos dividiam-se em diretos e indiretos ou administrativos.

Considerando que os custos administrativos não serão afetados pela alocação da frota e do pessoal de operação, essa parcela poderá ser desconsiderada.[4] Interessa, particularmente, o efeito apresentado pelos custos diretos. No caso destes, tem-se uma nova divisão: custos fixos e custos variáveis.

Em princípio, a ocorrência dos custos fixos independe da quantidade de serviço produzida. Portanto, essa parcela de custos deverá ser distribuída uniformemente sobre todo o período em que o equipamento permanece à disposição da empresa (24 horas por dia). Mesmo não utilizando o veículo, esses custos ocorrem, e não há como eliminá-los, a não ser que a empresa se desfaça dele. Os custos variáveis, por sua vez, costumam ser proporcionais à quantidade de serviço produzida. Tais custos cessam no momento em que o equipamento deixa de rodar. Em relação à classificação apresentada, portanto, sugere-se que os custos com salários de pessoal de operação (motoristas, cobradores, auxiliares etc.) e seus respectivos encargos sejam considerados custos variáveis. Isso tem por objetivo considerar a possibilidade de realocação do pessoal de operação, o que é bastante razoável em empresas que tenham uma frota de porte médio ou grande.

Estudo da demanda

A demanda de um modal de transporte de passageiros é a quantidade de pessoas que dele se utiliza durante determinado período (anual, mensal, semanal ou diário) ou ao longo de uma distância (quilômetro ou até mesmo o espaço entre dois pontos de parada consecutivos).

Para analisar as características da demanda, estuda-se sua variação ao longo do tempo e do espaço, o que pode ser chamado de flutuação temporal da demanda e flutuação espacial da demanda.

A flutuação temporal reflete o crescimento da demanda ao longo dos anos ou sua variação anual (por mês), mensal (por semana), semanal (por dia) e diária (por hora ou por minuto).

A flutuação espacial da demanda mostra a variação da quantidade de passageiros no interior do veículo, a ocupação, nos trechos compreendidos entre dois pontos de parada consecutivos de uma linha rodoviária.

A abordagem para análise de cada situação é distinta, dadas as particularidades de cada sistema. Conhecer o comportamento da demanda e poder prever suas flutuações é essencial para o dimensionamento da oferta, tendo em vista o objetivo de satisfazer adequadamente as necessidades dos usuários.

---

[4] A eventual diminuição de um veículo na frota ou o fato de algum veículo passar a rodar uma quilometragem maior não implica, por exemplo, modificações nos salários pagos ao pessoal administrativo, ou mesmo, dentro de determinados limites, que a garagem passe a ter um custo mais elevado em termos de depreciação.

Matriz origem-destino

No caso do transporte rodoviário de passageiros, a análise da flutuação espacial e temporal da demanda é bastante simples, já que a partir dos bilhetes vendidos obtém-se um levantamento completo de origem e destino para cada deslocamento, que poderá ser consolidado por faixa de horário, dia, semana, mês e ano.

Os levantamentos de dados necessários para essas análises são extremamente simples e fornecem, desde que organizadas as observações na forma de bancos de dados relacionais, todas as informações. Para que a metodologia de análise da demanda tenha consistência e reflita a realidade, é necessário que os levantamentos das informações básicas sejam precisos e confiáveis. O uso da informática nesse campo é, portanto, altamente recomendado.

O objetivo básico deste estudo consiste em encontrar o que se denomina matriz de origem/destino ou matriz *O-D*. Nessa matriz obtêm-se, para cada período de análise, os fluxos de passageiros entre os diversos pontos de interesse.

No exemplo do Quadro 2.1 é apresentada uma matriz *O-D*, na qual cada célula indica o fluxo médio de passageiros entre um par de cidades, para dado período de avaliação. Os valores totalizados, por sua vez, indicam a quantidade de passageiros embarcados (soma das linhas) e a quantidade de passageiros desembarcados (soma das colunas). Enquanto os valores das células associadas às origens e aos destinos são importantes para dimensionar a oferta de viagens, os valores totalizados, por linha e coluna, são importantes para o dimensionamento de terminais e das equipes de atendimento ao público.

Quadro 2.1 – Um exemplo fictício: matriz de origem-destino, que contém o fluxo médio de passageiros entre as cidades A, B, C e D, para um período compreendido entre 6h e 23h, nos dias úteis da baixa temporada do ano 2014

Cidade de origem	Cidade de destino				Total
	A	B	C	D	
A	#	200	110	240	550
B	118	#	87	43	248
C	57	115	#	65	237
D	87	45	28	#	160
Total	262	360	225	348	1.195

Variação da demanda média anual

A variação da demanda ao longo dos anos permite analisar sua tendência de crescimento, o que é muito útil para prever o comportamento futuro e, também, para avaliar a necessidade de investimentos. A Figura 2.1 apresenta um exemplo de uma série histórica anual dos fluxos de passageiros entre duas cidades (de Florianópolis para Curitiba).

Dividindo-se esse fluxo em três períodos (2005-2008, 2008-2010 e 2011-2014), observa-se que no primeiro a quantidade de passageiros transportados por ano apresenta um crescimento rápido; no segundo, a demanda apresenta-se quase estacionada; e, no terceiro, após um salto nos níveis de demanda, a queda tem se mostrado bastante acentuada. O planejador, diante da observação apenas do primeiro período, certamente reservaria recursos para a ampliação da frota no ano seguinte. As reservas previstas seriam de menor magnitude considerando os dois primeiros períodos. Com a série completa, a preocupação não seria com os investimentos, mas com a receita que provavelmente estaria diminuindo. Nesse caso, é importante a análise das razões da queda da demanda, o que possibilita a tomada de decisões para reversão do quadro e de seus reflexos na infraestrutura da empresa.

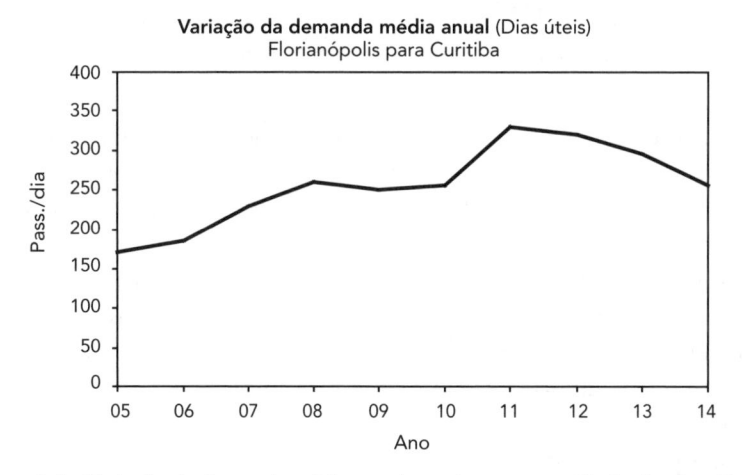

Figura 2.1 – Variação da demanda média anual nas viagens entre Florianópolis e Curitiba para os dias úteis.

Variação mensal da demanda ao longo do ano

As variações sazonais da demanda ao longo do ano são muito importantes para a realização do planejamento operacional. A adequação da oferta, com base na demanda observada em cada período, faz que a empresa possa aproveitar melhor o potencial do mercado, bem como utilizar a frota disponível de forma mais racional.

No Brasil, há uma tendência de as linhas rodoviárias apresentarem maiores volumes de passageiros nos meses que correspondem aos das férias escolares. Nesses períodos, há necessidade de reforçar a oferta de viagens. Na Figura 2.2 é apresentado um exemplo típico desse fenômeno.

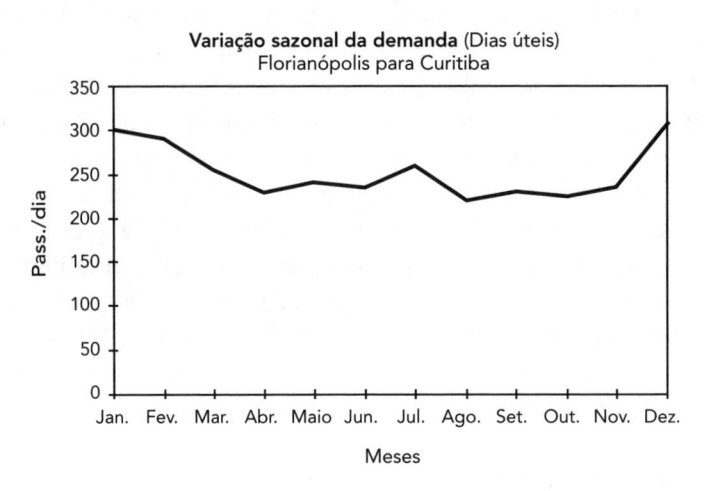

Figura 2.2 – Variação sazonal da demanda dos dias úteis para viagens de Florianópolis a Curitiba.

A Figura 2.2 mostra a série mensal da demanda ao longo do ano, obtida a partir das médias de cada mês ao longo do período de 2005 a 2014. Assim, o valor correspondente ao mês de janeiro refere-se à média da demanda de todos os meses de janeiro do período.

Observe-se que os meses de janeiro, fevereiro, julho e dezembro apresentam demandas maiores, o que é natural em linhas com características intermunicipais e interestaduais, pois correspondem aos meses de férias escolares e, em consequência, das demais categorias. Assim, a quantidade de viagens que deverá ser programada precisa ser maior nesses meses que no restante do ano.

Com esses valores, é possível obter o fator de sazonalidade associado a cada mês do ano, que é denotado por f_d e dado pela seguinte expressão:

$$f_m = \frac{D_m}{\overline{D}} \qquad (1)$$

onde D_d é a demanda média do m-ésimo mês e $\overline{D}$ é a demanda diária calculada com base na média anual. Esse fator é útil para corrigir as projeções de demanda realizadas para períodos futuros.

Variação da demanda diária ao longo da semana

A exemplo das variações que ocorrem ao longo dos meses, em relação à sazonalidade, também observa-se que há uma flutuação no decorrer da semana, como é mostrado na Figura 2.3.

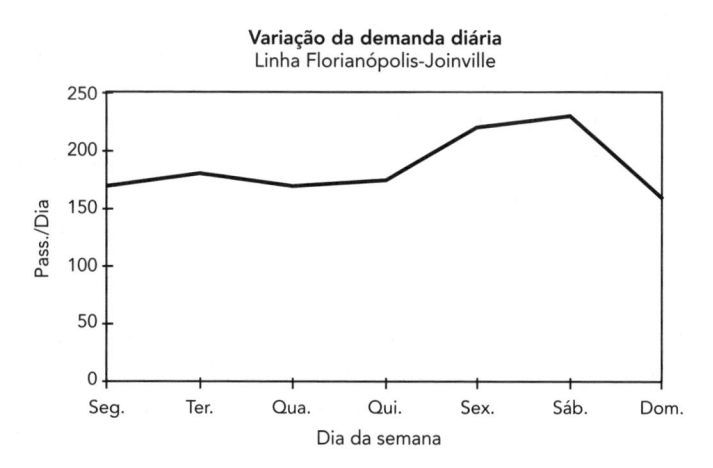

Figura 2.3 – Variação da demanda ao longo dos dias para uma linha típica.

O perfil dessa flutuação depende, basicamente, do motivo que leva o usuário a fazer a viagem. Exemplificando, no caso das linhas existentes entre Joinville e Florianópolis, em razão das viagens realizadas por estudantes universitários, há uma tendência de aumento de demanda no sentido Florianópolis-Joinville nos dias que antecedem o fim de semana. Já no sentido inverso, essa tendência de aumento se verifica aos domingos, em razão do retorno desses mesmos estudantes. Poder-se-ia dizer que esse fenômeno é um caso particular desse par origem/destino.

Também nesses casos é possível obter um fator de correção da variação semanal, associado a cada dia da semana, que será útil na correção de projeções futuras da demanda, denotado por f_d e dado pela seguinte expressão:

$$f_d = \frac{D_d}{\overline{D}} \qquad (2)$$

onde D_d é a demanda média associada ao d-ésimo dia da semana e $\overline{D}$ é a demanda diária, calculada com base na média anual. Esse fator é útil para corrigir as projeções de demanda realizadas para períodos futuros.

No caso rodoviário, é também importante dedicar maior atenção em datas especiais, como Carnaval, Páscoa, Natal, Ano Novo e feriados próximos aos fins de semana, em que o acréscimo da demanda é muito expressivo.

Variação da demanda horária ao longo do dia

Para linhas com grande demanda, a determinação da variação da demanda horária é feita a partir da quantidade de passageiros transportados em cada viagem e do intervalo de tempo existente entre os horários de partida dessas mesmas viagens. Para tanto, consideram-se as demandas de um dia típico ao longo de determinado mês, tendo em vista as variações já comentadas. Para uma linha em particular, de acordo com a metodologia descrita por Freitas (1985), admite-se que todos os passageiros tenham sido atendidos em suas expectativas de horário, e que cada usuário tenha conseguido realizar a viagem com o primeiro veículo que partiu.

Ao considerar que na i-ésima viagem foram transportados P_i passageiros, e que o horário de partida dessa viagem é H_i, então a demanda horária média no intervalo de tempo $(H_{i-1} \rightarrow H_i)$, denotada por DH_i, será calculada pela seguinte expressão:

$$DH_i = \frac{P_i}{H_i - H_{i-1}} \tag{3}$$

Quand ocorre a saída simultânea de dois ou mais veículos, a expressão (3) não poderá ser utilizada. Nesses casos deve-se considerar que o total de passageiros das duas ou mais viagens originais são transportados em apenas uma viagem hipotética.

Previsão da demanda

A partir da evolução da demanda anual e da distribuição da demanda mensal, é possível fazer estimativas da demanda futura, o que certamente é de grande valia para a análise de investimentos, especialmente na frota.

Como exemplo, considere a série histórica representativa de uma demanda diária entre duas cidades (A e B), apresentada no Quadro 2.2.

O que se deseja fazer é estimar, a partir da série histórica apresentada no Quadro 2.2, qual será a demanda para os próximos três ou quatro anos a fim de planejar a expansão da frota. Para tanto, existem modelos econométricos que devem ser considerados.

Os modelos mais simples são os baseados em regressão linear, que consideram o tempo variável explicativa da demanda. Apesar de criticados pelos estatísticos, modelos desse tipo são bastante empregados na prática pelos especialistas da área de transportes. As expressões mais empregados são as seguintes:

Modelo Linear: $D_t = D_0 + a(t - t_0)$ (4)

Modelo Exponencial: $D_t = D_0\, \theta^{(t-t_0)}$ (5.a)

Quadro 2.2 – Série histórica representativa da demanda diária entre duas cidades

Ano (t)	Demanda diária (D)
2005	250
2006	260
2007	278
2008	292
2009	315
2010	331
2011	351
2012	365
2013	376
2014	402

No caso do modelo linear, considera-se que o acréscimo da demanda em cada período é constante, igual ao parâmetro a, enquanto no modelo exponencial esse crescimento se dá a uma taxa constante, definida pelo parâmetro θ.

O ajuste desses modelos pode ser realizado pelo método dos mínimos quadrados. Por meio de uma transformação de variáveis, também é possível linearizar o modelo exponencial, e utilizar a regressão linear para a determinação dos respectivos parâmetros. Na linearização do modelo exponencial é utilizada a seguinte transformação:

Modelo Exp. Linear: $\log_{10} D_t = \log_{10} D_0 + (t - t_0)\log_{10} \theta$ (5.b)

No Quadro 2.3 são apresentados os dados linearizados referentes ao histórico de demanda apresentado no Quadro 2.2, bem como os resultados obtidos com a aplicação da regressão linear.

Quadro 2.3 – Dados linearizados para a série histórica do Quadro 2.2 e resultado da regressão linear

t	D_t	$t - t_0$	$\log_{10} D_t$
2005	250	0	2,3974
2006	260	1	2,4149
2007	278	2	2,4444

(continua)

(continuação)

t	D_t	$t - t_0$	$\log_{10} D_t$
2008	292	3	2,4655
2009	315	4	2,4990
2010	331	5	2,5202
2011	351	6	2,5455
2012	365	7	2,5625
2013	376	8	2,5753
2014	402	9	2,6047
t_0 (adotado)		2005	–
Coeficiente linear		$\log_{10} D_0 = 2{,}3984$	$D_0 = 250{,}26$
Coeficiente angular		$\log_{10} \theta = 0{,}0232$	$\theta = 1{,}0550$
Coeficiente de correlação		$R^2 = 0{,}9927$	–

A aplicação desses resultados no modelo exponencial resulta na seguinte função de demanda:

$$D_t = 250,26 \times (1,0550)^{(t-2005)} \quad (6)$$

Esse resultado indica que o crescimento médio no período analisado foi da ordem de 5,5% ao ano. A partir dessa expressão, é possível estimar o valor médio da demanda para os próximos anos, conforme apresentado no Quadro 2.4.

Quadro 2.4 – Previsão de demanda para o período compreendido entre 2015 e 2018, utilizando o modelo exponencial e o método de regressão linear para ajustar os parâmetros

Ano (*t*)	Demanda diária (D_t)
2015	451
2016	476
2017	502
2018	529

A crítica que se faz em relação a esses modelos, conforme já comentado, é que a demanda e a variável tempo não apresentam entre si relação de causa e efeito, isto é, o simples fato de o tempo estar evoluindo não é razão para que a demanda cresça. De fato, o aumento da demanda por transportes depende de outros fatores, tais como aumento na atividade econômica da região, aumento da renda da população, implantação de novos polos de atração e geração de viagens, entre outros.

Para compreender melhor esse fato, suponha que entre duas cidades quaisquer não existam linhas em operação. Assim, se forem considerados os fluxos existentes, que são nulos, para efetuar a projeção da demanda, será concluído que no futuro a demanda continuará nula, e isso não é correto. O fato de não existir fluxo de passageiros entre duas cidades quaisquer não implica afirmar que a demanda também é nula.

Para contornar esse problema, mais lógico, do ponto de vista da relação de causa e efeito, seria necessário considerar, na formulação dos modelos de demanda, variáveis explicativas relacionadas a aspectos econômicos e geográficos, tais como: população, renda, distâncias, nível de atividade industrial e comercial, entre outros. Assim, seria possível extrapolar o comportamento observado entre diversos pares O-D a outros pares para os quais não se dispõem de séries históricas da demanda. Essa abordagem, além de ser mais coerente com as relações de causa e efeito, também é preferida entre os estatísticos.

Entre os modelos desenvolvidos que seguem nessa direção, os modelos gravitacionais estão entre os mais disseminados. Basicamente, a demanda entre a origem i e o destino j, nesses modelos, é definida por uma expressão do tipo:

$$D_{ij} = \frac{A_i \, B_j}{d_{ij}^{\,b}} \tag{7}$$

Nessa expressão, A_i e B_j são, respectivamente, fatores de geração e fatores de atração de viagem, cujas expressões deverão ser determinadas a partir de dados relacionados com a população e o nível de atividade econômica das regiões envolvidas. O valor de d_{ij} encontrado no denominador da expressão é a distância física que separa as duas regiões consideradas. O valor de β é um parâmetro a ser ajustado no modelo a partir dos dados colhidos. A calibração desses modelos pode ser realizada pelo método dos mínimos quadrados a fim de minimizar a soma dos quadrados dos desvios existentes entre os valores observados e os valores obtidos com o modelo. Calibrado o modelo, a demanda poderá ser estimada para qualquer par O-D, mesmo que não exista fluxo de passageiros medido entre as cidades envolvidas.

Níveis de serviço e divisão de mercado

Enquanto no caso urbano o nível de serviço está intimamente relacionado com a quantidade de passageiros que são transportados em pé, no caso de transporte rodoviário, uma vez que essa possibilidade costuma ser proibida, tal aspecto não é relevante. Nesse caso, fatores como ar-condicionado, calefação, poltronas-leito, serviço de bar, som ambiente, televisor e vídeo a bordo, entre outros, passam a ter importância na disputa pelo mercado.

Em outras palavras, os níveis de serviço estão relacionados com o conforto proporcionado ao passageiro. Para determinação de como esses fatores deverão interferir no comportamento da demanda, é possível utilizar modelos de divisão de mercado (*market share*), baseados em funções de utilidade, ajustados a partir de dados obtidos pelas pesquisas de mercado.

Nesses modelos de divisão de mercado, considera-se que o usuário dispõe de um conjunto de opções entre as quais deverá fazer sua escolha. Cada uma dessas opções apresenta características próprias, também denominadas atributos. Entre os atributos relevantes ao transporte rodoviário de passageiros, podem ser citados, além dos fatores de conforto acima apresentados, aspectos como: tempo de viagem, preço da passagem, imagem da empresa no mercado, entre outros.

Levando-se em conta que esses fatores adicionam (ou subtraem) utilidade à opção, é comum a utilização de funções de utilidade lineares do tipo:

$$U_i = \sum_j a_j \, x_{ij} \qquad (8)$$

Nessa expressão, U_i é a utilidade da *i*-ésima opção (viagem) disponível, x_{ij} é o valor do *j*-ésimo atributo na *i*-ésima opção, e a_j é um fator de ponderação do *j*-ésimo atributo, o qual deverá ser ajustado a partir de pesquisas de mercado.

Com base na utilidade das opções disponíveis, calculadas pela expressão (8), a probabilidade de escolha de uma opção em particular, por um usuário qualquer, denotada por P_i, poderá ser calculada usando o modelo logit multinomial, cuja expressão é a seguinte:

$$P_i = \frac{e^{U_i}}{\sum_k e^{U_k}} \qquad (9)$$

Em outras palavras, essa probabilidade de escolha corresponde ao percentual da demanda total que deverá fazer uso de uma viagem em particular, dadas as características de conforto apresentadas por ela. Os modelos de distribuição de mercado são bastante úteis na determinação do nível ideal de serviço a ser oferecido pela empresa, especialmente nos casos em que existe a disputa da concorrência pela preferência do consumidor. Ao colocar em confronto as diversas opções estudadas com as existentes no mercado, é possível estimar *a priori* os efeitos de cada opção na distribuição da demanda, o que permite avaliar as consequências econômicas advindas de sua implantação.

Pesquisa de mercado e ajuste do modelo de utilidade

A pesquisa de mercado poderá se realizar com base em duas metodologias distintas. A primeira delas, denominada pesquisa de preferência observada, considera as informações colhidas diretamente no mercado a fim de verificar o comportamento do usuário no dia a dia. A segunda metodologia, denominada pesquisa de preferência declarada, considera as informações colhidas junto aos usuários em potencial, de modo que verifique a opinião desses diante das diversas opções apresentadas (geralmente hipotéticas).

Em ambas as metodologias de pesquisa procura-se conseguir informações que permitam determinar os parâmetros do modelo de utilidade, a fim de obter a função que melhor justifique os dados colhidos e, consequentemente, o comportamento do usuário em relação às opções do mercado.

Para realizar o ajuste dos parâmetros do modelo de utilidade, é comum o uso do princípio da máxima verossimilhança, segundo o qual a determinação dos parâmetros é feita de modo que, para o modelo construído, a probabilidade de se observar os dados colhidos na pesquisa seja maximizada. Essa abordagem é particularmente interessante no caso da pesquisa de preferência declarada.

Outra forma de ajustar os parâmetros do modelo de utilidade é pelo método dos mínimos quadrados, segundo o qual a determinação dos parâmetros é feita com o objetivo de minimizar a soma dos quadrados dos desvios entre os dados de demanda observados e os determinados pelo modelo. Essa abordagem é particularmente interessante no caso da pesquisa de preferência observada.

A fim de exemplificar a aplicação da metodologia de preferência observada, considere os dados apresentados no Quadro 2.5. Neste quadro estão apresentadas as características de diversas opções de viagem, envolvendo várias operadoras, entre duas cidades, para as quais foram computadas o número médio de passageiros transportados num dado período (entre 6h e 12h, por exemplo).

Quadro 2.5 – Dados da pesquisa de preferência observada

Número ordem	Atributo das opções			Passageiros transportados
	Conforto	Roteiro	Preço (R$)	
1	Convencional	Direto	14,00	480
2	Convencional	Semidireto	12,00	350
3	Conv. + Ar-Cond.	Direto	15,00	470
4	Conv. + Ar-Cond.	Direto	16,00	405
5	Conv. + Ar-Cond.	Semidireto	14,00	380
6	Leito	Semidireto	27,00	120
7	Leito	Direto	28,00	150
Total de Passageiros Transportados				2.355

A primeira providência consiste em definir as variáveis explicativas do modelo de utilidade a ser usado no estudo. Nesse caso, levando em conta os dados do Quadro 2.5, considerar-se-ão, para cada opção i, as seguintes variáveis explicativas da utilidade:

$x_{i,Ar}$ = variável binária que define a existência de ar-condicionado a bordo ($x_{i,Ar}$ = 1);
$x_{i,L}$ = variável binária que define o nível de conforto do leito ($x_{i,L}$ = 1);
$x_{i,D}$ = variável binária que define se o roteiro é direto ($x_{i,D}$ = 1);
$x_{i,P}$ = preço da opção.

Com base nessas variáveis, busca-se calibrar os parâmetros do modelo de utilidade minimizando a soma dos desvios quadráticos entre a demanda prevista e a demanda observada. Tabulando os dados disponíveis, tem-se:

No Quadro 2.6, as colunas das variáveis refletem a combinação de atributos das opções. A coluna de U_i apresenta o valor da utilidade calculada com base nos valores das variáveis e dos respectivos pesos (parâmetros do modelo). A coluna da probabilidade é calculada dividindo-se o respectivo valor de exp(U_i) pela soma da coluna de exp(U_i). A coluna de previsão de passageiros é obtida multiplicando-se a quantidade total de passageiros observados pela probabilidade de escolha da respectiva opção. Finalmente, a coluna de desvio quadrático é obtida elevando ao quadrado a diferença entre os passageiros observados e previstos.

Quadro 2.6 – Dados tabulados para ajuste dos parâmetros do modelo de preferência observada

i	$x_{i,Ar}$	$x_{i,L}$	$x_{i,D}$	$x_{i,P}$	Pass. observ.	U_i	exp(U_i)	Prob.	Pass. previsto
1	0	0	1	14,00	480	–0,8819	0,41398	0,194	458,0
2	0	0	0	12,00	350	–1,0766	0,34076	0,160	377,0
3	1	0	1	15,00	470	–0,8582	0,42392	0,199	469,0
4	1	0	1	16,00	405	–0,9479	0,38754	0,182	428,8
5	1	0	0	14,00	380	–1,1426	0,31900	0,150	352,9
6	0	1	0	27,00	120	–2,2589	0,10447	0,049	115,6
7	0	1	1	28,00	150	–1,9746	0,13882	0,065	153,6
Soma	–	–	–	–	2.355	–	2,12850	1,000	2.355,0
Parâmetros	0,1134	0,1634	0,3741	–0,0897	–	–	–	–	–

Ajustar o modelo consiste em encontrar a combinação de valores dos parâmetros que minimize a soma dos desvios quadráticos. Essa operação pode ser realizada por meio de procedimentos matemáticos bem conhecidos na literatura, denominados programação não linear. Nesse caso em particular, os resultados apresentados foram obtidos com o uso da ferramenta (*Solver*) de resolução disponível na planilha eletrônica Microsoft Excel para Windows.

Concluindo, o valor da utilidade ajustada pelo modelo é dado por meio da seguinte expressão:

$$U_i = 0,1134\, x_{i,Ar} + 0,1634\, x_{i,L} + 0,3741\, x_{i,D} - 0,0897\, x_{i,P} \tag{10}$$

Por meio dessa função de utilidade, é possível estabelecer algumas conclusões a respeito das diversas opções apresentadas. Uma dessas conclusões é a de que o usuário está disposto a pagar em média até R$ 1,26 (0,1134/0,0897) por viagem para ter o conforto adicional do ar-condicionado a bordo, enquanto para o conforto do ônibus leito o valor que o usuário está disposto a pagar, em média, é de R$ 1,82 (0,1634/0,0897). Mais significativo, entretanto, é o fato de os usuários desse exemplo estarem dispostos a pagar em média até R$ 4,17 (0,3741/0,0897) por viagem para não terem paradas intermediárias.

Usando a função de utilidade ajustada acima, é possível prever, por exemplo, qual será a distribuição da demanda, dado que uma nova opção é incluída no mercado. No Quadro 2.7 encontra-se um exemplo simulado desse tipo de aplicação, considerando a inclusão de uma nova opção (leito/direto) ao preço de R$ 23,00.

Quadro 2.7 – Dados tabulados para o modelo de preferência observada e distribuição do mercado considerando uma nova opção

i	$x_{i,Ar}$	$x_{i,L}$	$x_{i,D}$	$x_{i,P}$	Pass. observ.	U_i	$\exp(U_i)$	Prob.	Pass. previsto
1	0	0	1	14,00	480	–0,8819	0,41398	0,176	415,6
2	0	0	0	12,00	350	–1,0766	0,34076	0,145	342,1
3	1	0	1	15,00	470	–0,8582	0,42392	0,181	425,6
4	1	0	1	16,00	405	–0,9479	0,38754	0,165	389,0
5	1	0	0	14,00	380	–1,1426	0,31900	0,136	320,2
6	0	1	0	27,00	120	–2,2589	0,10447	0,045	104,9
7	0	1	1	28,00	150	–1,9746	0,13882	0,059	139,4
Nova	0	1	1	23,00	–	–1,5260	0,21741	0,093	218,2
Soma	–	–	–	–	2.355	–	2,12850	1,000	2.355,0
Parâmetros	0,1134	0,1634	0,3741	–0,0897	–	–	–	–	–

Com base nessa análise, estima-se que a nova opção deva receber 9,3% (probabilidade calculada para a nova opção) do total de passageiros que viajam entre o par O-D em questão. O estudo poderia, ainda, levar em conta a existência de outros modais (trem e automóvel, por exemplo), tornando o resultado mais abrangente.

Estudo da oferta

Na seção anterior, foram estudados aspectos relacionados à demanda. Tais estudos levam à determinação da matriz O-D dos diversos períodos típicos de interesse.

No caso específico do planejamento operacional do transporte rodoviário de passageiros, o dado de entrada básico consiste em um conjunto de tarefas ou viagens a serem realizadas, em que cada viagem tem especificado um horário de início, um horário de término, um local de início e um local de término. A determinação da quantidade de viagens, bem como os horários a elas associados devem ser realizados a partir da matriz O-D, levando em consideração as características de frota e a estrutura da rede viária em questão.

Estudo da rede viária

A representação da rede viária pode ser feita por meio de uma estrutura denominada grafo. Formalmente, grafo é uma estrutura matemática $G(X,A)$, em que $X = \{x_1, x_2, ..., x_n\}$ é um conjunto de seus nós (ou vértices), e $A = \{a_1, a_2, ..., a_n\}$ é o conjunto de seus arcos. O arco $a_r = \{x_1, x_j\}$ conecta os vértices $x_i \in X$ e $x_j \in X$, no sentido do primeiro nó para o segundo.

Na definição da rede viária, os nós do conjunto $X = \{x_1, x_2, ..., x_n\}$ representam os diversos locais de interesse no estudo, e os arcos do conjunto $A = \{a_1, a_2, ..., a_n\}$ representam os trechos rodoviários que interligam esses locais.

Uma informação importante para a realização dos estudos de geração de viagens e alocação da frota é a distância e/ou o tempo de viagem do caminho percorrido entre uma localidade e outra. Com o objetivo de obter os melhores caminhos para a realização desses deslocamentos, será apresentado a seguir um procedimento algorítmico apropriado.

Esse procedimento foi desenvolvido por Floyd e Hu (Christofides, 1975), e determina o caminho mínimo entre todos os pares de vértices $x_i, x_j \in X$, em grafos nos quais cada arco $a_r = (x_i; x_j)$ está associado um custo de transposição, tal que $-\infty < c_{ij} < \infty$, que pode retratar tempo de viagem, distância percorrida, ou mesmo um custo.

Seja $C^0 = c_{ij}^0$ a matriz de custos dos arcos, onde:

$$c_{ij}^0 = \begin{cases} 0 & \text{se } i = j \\ c_{ij} & \text{se } i \neq j \text{ e } (x_i, x_j) \in A \\ \infty & \text{se } i \neq j \text{ e } (x_i, x_j) \notin A \end{cases}$$

Seja $\theta^0 = [\theta_{ij}^0]$ a matriz de predecessores, onde $\theta_{ij}^0 = x_i, \forall i, j$. Nessa matriz, associado a linha i e a coluna j, encontra-se o predecessor do vértice x_j no caminho de custo mínimo entre os vértices x_j e x_j.

Algoritmo de Floyd e Hu

Passo 1 Monte as matrizes $C^0 = [c_{ij}^0]$ e $\theta^0 = [\theta_{ij}^0]$. Faça $k = 0$.
Passo 2 Faça $k = k + 1$.
Passo 3 Para todo $i \neq k$ e $j \neq k$, calcule:

$$c_{ij}^k = \min(c_{ij}^{k-1}, c_{ik}^{k-1} + c_{kj}^{k-1})$$

Se $c_{ij}^k < c_{ij}^{k-1}$ então faça $\theta_{ij}^k = \theta_{kj}^{k-1}$. Em caso contrário, faça $\theta_{ij}^k = \theta_{ij}^{k-1}$.

Passo 4 a) Se existir algum $c_{ii}^k < 0$, então PARE. O grafo tem um circuito de custo negativo;
b) Se $k = n$ e $c_{ii}^k \geq 0$, $\forall i$ então PARE. Os caminhos mínimos são dados pela matriz $\theta^k = [\theta_{ij}^k]$, e os custos desses caminhos são dados pela matriz $c^k = [c_{ij}^k]$.
c) Se $k < n$ e $c_{ii}^k \geq 0$, $\forall i$, então volte ao passo 2.

Para exemplificar a aplicação desse algoritmo, considere o grafo apresentado na Figura 2.4, no qual os tempos de viagem se encontram associados a cada arco.

Transformando esses tempos em minutos, montando a matriz de custos e aplicando o algoritmo de Floyd e Hu apresentado acima, obtêm-se as seguintes matrizes de custo e rota por iteração (note-se que o termo *INF* é usado em substituição ao valor infinito):

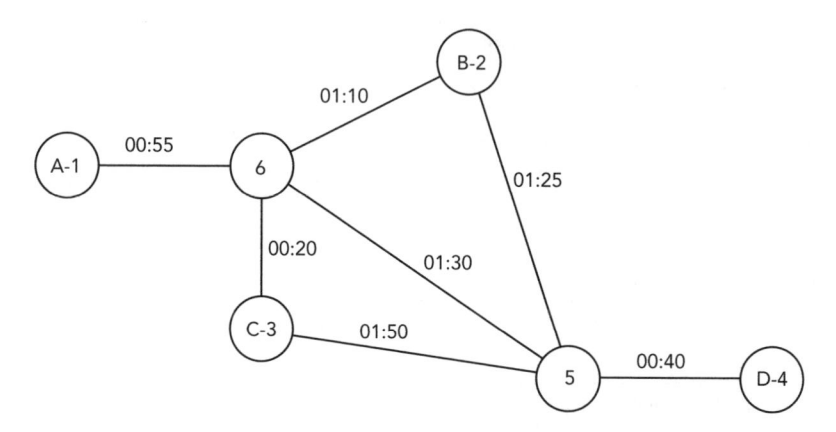

Figura 2.4 – Grafo representativo da rede viária associada ao problema de geração de viagens, contendo os tempos de deslocamento entre locais adjacentes.

Iteração k = 0

0.0	+INF	+INF	+INF	+INF	55.0	1	1	1	1	1	1
+INF	0.0	+INF	+INF	85.0	70.0	2	2	2	2	2	2
+INF	+INF	0.0	+INF	110.0	20.0	3	3	3	3	3	3
+INF	+INF	+INF	0.0	40.0	+INF	4	4	4	4	4	4
+INF	85.0	110.0	40.0	0.0	90.0	5	5	5	5	5	5
55.0	70.0	20.0	+INF	90.0	0.0	6	6	6	6	6	6

Iteração k = 1

0.0	+INF	+INF	+INF	+INF	55.0	1	1	1	1	1	1
+INF	0.0	+INF	+INF	85.0	70.0	2	2	2	2	2	2
+INF	+INF	0.0	+INF	110.0	20.0	3	3	3	3	3	3
+INF	+INF	+INF	0.0	40.0	+INF	4	4	4	4	4	4
+INF	85.0	110.0	40.0	0.0	90.0	5	5	5	5	5	5
55.0	70.0	20.0	+INF	90.0	0.0	6	6	6	6	6	6

Iteração k = 2

0.0	+INF	+INF	+INF	+INF	55.0	1	1	1	1	1	1
+INF	0.0	+INF	+INF	85.0	70.0	2	2	2	2	2	2
+INF	+INF	0.0	+INF	110.0	20.0	3	3	3	3	3	3
+INF	+INF	+INF	0.0	40.0	+INF	4	4	4	4	4	4
+INF	85.0	110.0	40.0	0.0	90.0	5	5	5	5	5	5
55.0	70.0	20.0	+INF	90.0	0.0	6	6	6	6	6	6

Iteração k = 3

0.0	+INF	+INF	+INF	+INF	55.0	1	1	1	1	1	1
+INF	0.0	+INF	+INF	85.0	70.0	2	2	2	2	2	2
+INF	+INF	0.0	+INF	110.0	20.0	3	3	3	3	3	3
+INF	+INF	+INF	0.0	40.0	+INF	4	4	4	4	4	4
+INF	85.0	110.0	40.0	0.0	90.0	5	5	5	5	5	5
55.0	70.0	20.0	+INF	90.0	0.0	6	6	6	6	6	6

Iteração k = 4

0.0	+INF	+INF	+INF	+INF	55.0	1	1	1	1	1	1
+INF	0.0	+INF	+INF	85.0	70.0	2	2	2	2	2	2
+INF	+INF	0.0	+INF	110.0	20.0	3	3	3	3	3	3
+INF	+INF	+INF	0.0	40.0	+INF	4	4	4	4	4	4
+INF	85.0	110.0	40.0	0.0	90.0	5	5	5	5	5	5
55.0	70.0	20.0	+INF	90.0	0.0	6	6	6	6	6	6

Iteração k = 5

0.0	+INF	+INF	+INF	+INF	55.0	1	1	1	1	1	1
+INF	0.0	195.0	125.0	85.0	70.0	2	2	5	5	2	2
+INF	195.0	0.0	150.0	110.0	20.0	3	5	3	5	3	3
+INF	125.0	150.0	0.0	40.0	130.0	4	5	5	4	4	5
+INF	85.0	110.0	40.0	0.0	90.0	5	5	5	5	5	5
55.0	70.0	20.0	130.0	90.0	0.0	6	6	6	5	6	6

Iteração k = 6

0.0	125.0	75.0	185.0	145.0	55.0	1	6	6	5	6	1
125.0	0.0	90.0	125.0	85.0	70.0	6	2	6	5	2	2
75.0	90.0	0.0	150.0	110.0	20.0	6	6	3	5	3	3
185.0	125.0	150.0	0.0	40.0	130.0	6	5	5	4	4	5
145.0	85.0	110.0	40.0	0.0	90.0	6	5	5	5	5	5
55.0	70.0	20.0	130.0	90.0	0.0	6	6	6	5	6	6

Com esses resultados, obtêm-se os tempos de viagem mínimos entre todos os pares de vértices do grafo, e os respectivos roteiros a serem percorridos. Por exemplo, desejando-se obter o caminho mínimo entre A-1 e D-4, procede-se como segue, em relação aos resultados da última iteração:

- o tempo de viagem é obtido buscando, na primeira matriz (matriz de custos), o resultado que se encontra na linha correspondente à origem (linha 1), e na coluna correspondente ao destino (coluna 4). Nesse caso, a duração do caminho mínimo é de 185 minutos;

- o percurso é obtido de modo recursivo, buscando na segunda matriz, inicialmente, o predecessor imediato de D-4 no caminho mínimo entre A-1 e D-4. Esse resultado é obtido na linha de A-1 e na coluna de D-4, e corresponde ao nó de índice 5. Na sequência, busca-se o predecessor imediato do nó de índice 5, no caminho mínimo entre A-1, e o nó de índice 5, que é o nó de índice 6. O processo se repete até que o caminho se complete, isto é, quando o predecessor em questão é o próprio nó de origem do caminho. Assim procedendo, nesse caso, encontra-se o seguinte caminho mínimo: A-1 → 6 → 5 → D-4.

Finalizando, em resumo, os tempos de viagem que interessam ao planejamento operacional são aqueles que correspondem a locais de origem e/ou destino de linha oferecidos pela empresa, e encontram-se apresentados no Quadro 2.8.

Quadro 2.8 – Tabela de tempos de deslocamento vazio (em minutos) entre pontos de interesse da operação

Origem	Destino			
	A	B	C	D
A	0	125	75	185
B	125	0	90	125
C	75	90	0	150
D	185	125	150	0

Modelo de geração de viagens

Um dos resultados obtidos na seção de estudo da demanda é a matriz O-D, que pode ser determinada para um período típico (dia da semana, por exemplo).

Suponha que a matriz de demanda diária a ser considerada seja a apresentada no Quadro 2.9, a qual, por razões didáticas, se repete todos os dias. Portanto, pode-se definir um ciclo de planejamento diário.[5]

Considerando que a frota contém veículos com capacidade de 52 passageiros sentados, observa-se pelos dados da matriz acima que existem diversos valores de demanda que justificam a realização de uma ou mais viagens diretas, sem pontos intermediários de parada. É o caso, por exemplo, da demanda entre as cidades A e C (110 pass./dia), para a qual se justificam pelo menos duas viagens diretas diariamente. Realizando esse tipo de análise para todos os pares O-D, é possível montar a matriz apresentada no Quadro 2.10,

---

[5] Não existe perda de generalidade com essa simplificação. No caso em que o ciclo de planejamento é semanal, deverá ser considerada uma matriz para cada dia, ou período do dia.

no qual são apresentados o número de viagens diretas (entre parênteses) e a quantidade de passageiros não transportados nessas viagens.

Quadro 2.9 – Matriz O-D para geração de viagens entre as cidades A, B, C e D considerada no exemplo

Cidade de origem	Cidade de destino				Total
	A	B	C	D	
A	#	200	110	240	550
B	118	#	87	43	248
C	57	115	#	65	237
D	87	45	28	#	160
Total	262	360	225	348	1.195

Quadro 2.10 – Oferta de viagens diretas (entre parênteses) com ocupação estimada em 100% + fração da demanda não atendida com as viagens diretas, e que deverá ser alocada em viagens semidiretas

Cidade de origem	Cidade de destino			
	A	B	C	D
A	–	(3) + 44	(2) + 6	(4) + 32
B	(2) + 14	–	(1) + 35	(0) + 43
C	(1) + 5	(2) + 11	–	(1) + 13
D	(1) + 35	(0) + 45	(0) + 28	–

Eventualmente, poderá ser considerada pelo planejador a realização de viagens diretas, mesmo não completando a lotação do veículo, desde que a quantidade média de passageiros transportados seja economicamente viável.

O atendimento das frações de demanda não contempladas pelas viagens diretas, por sua vez, poderá ser alvo de um estudo no qual serão considerados roteiros semidiretos. A geração desses roteiros deverá levar em conta a disposição geográfica das localidades, bem como as demandas não atendidas, o que pode ser mais bem representado por um grafo combinado (veja Figura 2.5).

Analisando as demandas não atendidas pelas viagens diretas e considerando o grafo da rede viária da Figura 2.4, e ainda um tempo de parada de 15 minutos em cada cidade intermediária, seria potencialmente interessante considerar a realização de viagens cujos roteiros são os seguintes:

$A \to C \to B$ e $B \to C \to A$ com tempo de viagem de 180 minutos;
$A \to C \to D$ e $D \to C \to A$ com tempo de viagem de 240 minutos;
$A \to B \to D$ e $D \to B \to A$ com tempo de viagem de 265 minutos; e
$A \to C \to B \to D$ e $D \to B \to C \to A$ com tempo de viagem de 320 minutos.

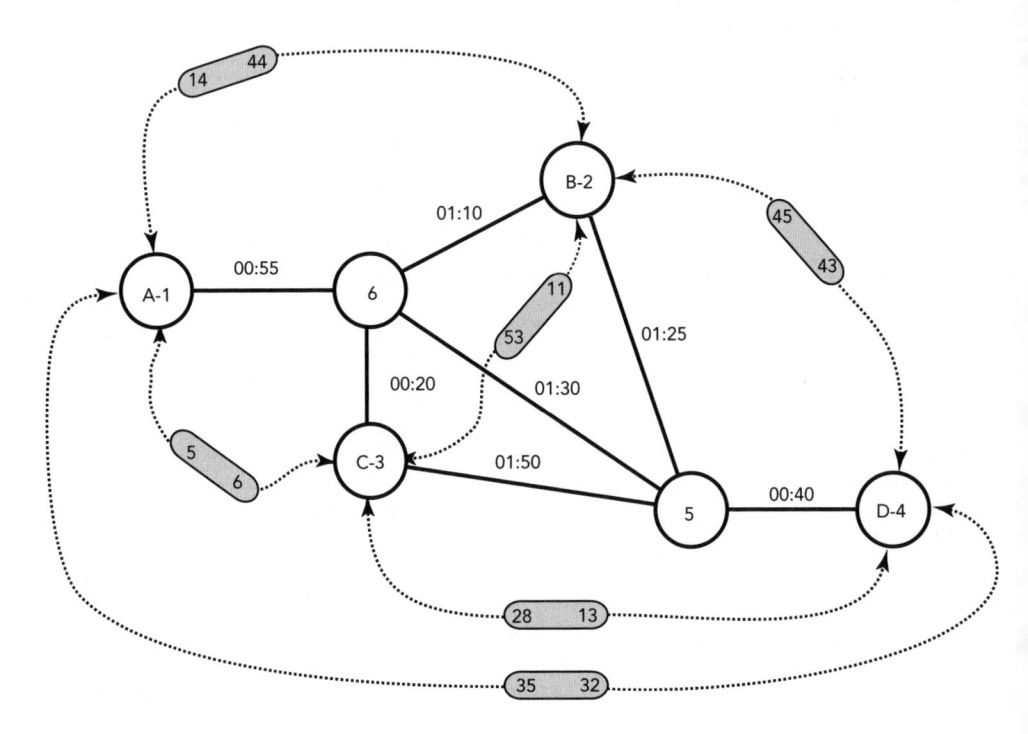

Figura 2.5 – Grafo de demandas não atendidas sobreposto ao grafo da rede viária.

Para determinar quais desses roteiros devem ser implantados, e quantas viagens deverão ser realizadas para cada um deles, é proposto o seguinte modelo de otimização:

$$\text{Min.} \sum_{k} T_k y_k \quad (11.a)$$

$$\text{s.a.:} \sum_{k} x_{ij}^{k} = D_{ij} \quad \forall i, j \quad (11.b)$$

$$\sum_{ij} x_{ij}^k \delta_{ij}^{k,r} \leq \gamma_k CV \qquad \forall k, r \tag{11.c}$$

$$x_{ij}^k \geq 0 \qquad \forall i, j, k \tag{11.d}$$

$$\gamma_k \geq 0 \text{ e inteiro } \forall k \tag{11.e}$$

Onde:
x_{ij}^k = é a quantidade de passagens reservada para o par *i-j* no *k*-ésimo roteiro;
γ_k = é a quantidade de viagens a ser realizada com o *k*-ésimo roteiro;
T_k = é o tempo de viagem do *k*-ésimo roteiro;
D_{ij} = é a demanda não atendida por meio de viagens diretas entre *i* e *j*;
CV = capacidade do veículo padrão;
$\delta_{ij}^{k,r}$ = é igual à unidade se o *r*-ésimo trecho do *k*-ésimo roteiro recebe fluxo do par *i-j*. Com a aplicação desse modelo de geração de viagens, é possível assegurar o atendimento da demanda, de modo que minimize o tempo de viagem alocado aos veículos. A função objetivo 11.a minimiza o tempo total de viagem; a equação 11.b assegura que toda a demanda será alocada nas viagens geradas pelo modelo; a inequação 11.c, por sua vez, garante que a oferta/capacidade é suficiente para atender à demanda alocada nas viagens geradas; as restrições 11.d e 11.e asseguram a não negatividade e integridade das variáveis.

Com a aplicação desse modelo ao exemplo em questão,[6] foram obtidos os resultados apresentados no Quadro 2.11.

Note-se que, com o objetivo de melhorar a eficiência, uma das viagens do roteiro D → C → A poderia ser substituída por uma viagem no roteiro D → C, sem prejuízo da oferta total, visto que a demanda no trecho CA ficou muito abaixo da capacidade adotada para o veículo.

Finalmente, agregando as viagens obtidas nas duas etapas (viagens diretas e viagens semidiretas) a uma única tabela, podem-se fixar os horários a serem cumpridos, levando em consideração o perfil da demanda ao longo do dia, os tempos gastos com os deslocamentos, os motivos das viagens (os horários em que ocorre a demanda estão associados aos motivos que levam cada usuário a realizar a viagem) e os possíveis encadeamentos que essas viagem poderão realizar a fim de otimizar o uso da frota.

---

[6] O resultado foi obtido submetendo o modelo com seus respectivos dados ao sistema GAMS disponível no site <http://www-neos.mcs.anl.gov/neos/index.html>, que utiliza o *solver* Xpress para resolver problemas de programação linear inteira mista. Os resultados gerados pelo GAMS, bem como os dados submetidos, estão apresentados no Anexo A.

Quadro 2.11 – Distribuição de viagens semidiretas, com o demonstrativo da quantidade de passagens alocadas em cada trecho do roteiro

Roteiro	ABD		ACBD			DCA		DBCA			
Duração	265		320			240		320			
# Viagens	1		1			2		1			Fração semidireta da demanda
Capacidade	52		52			104		52			
Trecho	AB	BD	AC	CB	BD	DC	CA	DB	BC	CA	
A→B	20	–	24	24	–	–	–	–	–	–	44
A→C	–	–	6	–	–	–	–	–	–	–	6
A→D	32	32	–	–	–	–	–	–	–	–	32
B→A	–	–	–	–	–	–	–	–	14	14	14
B→C	–	–	–	–	–	–	–	–	35	–	35
B→D	–	4	–	–	39	–	–	–	–	–	43
C→A	–	–	–	–	–	–	5	–	–	–	5
C→B	–	–	–	11	–	–	–	–	–	–	11
C→D	–	–	–	13	13	–	–	–	–	–	13
D→A	–	–	–	–	–	35	35	–	–	–	35
D→B	–	–	–	–	–	–	–	45	–	–	45
D→C	–	–	–	–	–	28	–	–	–	–	28
Fluxo previsto	52	36	30	48	52	63	40	45	49	14	–

Por exemplo, considerando os dados até então apresentados, encontra-se no Quadro 2.12 um conjunto de horários sugeridos. Caso essas viagens sejam efetivamente implantadas, estima-se uma ocupação média dos veículos na ordem de 94%, posto que existem:

17 viagens diretas (roteiros diversos) com ocupação média de 100%;
1 viagem do roteiro A → B → D com ocupação média de 85%;
1 viagem do roteiro A → C → B → D com ocupação média de 83%;
1 viagem do roteiro D → C → A com ocupação média de 72%;
1 viagem do roteiro D → C com ocupação média de 53%; e
1 viagem do roteiro D → B → C → A com ocupação média de 69%.

Quadro 2.12 – Quadro de horários, que contém origem, destino, hora da saída, hora da chegada e o roteiro a ser seguido

Viagem	Saída		Chegada		Tipo	Roteiro
	Local	Hora	Local	Hora		
1	A	7h00	B	9h05	Direto	A→B
2	A	9h00	B	11h05	Direto	A→B
3	A	18h00	B	20h05	Direto	A→B
4	A	7h30	C	8h45	Direto	A→C
5	A	14h00	C	15h15	Direto	A→C
6	A	5h00	D	9h35	Semidireto	A→B→D
7	A	7h30	D	10h35	Direto	A→D
8	A	8h30	D	11h35	Direto	A→D
9	A	11h00	D	14h05	Direto	A→D
10	A	16h00	D	19h05	Direto	A→D
11	A	17h00	D	21h35	Semidireto	A→C→B→D
12	B	12h00	A	14h05	Direto	B→A
13	B	19h00	A	21h05	Direto	B→A
14	B	15h00	C	16h30	Direto	B→C
15	C	14h00	A	15h15	Direto	C→A
16	C	9h00	B	10h30	Direto	C→B
17	C	15h00	B	16h30	Direto	C→B
18	C	10h00	D	12h30	Direto	C→D
19	D	5h30	A	10h05	Semidireto	D→B→C→A
20	D	8h00	A	11h05	Direto	D→A
21	D	10h00	A	14h30	Semidireto	D→C→A
22	D	18h00	C	22h30	Semidireto	D→C (*)

(*) Note-se que a viagem 22 substitui uma das viagens de roteiro D→C→A.

Com base nesse quadro de horários, dois tipos de estudos poderão ser realizados na sequência. De um lado, por parte do setor público, a quantidade de veículos que entra e sai em cada local poderá ser utilizada para o dimensionamento dos terminais. Esse estudo considera esse tipo de informação agregando a operação de todas as empresas que atuam em cada terminal, bem como a perspectiva de crescimento da demanda. Embora esse também seja um problema relevante, não será tratado neste livro. De outro modo, as empresas que executam o transporte, com base no quadro de horários definidos anteriormente, poderão dimensionar a frota e realizar o planejamento operacional, em termos da alocação dos veículos e condutores, conforme será discutido nas próximas seções deste capítulo.

Alocação de veículos

Nas seções anteriores foram apresentadas técnicas para determinação dos tempos de deslocamentos entre os locais no qual a empresa atua e para análise da demanda e cálculo da oferta de viagens. Tais técnicas levaram à determinação de uma tabela de horários a serem oferecidos aos usuários. Nesta seção, o interesse se volta para o problema de alocação da frota.

Existem, na literatura, diversos trabalhos relacionados ao roteamento e alocação de veículos. Alguns problemas, como o do caixeiro-viajante e o do carteiro chinês, são clássicos e amplamente conhecidos. Em outros trabalhos, o problema tratado é particularizado por meio da descrição dos critérios e restrições adotados. Trabalhos como os apresentados por Solomon (1987), Kolen et al. (1987) e Thangiah et al. (1993), por exemplo, descrevem uma classe de problemas conhecidos como problema de roteamento com janelas de tempos. Nesses trabalhos, o veículo deve executar um roteiro que passe por um conjunto de locais para os quais existe especificado um intervalo de tempo no qual essa passagem deve ocorrer. O critério de otimização adotado é a minimização do comprimento total do roteiro.

No caso específico do transporte rodoviário de passageiros, o dado de entrada básico consiste em um conjunto de tarefas (ou viagens) a serem realizadas. Um exemplo ilustrativo de tabela de horários foi apresentado no Quadro 2.12. Nessa tabela, cada viagem tem especificado um horário de início, um horário de término, um local de início e um local de término, e deverá ser executada por um único veículo. O objetivo neste estudo é determinar como deverão ser distribuídos essas viagens entre os veículos existentes na frota.

Técnica de construção de ciclos de viagens

Uma das abordagens clássicas e mais simples para esse problema consiste em determinar ciclos de viagens para a frota. Na Figura 2.6, cada nó do grafo representa uma das viagens a serem realizadas ao longo de um período de planejamento. Nos casos em que a periodicidade das viagens é semanal, terá de ser considerado, a cada vez, todas as viagens existentes na semana.

Em princípio, cada viagem deverá suceder outra viagem ou a si própria. Associado a essa sequência de viagens há um custo operacional improdutivo devido aos deslocamentos vazios e aos tempos de espera.

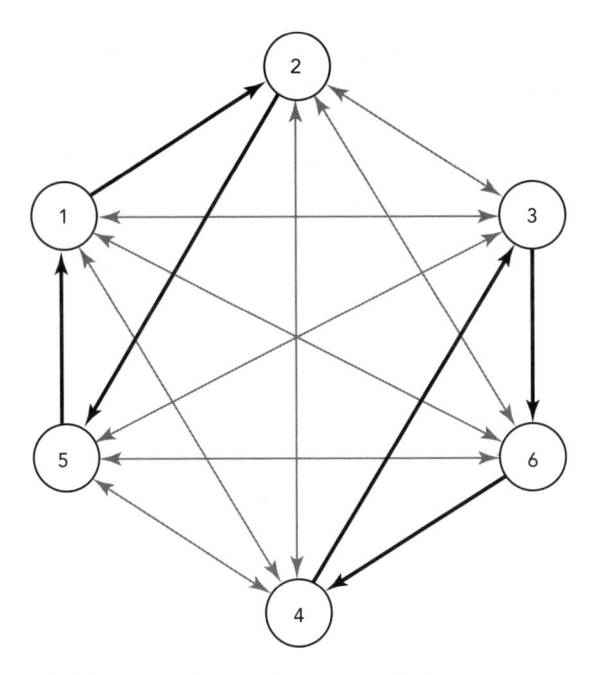

Figura 2.6 – Grafo de formação de ciclos de alocação de viagem.

Exemplificando, uma viagem que inicia na cidade A às 10h e termina na cidade B às 13h poderá ser seguida por outra viagem que inicia na cidade C às 11h e termina na cidade D às 16h. Entretanto, há de considerar que, após a chegada na cidade B, às 13h, o veículo deverá ser deslocado vazio para a cidade C, e aguardar até o início da viagem, que se realizará somente no dia seguinte, a partir das 11 horas. Portanto, executar em sequência essas duas viagens tem associado um custo operacional improdutivo, dado pelo custo das horas em espera e pelo custo das horas em deslocamento entre as cidades B e C. Realizando os cálculos de custo improdutivo para todas as combinações de pares de viagens, obtém-se como resultado uma matriz quadrada de custos de atribuição, denotada por $C = [c_{ij}]_{n \to n}$. Nessa matriz, cada elemento c_{ij} corresponde ao custo improdutivo de realizar as viagens $i \to j$, nessa sequência.

Considerando que não há como reduzir os custos de realização das viagens programadas (custos produtivos), obter a programação da frota requer encontrar um conjunto de ciclos no qual as sequências fiquem caracterizadas, e de modo que a soma dos custos improdutivos seja a menor possível. Na Figura 2.6 é apresentada uma solução (em linha contínua), na qual é sugerido repetir o ciclo composto pelas viagens (1)→(2)→(5)→(1) e (4)→(3) →(6)→(4). Segundo essa solução, após o término da viagem (1), o veículo que a fez deverá executar a viagem (2), posteriormente a (5), e voltar a fazer a viagem (1), fechando o ciclo. Se essas viagens devem ser realizadas diariamente, e se o ciclo tem duração de 1 dia, então, a cada dia, um único veículo poderá cobrir todas as viagens contidas nele. Se o ciclo tiver 4 dias, por exemplo, então haverá necessidade de 4 veículos para realizar o ciclo, de modo que cada veículo inicie defasado de 1 dia em relação ao outro.

Para obter esse tipo de solução, com o mínimo custo, deverá ser utilizado um modelo de designação linear, que é formulado como segue:

$$\text{Min} \sum_{i=1}^{n} \sum_{j=1}^{n} c_{ij} \, x_{ij} \tag{12.a}$$

$$\text{s.a: } \sum_{j=1}^{n} x_{ij} \leq 1 \tag{12.b}$$

$$\sum_{i=1}^{n} x_{ij} \geq 1 \tag{12.c}$$

$$x_{ij} \in \{0,1\} \tag{12.d}$$

No problema, a cada viagem i será associada uma viagem j como sucessora, conforme já comentado, se a variável correspondente for igual à unidade, isto é, se $x_{ij} = 1$. Cada viagem deverá necessariamente apresentar uma e somente uma sucessora, de modo que ao término de uma viagem se saiba qual será a próxima a ser executada pelo veículo. Nesse problema, c_{ij} é o custo improdutivo de atribuir à viagem i uma viagem sucessora j.

Para obter a solução desse problema, utiliza-se um algoritmo específico, conhecido como algoritmo húngaro, cujos passos são os seguintes:

Algoritmo húngaro

Passo 1   Monte a matriz de custos improdutivos e subtraia de cada linha da matriz C o menor elemento da linha, obtendo a matriz C'. Subtraia de cada coluna da matriz C' o menor elemento da coluna, obtendo a matriz C^0. Faça $k = 0$.

Passo 2   Assinale o máximo número de zeros na matriz C^k, de modo que não exista mais do que um zero assinalado por linha e coluna. Se n zeros foram assinalados em C^k, então PARE. Os zeros assinalados correspondem à atribuição ótima.

Passo 3   Cubra os zeros da matriz C^k com o menor número de retas horizontais e verticais, efetuando, para tanto, as seguintes operações:
- marque cada uma das linhas que não tiveram zeros assinalados;
- marque cada uma das colunas que possui um zero não assinalado em linha marcada;

- marque as linhas que possuírem zeros assinalados em colunas marcadas;
- repita as operações (b) e (c) até que nenhuma marca adicional possa ser realizada;
- cubra com retas horizontais as linhas não marcadas da matriz;
- cubra com retas verticais as colunas marcadas da matriz.

Passo 4 Encontre o menor elemento da matriz C^k não coberto por reta (vertical ou horizontal). Subtraia esse valor de todos os elementos não cobertos por reta, e adicione esse mesmo valor aos elementos cobertos por duas retas: uma vertical e outra horizontal. Denomine a matriz resultante de C^{k+1}, faça $k = k + 1$, e retorne ao passo 2.

Um exemplo numérico

Considere a tabela de horário do Quadro 2.12. Adicionalmente, considere os seguintes custos operacionais:

C_{HP} Custo horário do veículo parado = \$ 12,07/hora
C_{HM} Custo horário do veículo em movimento = \$ 28,43/hora

Com esses dados, é possível construir uma matriz de custos improdutivos associados ao sequenciamento de viagens $i \rightarrow j$, dado pela expressão:

$$c_{ij} = C_{HP} \cdot HP_{ij} + C_{HM} \cdot HM_{ij} \qquad (13)$$

Onde c_{ij} é o custo improdutivo associado ao sequenciamento das viagens $i \rightarrow j$, HP_{ij} é o tempo gasto com o veículo parado no sequenciamento das viagens $i \rightarrow j$ e HM_{ij} é o tempo gasto com deslocamento vazio no sequenciamento das viagens $i \rightarrow j$.

Para exemplificar esse cálculo, considere os dados da tabela apresentada no Quadro 2.12, e que um veículo faça a viagem $i = 1$ seguida da viagem $j = 1$. Como ao chegar na cidade B (às 9h05) o veículo deverá retornar à cidade A para voltar a fazer essa mesma viagem no dia seguinte e, dado que o tempo de deslocamento entre as duas cidades é de 125 minutos, ter-se-á um custo referente a 125 minutos de deslocamento e 1.190 minutos de espera. O custo improdutivo associado a essa opção de sequenciamento será, portanto:

$$c_{11} = 12,07 \times \frac{1190}{60} + 28,43 \times \frac{125}{60} = 298,62 \text{ unidades monetárias}$$

Já para o caso das viagens $i = 15$ e $j = 10$, obtém-se uma espera de 45 minutos, pois não há deslocamento a ser realizado, e a viagem seguinte poderá ser feita no mesmo dia. Com isso, o custo de sequenciamento (custo improdutivo) entre as duas viagens é dado por:

$$c_{15\ 10} = 12,07 \times \frac{45}{60} + 28,43 \times \frac{0}{60} = 9,05 \text{ unidades monetárias}$$

Repetindo esse cálculo para todas as demais combinações de viagens, obtém-se a matriz inicial para a aplicação do algoritmo húngaro, apresentada no Anexo B.

Da solução do problema com o uso do algoritmo húngaro, chega-se aos ciclos de viagens apresentados no Quadro 2.13. Conforme pode ser observado, foram criados dois ciclos, e o primeiro se completa em nove dias e requer nove veículos, enquanto o segundo é realizado por um único veículo, que repete a mesma programação todos os dias.

O custo improdutivo diário dessa solução é de $ 2.420,60. Ressalta-se, entretanto, que, dependendo dos horários definidos para as viagens, soluções eventualmente mais econômicas poderão ser obtidas. Contudo, para essas viagens, e considerando a frota homogênea, não há solução com menor custo.

Quadro 2.13 – Quadro de horários, com a definição dos ciclos de viagens e identificação das atribuições de cada veículo no ciclo

Viagem	Dia/ veículo	Saída		Chegada		Tipo	Roteiro
		Local	Hora	Local	Hora		
Ciclo # 01 (alocar 9 veículos)							
1		A	7h00	B	9h05	Direto	A→B
12	01	B	12h00	A	14h05	Direto	B→A
10		A	16h00	D	19h05	Direto	A→D
21	02	D	10h00	A	14h30	Semidireto	D→C→A
11		A	17h00	D	21h35	Semidireto	A→C→B→D
20		D	8h00	A	11h05	Direto	D→A
5		A	14h00	C	15h15	Direto	A→C
23	03	C	15h45	A	17h00	Retorno	**
3		A	18h00	B	20h05	Direto	A→B
24		B	20h35	A	22h40	Retorno	**
6	04	A	5h00	D	9h35	Semidireto	A→B→D
19		D	5h30	A	10h05	Semidireto	D→B→C→A
9	05	A	11h00	D	14h05	Direto	A→D
25		D	14h35	A	17h40	Retorno	**

(continua)

(continuação)

Viagem	Dia/veículo	Saída		Chegada		Tipo	Roteiro
		Local	Hora	Local	Hora		
		Ciclo # 01 (alocar 9 veículos)					
8	06	A	8h30	D	11h35	Direto	A→D
22		D	18h00	C	22h30	Semidireto	D→C (*)
16		C	9h00	B	10h30	Direto	C→B
14	07	B	15h00	C	16h30	Direto	B→C
26		C	17h00	A	18h15	Retorno	**
2		A	9h00	B	11h05	Direto	A→B
27	08	B	11h35	C	13h05	Retorno	**
17		C	15h00	B	16h30	Direto	C→B
13		B	19h00	A	21h05	Direto	B→A
4		A	7h30	C	8h45	Direto	A→C
18	09	C	10h00	D	12h30	Direto	C→D
28		D	13h00	A	16h05	Retorno	**
		Ciclo # 02 (alocar 1 veículo)					
7		A	7h30	D	10h35	Direto	A→D
29	01	D	11h05	C	13h35	Retorno	**
15		C	14h00	A	15h15	Direto	C→A

(**) Embora as viagens de retorno inseridas nesta tabela tenham horários flexíveis, pois assim podem ser realizadas a qualquer instante dentro da janela de tempo compreendida entre o término da viagem anterior e o início da viagem posterior, para fins de simplificação do exemplo serão consideradas se tivessem horários fixos.

Alocação de condutores

Nas seções anteriores, foram apresentadas metodologias para determinação dos custos de operação e dos tempos de deslocamento entre os distintos locais de operação da empresa. Também foram estudados aspectos relacionados com a demanda e a oferta de viagens, finalizando com a apresentação dos modelos para a alocação de veículos. Tais estudos levaram à determinação de uma tabela de horários, na qual, para cada viagem, incluindo as viagens de retorno, foram definidos o início, o término, a origem e o destino. Essas viagens, neste ponto do estudo, encontram-se alocadas a um veículo da frota. A partir de agora, o objetivo passa a ser a distribuição das cargas de trabalho entre condutores.

Na literatura, os problemas relacionados aos condutores são abordados sob vários aspectos. Considera-se, inicialmente, a existência de duas etapas de alocação. Na primeira são geradas escalas com base em um período diário de trabalho. Na etapa seguinte, essas escalas são distribuídas entre os condutores, o que pode ser feito mediante duas metodologias distintas: no método norte-americano, as escalas são escolhidas pelos condutores, com base em um critério de tempo de trabalho, enquanto no método europeu, a distribuição das escalas leva em consideração o objetivo de homogeneizar a carga semanal alocada a cada condutor.

Além disso, o planejamento da alocação de condutores deve ser feito levando em conta aspectos da legislação trabalhista, que delimitam a carga de trabalho que poderá ser alocada.

O problema de alocação de condutores

O problema de alocação de condutores, descrito por L. Bodin et al. (1983), está intimamente relacionado ao problema de alocação de frotas, conforme mostrado na Figura 2.7.

Nessa figura existem três veículos (V1, V2 e V3), cujas sequências de viagens foram subdivididas (em 3, 3 e 4 partes, respectivamente), de acordo com os possíveis pontos de substituição de condutores. Cada uma das partes, formadas nessa subdivisão, deverá ser alocada a um condutor. Essas partes, combinadas na forma de sequências, de acordo com as regras trabalhistas vigentes, ao serem alocadas aos condutores formam as escalas de trabalho cujo custo não é, necessariamente, proporcional ao tempo total da sequência gerada. Tais escalas poderão conter períodos regulares de descanso, e sua viabilidade depende, obviamente, além das regras trabalhistas, do tempo e do local de término de uma parte e do tempo e do local de início da parte subsequente.

Uma descrição combinada do problema, considerando veículo e condutor, deve ter início com uma descrição mais detalhada da tabela de horários. A rigor, uma linha poderá ser composta de vários subtrechos, com horários específicos de passagem por determinados pontos de referência. No Quadro 2.14, por exemplo, cada registro (linha da tabela) representa um horário de uma linha, com vários pontos de referência que definem o roteiro, e que possui dois sentidos distintos. Cada horário deverá ser cumprido sem que haja troca de veículo a fim de garantir a continuidade da viagem para o passageiro. Cada uma das linhas possui um ou mais pontos de substituição de condutores, marcados com asterisco (*), e que não precisam coincidir, necessariamente, com os pontos inicial e final da linha.

Na alocação combinada, dois conceitos distintos de viagem devem ser considerados. O conceito de *trip* coincide com o conceito de horário de uma linha, e corresponde à menor porção de trabalho que poderá ser alocada a um veículo em particular. Uma *d-trip* (*driver trip*), por sua vez, é a menor porção de trabalho que poderá ser executada por um condutor no mesmo veículo, e é formada pela subdivisão dos horários das várias linhas nos seus pontos de substituição de condutores. Uma *d-trip* poderá, ainda, representar um movimento entre o ponto final de uma linha e a garagem, ou desta para um ponto inicial de uma linha.

```
V1:     |  (1)  |  (2)  |    (3)    |

V2:              |  (1)  |  (2)  |    (3)    |

V3: |  (1)  |    (2)    |    (3)    |   (4)   |
```
a) Alocação de veículos com pontos de substituição de condutores

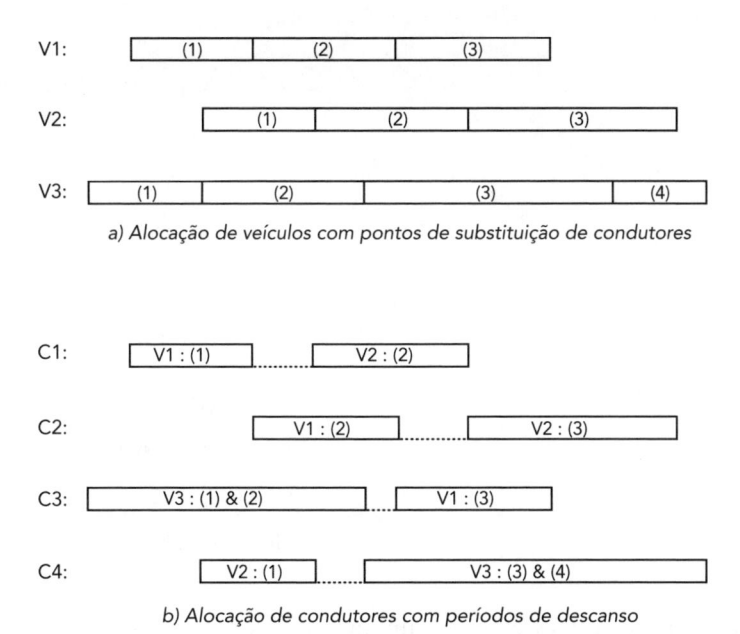

```
C1:       | V1 : (1) | ········· | V2 : (2) |

C2:            | V1 : (2) | ········· | V2 : (3) |

C3:  | V3 : (1) & (2) | ···· | V1 : (3) |

C4:        | V2 : (1) | ········· | V3 : (3) & (4) |
```
b) Alocação de condutores com períodos de descanso

Figura 2.7 – Relação entre esquemas de alocação de frota e de alocação de condutores.
Fonte: L. Bodin et al. (1983).

Quadro 2.14 – Exemplo de tabela de horários do problema combinado de alocação, com os respectivos locais de troca de condutores (marcados com *). Fonte: L. Bodin et al. (1983)

College Park	Mount Ranier	North Capitol & New York Ave.	Potomac Park
(I)*	(II)*	(III)	(IV)*
.	.	.	.
.	.	.	.
.	.	.	.
9h00	9h20	9h55	10h15
9h15	9h35	10h10	10h30
.	.	.	.
.	.	.	.
.	.	.	.
10h20	10h00	9h25	9h05
10h35	10h15	9h40	9h20
.	.	.	.
.	.	.	.
.	.	.	.

Assim, no exemplo do Quadro 2.14, poderão ser criadas as seguintes *trips* e *d-trips*:

TRIPS

(9h00,I),(10h15,IV)]

[(9h15,I),(10h30,IV)]

[(9h05,IV),(10h20,I)]

[(9h20,IV),(10h35,I)]

D-TRIPS

[(9h00,I),(9h20,II)]   [(9h20,II),(10h15,IV)]

[(9h15,I),(9h35,II)]   (9h35,II),(10h30,IV)]

[(9h05,IV),(10h00,II)]   (10h00,II),(10h20,I)]

[(9h20,IV),(10h15,II)]   [(10h15,II),(10h35,I)]

Uma sequência contínua de *d-trips*, alocada a um único veículo e condutor, é chamada de *piece*. Uma sequência de *pieces*, formando a escala diária de trabalho de um condutor, é chamada de corrida. Eventualmente, na formação de uma corrida, o ponto no qual um *piece* termina não coincide com o ponto de início do *piece* subsequente. Nesse caso, o condutor terá de se deslocar de um ponto ao outro, a pé ou usando o próprio sistema de transporte. Esse deslocamento, em geral, é remunerado.

Na formação das corridas, poderão ser inseridos períodos regulares de descanso e alimentação. Tais intervalos poderão ser de curta ou longa duração. As empresas fazem uso de intervalos de longa duração para melhor adequar os esquemas de trabalho com o perfil de demanda, que geralmente apresenta maiores concentrações no início da manhã e no início da noite. Os condutores, por sua vez, preferem a realização de intervalos menores, e costumam negociar esse aspecto nos contratos coletivos de trabalho, inserindo cláusulas de remuneração especial, ou limitando o uso desses intervalos.

Por outro lado, cada um dos veículos deverá sair de sua garagem, realizar uma sequência de *trips* (uma *trip* é composta por uma ou mais *d-trips*) e retornar à garagem de origem. A isso se dá o nome do bloco. Um veículo poderá, eventualmente, realizar dois ou mais blocos a cada dia.

Resolver o problema combinado de alocação de frota e condutores consiste, portanto, conforme apresentado na Figura 2.8, em determinar:

- a formação dos blocos e sua alocação aos veículos;
- a decomposição dos blocos em *pieces*;
- o sequenciamento de *pieces* em corridas e sua alocação aos condutores.

Blocos (a)

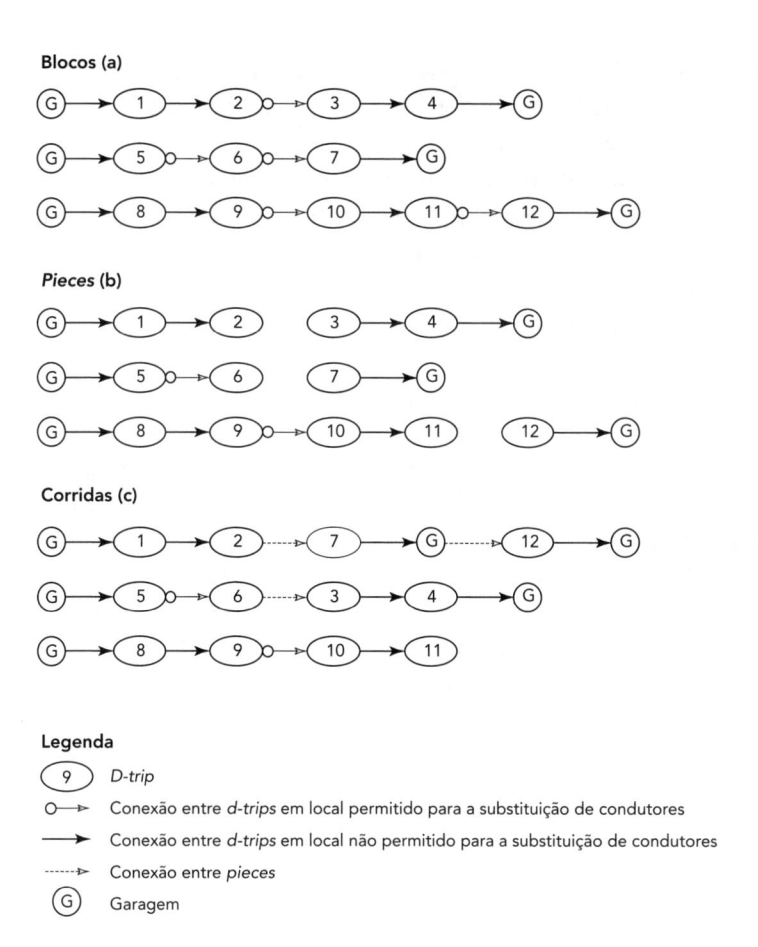

G → 1 → 2 ○→ 3 → 4 → G

G → 5 ○→ 6 ○→ 7 → G

G → 8 → 9 ○→ 10 → 11 ○→ 12 → G

Pieces (b)

G → 1 → 2   3 → 4 → G

G → 5 ○→ 6   7 → G

G → 8 → 9 ○→ 10 → 11   12 → G

Corridas (c)

G → 1 → 2 ┄→ 7 → G ┄→ 12 → G

G → 5 ○→ 6 ┄→ 3 → 4 → G

G → 8 → 9 ○→ 10 → 11

Legenda

(9)   D-trip

○→   Conexão entre *d-trips* em local permitido para a substituição de condutores

→   Conexão entre *d-trips* em local não permitido para a substituição de condutores

┄→   Conexão entre *pieces*

(G)   Garagem

Figura 2.8 – Solução do problema combinado de alocação de veículos e condutores: (a) os blocos são formados por sequências de *d-trips*; (b) os *pieces* são formados pela separação dos blocos nos pontos de substituição de condutores; (c) as corridas são formadas por sequências de um ou mais *pieces*. Fonte: L. Bodin et al. (1983).

Nas empresas de transporte rodoviário urbano de passageiros, o problema descrito acima é aplicado para distribuir as viagens a serem realizadas em determinado período de tempo. Em geral, esse problema de alocação é gerado para cada dia da semana, ou, mais precisamente, para três dias característicos da semana: dias úteis (segunda a sexta), sábados e domingos.

Em algumas empresas, principalmente nas norte-americanas, as corridas resultantes desse processo de alocação são distribuídas entre os diversos condutores, usando um sistema de prioridades, com base no tempo de serviço que cada condutor tem na empresa. Nessas empresas, cada condutor realiza a mesma corrida todos os dias. Esse procedimento é preferido, muitas vezes, pela empresa e pelos próprios condutores, pois permite que o condutor se familiarize com o roteiro. Além disso, é mais fácil de controlar. Entretanto, esse sistema não assegura uma distribuição equitativa do trabalho, podendo causar distorções em termos de salários e trabalhos alocados.

Em outras empresas, normalmente as europeias, as corridas que foram geradas no processo diário de alocação de frotas e condutores sofrem um agrupamento, com base nas atividades semanais da empresa, a fim de garantir que a cada condutor corresponda um volume médio de trabalho e um salário mais ou menos equivalentes ao recebido pelos demais condutores. Esse problema é conhecido como *crew rostering problem*.

Modelos de alocação de trabalhadores em local fixo

O modelo de alocação de trabalhadores em local fixo pode ser visto como uma simplificação de modelos mais complexos, por considerar que a força de trabalho está concentrada em um único local. O modelo é caracterizado por um histograma de demanda e um conjunto de esquemas de trabalho. O histograma é definido pelo número de trabalhadores necessários em cada período, denotado por d_t, $\forall t = 1,...,T$, e pode ser obtido a partir de uma alocação prévia da frota. O modelo para alocação de trabalhadores em locais fixos, proposto inicialmente por Bennet e Potts (1968), pode ser escrito como:

$$\text{Min} \sum_{j=1}^{n} c_j x_j \qquad (14.a)$$

$$\text{s.a:} \sum_{j=1}^{n} a_{tj} x_j \geq d_t \qquad \forall t = 1,...,T \qquad (14.b)$$

$$x_j \geq 0 \text{ e inteiros } \forall j = 1,...,n \qquad (14.c)$$

Onde:

$$a_{tj} = \begin{cases} 1 & \text{se o FWS (\textit{full work schedules}) j \textit{cobre o período} t} \\ 0 & \text{em caso contrário} \end{cases} \qquad \forall j = 1,...n$$

Nesse modelo, o tamanho dos intervalos determina a precisão dos resultados obtidos. Quanto menor o intervalo, mais preciso é o resultado. É importante lembrar, entretanto, que, mesmo reduzindo o tamanho do intervalo a um minuto, ainda assim existirá um erro cometido por se desprezar o tempo gasto pelos condutores no deslocamento do local de término de um CWP (*continuous crew works periods*) até o local de início do CWP subsequente. Por outro lado, o aumento na precisão implica, também, o aumento do esforço computacional necessário para resolver o problema.

Na prática, esse modelo é utilizado para obter uma definição prévia dos esquemas de alocação de condutores (Lessard et al., 1981) e na avaliação das necessidades de pessoal decorrentes de modificações nas regras trabalhistas ou no atendimento de novas demandas (Blais; Rousseau, 1980; Bodin et al., 1981). Considerações adicionais, para limitar o uso de determinados tipos de FWS, podem ser introduzidas sem perda da linearidade do modelo. Exemplificando, pode-se requerer, adicionalmente às restrições do modelo 6.1, que pelo menos 50% dos esquemas sejam sem utilização de horas extras, ou que não mais que 10% dos condutores excedam 10 horas de trabalho diário. Condições desse tipo podem ser escritas na forma:

$$\sum_{j=1}^{n} b_{ij} x_j \leq e_i \qquad \forall i = 1,\ldots,m \tag{15}$$

Onde $b_{ij} = 1$ se o j-ésimo FWS não satisfaz a i-ésima condição ($b_{ij} = 0$ em caso contrário), e e_i é o máximo número de esquemas que se permite violar da i-ésima condição.

Modelos baseados em cobertura e particionamento de conjuntos

Entre os modelos mais pesquisados para resolver o problema de alocação de condutores estão as formulações do problema de cobertura e/ou partição de conjuntos. Nessas formulações, considera-se que o trabalho a ser realizado por um veículo, também denominado bloco, é composto por um conjunto de *pieces*, os quais correspondem às partes do bloco nas quais não são realizadas trocas de condutores. Então, uma opção de trabalho para um condutor, também denominada *duty*, pode ser especificada por uma combinação de *pieces* que respeita as regras e contratos de trabalho.

Sejam $N = \{1, 2,\ldots,n\}$ e $M = \{1, 2,\ldots,m\}$ os conjuntos de índices para os *duties* e *pieces*, respectivamente. Considerando conhecidos os custos associados aos *duties*, isto é, c_j, $\forall j \in N$, e considerando os elementos a_{ij}, $\forall i \in M$, $\forall j \in N$, como segue:

$$a_{ij} = \begin{cases} 1 & \text{se o } j\text{-ésimo } \textbf{\textit{duty}} \text{ contém o } i\text{-ésimo } \textit{piece} \\ 0 & \text{em caso contrário} \end{cases}$$

e ainda:

$$x_j = \begin{cases} 1 & \text{se o } j\text{-ésimo } \textbf{\textit{duty}} \text{ faz parte da solução} \\ 0 & \text{em caso contrário} \end{cases}$$

então o problema de encontrar o conjunto de *duties* de mínimo custo que cobre todos os *pieces* pode ser representado pelo seguinte problema de cobertura de conjuntos (*set covering problem*):

$$\text{(SCP)} \quad \sum_{j=1}^{n} c_j x_j \tag{16.a}$$

$$\text{s.a:} \quad \sum_{j=1}^{n} a_{ij} x_j \geq 1, \quad \forall \, i \in M \tag{16.b}$$

$$x_j \in \{0,1\}, \quad \forall \, j \in N \tag{16.c}$$

O problema de partição de conjuntos (*set partitioning problem*), por sua vez, poderá ser formulado pelo seguinte modelo:

$$\text{(SPP)} \quad \text{Min} \sum_{j=1}^{n} c_j x_j \tag{17.a}$$

$$\text{s.a:} \quad \sum_{j=1}^{n} a_{ij} x_j = 1, \quad \forall \, i \in M \tag{17.b}$$

$$x_j \in \{0,1\}, \quad \forall \, j \in N \tag{17.c}$$

Como o leitor poderá observar, os dois modelos apresentados são bastante semelhantes, exceto pela substituição da desigualdade no modelo de cobertura pela igualdade no modelo de partição. Em ambos os casos, o objetivo consiste em minimizar o custo dos *duties* que participam da solução do problema. No caso do SCP, o conjunto de restrições assegura que cada *piece* seja coberto pelo menos por um *duty*, enquanto no caso do SPP, cada *piece* é coberto exatamente por um *duty*.[7]

Na solução desse problema, considere os seguintes conjuntos:

$N_i = \{j \in N, a_{ij} = 1\}$ conjunto de colunas que cobrem a linha i;
$M_j = \{i \in M, a_{ij} = 1\}$ conjunto de linhas cobertas pela coluna j;
$S \subseteq N$ conjunto de colunas que fazem parte da solução do problema; e
$q = \sum_{i=1}^{m} \sum_{j=1}^{n} a_{ij}$ como o número de entradas não nulas da matriz $A = [a_{ij}]$.

---

[7] A exemplo do modelo apresentado na seção anterior, nestes também poderão ser incluídas restrições adicionais, semelhantes às condições (15), com o objetivo de restringir a utilização de determinados tipos de *duties*.

Na prática, problemas dessa natureza poderão atingir dimensões bastante significativas, devido à explosão combinatorial, o que torna a resolução bastante difícil. Contudo, algumas técnicas de redução poderão ser aplicadas, como explicado a seguir, a fim de diminuir suas dimensões:

(a) Verificação da não viabilidade do problema
Se $\exists i \in M$ tal que $N_i = \emptyset$, então a linha i não pode ser coberta e o problema não tem solução viável.

(b) Verificação da existência de coluna nula
Se $\exists j \in M$ tal que $N_j = \emptyset$, então a coluna j deve ser eliminada do problema, visto que não cobre nenhuma linha.

(c) Verificação da necessidade de inclusão de coluna na solução ótima do problema
Se $\exists i \in M$ tal que $i \in M_j$ e $i \notin M_k$, $\forall k \neq j$ então j deve estar em todas as soluções, e as linhas cobertas por M_j podem ser eliminadas, e o problema reduz-se a $M = M - M_j$ e $N = N - \{j\}$.

(d) Verificação da existência de dominância entre linhas
Se $\exists i,r \in M$ tal que $N_i \subseteq N_r$, então elimina-se a linha r. Diz-se, neste caso, que a linha r é *dominada* pela linha i, pois toda coluna que cobre a linha i também cobrirá r.

(e) Verificação da existência de dominância entre colunas
Se $\exists j,s \in N$, com $M_s \subseteq M_j$ e $c_j \leq c_s$, então a coluna s deve ser eliminada, uma vez que a coluna j cobrirá todas as linhas de M_s a um custo não superior a c_s. Diz-se, nesse caso, que a coluna s é *dominada* pela coluna j.

(f) Verificação da existência de conjunto de colunas dominantes
Se $\exists j \notin S$ para algum $S \subset N$ tal que

$$M_j \subseteq \bigcup_{k \in S} M_k, \text{ com}$$

$$\sum_{k \in S} c_k \leq c_j,$$

então a coluna j pode ser eliminada porque é dominada pela reunião

$$\bigcup_{k \in S} M_k.$$

Técnicas heurísticas aplicadas ao SCP

Vários métodos heurísticos foram utilizados para encontrar soluções viáveis para o SCP. As heurísticas que tentam encontrar uma solução viável no problema primal são chamadas de heurísticas primais. Aquelas que tentam encontrar soluções duais viáveis para o SCP são chamadas de heurísticas duais. Nesta seção, descrevem-se o método genérico para a construção de heurísticas primais eficientes. Antes, porém, descrevem-se as ideias originais dos algoritmos gulosos, que são os métodos mais utilizados de construção de soluções viáveis primais próximas à solução ótima.

A heurística gulosa de Chvàtal

Essa *heurística* é baseada no fato de que aumentam as chances de determinada coluna j^* estar na solução quando a razão entre o custo da referida coluna j^* pela cardinalidade do conjunto M_{j^*} é menor em relação a outras colunas $j \in N$.

Assim, para uma dada iteração t, se

$$\frac{c_{j^*}(t)}{|M_{j^*}(t)|} < \frac{c_j(t)}{|M_j(t)|},$$

com

$$|M_{j^*}(t)|, \ |M_j^*(t)| \neq 0, \forall j \in N - \{j^*\},$$

então $j^* \in S^*$, onde $|.|$ denota a cardinalidade dos conjuntos $M_{j^*}(t)$ e $M_j(t)$, e S^* o conjunto das colunas que estão na solução ótima estimada. O pseudocódigo para o Algoritmo Guloso de Chvàtal está descrito a seguir:

Passo 1. Leia c, M, N, M_j, N_i; inicialize $R \rightarrow M$ e $S^* \rightarrow \varnothing$ (onde R é conjunto das linhas não cobertas e S^* é o conjunto das colunas na solução);

Passo 2. Repita até que $R = \varnothing$:
Escolha j^* tal que

$$f(c_{j^*}, k_{j^*}) = \min \ \{f(c_j, k_j) \,|\, k_j > 0, \forall j \in N\}, \text{ onde}$$

$$k_j = |\, M_j \cap R \,| \text{ e}$$

$$f(c_j, k_j) = \frac{c_j}{k_j}$$

Faça $R \rightarrow R - M_{j^*}$ e $S^* \rightarrow S^* \cup \{j^*\}$

Passo 3. Escreva S^* e pare.

Uma das deficiências do algoritmo heurístico guloso de Chvàtal (como de outras heurísticas) é a não garantia de uma cobertura primal não redundante, significando que ao final pode-se ter soluções que não são mínimas. Portanto, na utilização desses algoritmos, deve-se ao final retirar as colunas redundantes.

A heurística de Balas e Ho

Outra forma prática para melhorar o resultado da heurística de Chvàtal descrita aqui é utilizar alternadamente diversas funções de avaliação $f(c_j,k_j)$, em vez de uma única. Balas e Ho consideram as quatro funções seguintes:

$$c_j \tag{18.a}$$

$$\frac{c_j}{k_j} \tag{18.b}$$

$$\frac{c_j}{k_j \log_2 k_j} \tag{18.c}$$

$$\frac{c_j}{k_j \ln k_j} \tag{18.d}$$

Nessas expressões, substitui-se o denominador por 1 sempre que este resultar em valor nulo.

A função (18.a) inclui na cobertura S^*, a cada iteração, a coluna de menor custo. A função (18.b) minimiza o custo unitário de cobertura de uma linha não coberta (note que se tem, neste caso, a heurística gulosa de Chvàtal descrita acima). As funções (18.c) e (18.d) assinalam menos peso ao número k_j de linhas cobertas do que a expressão (18.b). Os testes de Balas e Ho mostraram que nenhuma das funções é significativamente melhor que a outra. A melhor solução encontrada por qualquer das quatro funções não desviou do valor ótimo mais que 10,8%.

A heurística de Balas e Ho (1980) ainda inclui um passo adicional ao final do algoritmo para remover as colunas redundantes da cobertura, como segue:

Passo 1. Ordenar a cobertura de forma que $S = \{j_1, j_2,...,j_t\}$ e $c_1 \geq c_2 \geq ... \geq c_t$.
Passo 2. Para $k = 1$ até t, se $S - \{j_k\}$ continua sendo cobertura, então faça $S \rightarrow S - \{j_k\}$ e $Z = Z - c_{j_k}$.
Passo 3. Escrever S e Z.

A heurística de Vasko e Wilson

Vasko e Wilson utilizam na heurística gulosa que chamaram de SCHEURI, além das quatro funções anteriormente descritas, utilizadas por Balas e Ho (1980), duas outras *funções de avaliação* heurísticas, que valorizam ainda mais o número de linhas cobertas:

$$\frac{c_j}{k_j^2} \qquad (18.f)$$

$$\frac{\sqrt{c_j}}{k_j^2} \qquad (18.g)$$

Vasko e Wilson, além da remoção das colunas redundantes da solução viável S^*, também acrescentam um passo adicional ao algoritmo básico, consistindo em realizar uma busca *1-opt* numa vizinhança de S^* (Roth, 1969), trocando uma coluna de S^* por outra não pertencente a S^*. Se uma solução viável vizinha com menor custo for encontrada, a permutação é realizada sobre o conjunto S^*.

Como Ho (1982) demonstrou que essas funções não melhoram a *performance* da heurística primal no *pior caso*, quando utilizadas separadamente, Vasko e Wilson modificaram SCHEURI e chamaram de SCFUNC1TO7, de forma que todas as sete funções pudessem gerar uma única solução para o SCP, da seguinte maneira: a função $f(c_j,k_j)$ é determinada aleatoriamente toda vez que uma coluna entra na solução S^*. Isto é, toda vez que uma coluna for selecionada para entrar na solução, é gerado um número aleatório de 1 a 7, correspondente às funções de avaliação de Balas e Ho (1980) e Vasko e Wilson (1984), e usado o número dessa função na ocasião da chamada função de avaliação no algoritmo SCHEURI.

Segundo Vasko e Wilson, a melhor solução obtida por SCFUNC1T07 foi superior ou igual a melhor de qualquer uma das quatro soluções das funções usadas isoladamente no algoritmo SCHEURI. A melhor solução encontrada por SCFUNC1TO7 foi estritamente mais eficiente em 50% dos problemas testados.

Outras heurísticas gulosas

Ainda nessa mesma linhagem de heurísticas gulosas primais que exploram diferentes funções de avaliações, Baker (1981) propôs a obtenção de diversas soluções viáveis por meio da aplicação da heurística primal com funções diferentes, combinando as heurísticas na tentativa de melhorar o valor da solução.

A heurística dual de Fisher e Kedia (1990) é semelhante à regra heurística gulosa de Chvàtal (1979), exceto pelo critério de seleção da coluna *j*, em que c_j foi substituído por:

$$c_j - \sum_{i \in M_j} u_i \qquad (19)$$

chamado de *Custo Lagrangeano*, onde *u* é a solução dual determinada pela heurística dual. Essa mudança pretende capturar melhores impactos das restrições na seleção de variáveis e tem como resultado uma melhora na *performance* computacional.

Estratégias heurísticas para o SCP

As heurísticas gulosas apresentadas antes se caracterizam por obter soluções com tempos computacionais consideravelmente pequenos e poucas iterações do algoritmo guloso apresentado por Chvàtal. As soluções encontradas são, no entanto, de qualidade regular se comparadas com heurísticas de programação matemática mais sofisticadas.

Conforme os algoritmos apresentados, os métodos heurísticos fornecem boas soluções viáveis ao SCP, mas sem garantia de otimalidade. Muitas heurísticas para o SCP são por natureza construtivas. Primeiramente, nenhuma coluna é representada no vetor solução, isto é, $x_j = 0 (j = 1,...,n)$. Iterativamente, baseado em algum critério, escolhe-se um índice r e faz-se $x_r = 1$. Esse critério é usado repetidamente até que uma solução viável seja encontrada. Em seguida, a solução pode ser melhorada removendo-se todas as colunas redundantes. Uma busca por vizinhança também pode ser utilizada para obter um ótimo local.

Relaxação Lagrangeana aplicada ao SCP

Diversos métodos foram desenvolvidos para a resolução do SCP e do SPP. Apesar das semelhanças existentes entre os dois modelos, os métodos desenvolvidos apresentam características particulares. Entre os métodos utilizados na resolução desses problemas, destacam-se os algoritmos desenvolvidos por Beasley (1994), Chu (1995) e por Wren e Wren (1995) – os quais foram baseados em conceitos de genética –, e a Relaxação Lagrangeana – desenvolvida a partir de 1970 e descrita a seguir.

Uma das ideias computacionais mais úteis dos anos 1970 é a observação de que muitos problemas difíceis podem ser vistos como problemas fáceis, complicados por um número relativamente pequeno de restrições. A dualização das restrições difíceis, isto é, o acréscimo delas à função objetivo por meio de um vetor de multiplicadores, chamados de *multiplicadores de Lagrange*, e eliminadas em seguida do conjunto de restrições, deve produzir um problema Lagrangeano que é fácil de resolver e cujo valor da solução ótima é um limite inferior (para problemas de minimização) para o valor ótimo do problema original. O *Problema Lagrangeano* pode, portanto, ser usado no lugar de um problema de *Relaxação Linear* para produzir limites num algoritmo de busca do tipo *branch and bound*. Além disso, com base nesse limite inferior, é possível estimar quão próxima está a solução viável disponível da solução ótima (Fisher, 1981).[8]

---

[8] Embora tenha existido uma série de incursões anteriores aos anos 1970 no uso dos métodos de Relaxação Lagrangeana, tanto em problemas teóricos quanto em práticos, os trabalhos de Held e Karp (1970 e 1971) são considerados marcos fundamentais. No entanto, o nome Relaxação Lagrangeana foi cunhado definitivamente por Geoffrion (1974).

Para o SCP, a forma de relaxação clássica é obtida associando-se a cada uma das restrições definidas por (16.b), um multiplicador $u_i \in R$, e reescrevendo a função objetivo (16.a) em sua forma lagrangeana, como segue:

$$L(u) = \sum_{j=1}^{n} c_j x_j + \sum_{i=1}^{m} u_i \left(1 - \sum_{j=1}^{n} a_{ij} x_j \right) \qquad (20.a)$$

ou, na forma matricial (mais compacta):

$$L(u) = ue + \sum_{j=1}^{n} (c_j - ua_j) x_j = ue + (c - uA)x \qquad (20.b)$$

onde $e = (1,1,...,1)$, $u = (u_1, u_2,..., u_m)$, $c = (c_1, c_2,..., c_n)$, $x = (x_1, x_2,..., x_n)$, $A = [a_{ij}]$ é a matriz de coeficientes do problema formulado e a_j é a j-ésima coluna da matriz A.

Dado que essa expressão é sempre um limite inferior para o valor da função objetivo do problema formulado em (16.a)-(16.c), qualquer que seja o $u_i \in R_+$ escolhido, obter, então, limites inferiores mais próximos da solução ótima do SCP consiste em encontrar o $u_i \in R_+$ que maximize $L(u)$, ao mesmo tempo que se busca o correspondente valor de $x = (x_1, x_2,..., x_n)$ que torna essa função um mínimo. Em outras palavras, busca-se resolver o problema dual associado ao SCP, conforme formulação a seguir:

$$\text{(D-SPC)} \quad \underset{u \in R_+^m}{\text{Max}} \underset{x_j \in \{0,1\}}{\text{Min}} L(u) = ue + \sum_{j=1}^{n} (c_j - ua_j) x_j \qquad (21)$$

Para dado vetor de multiplicadores $u \in R_+^m$, a solução ótima para o problema D-SCP pode ser obtida fazendo $x_j = 1$ se $(c_j - ua_j) \leq 0$ e $x_j = 0$, em caso contrário. Já a busca de um vetor $u \in R_+^m$, que maximize $L(u)$ pode ser realizada mediante um processo de caminhamento, que use o subgradiente da função para melhorar o valor corrente do vetor $u \in R_+^m$. Como pode ser facilmente observado na expressão (20.a), a fim de aumentar o valor de $L(u)$, deve-se procurar aumentar u_i associado a valores positivos de

$$1 - \sum_{j=1}^{n} a_{ij} x_j ,$$

diminuindo no caso dessa expressão ser um valor negativo, e não modificar caso seja nula. Em outras palavras, o vetor $g^k = (g_1^k, g_2^k,..., g_m^k)$, obtido na k-ésima iteração pelo cálculo de suas componentes por meio da expressão:

$$g_i^k = 1 - \sum_{j=1}^{n} a_{ij} x_j^k \qquad (22)$$

é um subgradiente de $L(u)$, que pode ser usado como direção de busca para encontrar uma solução melhor de D-SCP, num esquema de busca similar ao usado pelo método de Cauchy. Considerando que a solução deve satisfazer $u^i_{k+1} \in R_+$, tem-se:

$$u_i^{k+1} = max(u_i^k + t^k\, g_i^k\,; 0) \qquad \forall i = 1,\ldots,m \tag{23}$$

onde t^k é o tamanho do passo a ser dado na determinação da nova solução na k-ésima iteração.

Pode ser mostrado (Polyak, 1967) que a sequência $L(u^k)$ converge para o valor ótimo $L(u^*)$ com as simples condições de que $t^k \to 0$ quando $k \to \infty$, e

$$\sum_{k=0}^{\infty} t^k \to \infty,$$

mas nada pode ser dito sobre a velocidade de convergência. Por outro lado, a sequência de valores $L(u)$ obtida é, geralmente, crescente não monotonicamente. Se em toda iteração k, escolhe-se t^k de acordo com a fórmula

$$t^k = p^k \frac{L(u^*) - L(u^k)}{\left\| g(u^k) \right\|^2} \tag{24}$$

com o coeficiente p_j satisfazendo a condição $0 < a < p^k \leq 2$ (sendo $a > 0$ um valor fixo), então a convergência é geométrica (Polyak, 1969). Esse resultado parece ser principalmente de interesse teórico, porque $L(u^*)$ não é conhecido. Mas se, na fórmula acima, se troca $L(u^*)$ por um estimador inferior $\underline{L} < L(u^*)$, então pode ser mostrado que ou a sequência $L(u^*)$ converge para $\underline{L}$, ou se obtém (depois de um número finito de passos) um ponto u^k para o qual vale a desigualdade $\underline{L} \leq L(u^k) \leq L(u^*)$. Isso acontece, em particular, quando $p^k = 2$, $\forall k$. Esses resultados podem ser derivados dos trabalhos de Agmon (1954) e de Motzkin e Schoenberg (1954) sobre a solução de sistema de inequações lineares.

Em vista da grande quantidade de escolhas para o coeficiente p^k, Held, Karp e Crowder (1974) mostraram que $L(u^*)$ pode ser substituído na equação acima por um estimador superior $L^- \leq L(u^k)$ sem essencialmente afetar a convergência do algoritmo. Nesse caso, a condição $t^k \to 0 (k \to \infty)$ faz necessário a escolha de $p^k \to 0 (k \to \infty)$. Na prática, frequentemente se escolhe, $L^- = f(x)$ que corresponde à melhor solução para o problema primal (SCP), obtida nos estágios iniciais de computação ou por meio de métodos heurísticos.

Para escolha de coeficiente de relaxação p^k, várias estratégias podem ser adotadas. Held, Karp e Crowder mencionam uma experiência satisfatória, utilizando a seguinte estratégia:

a) $p^k = 2$ durante $2m$ iterações (m é o número de variáveis u_i);

b) divida ambos por 2, p^k e o número de iterações, até que um limite q (fixado com antecedência) de iterações seja alcançado;
c) divida o valor de p^k por 2 a cada q iterações, até que t^k seja suficientemente pequeno (menor que ε, fixado *a priori*).

Esse procedimento viola a condição

$$\sum_{k=0}^{\infty} t^k \to \infty,$$

sendo possível a convergência para um ponto que não pertence ao conjunto ótimo, embora se reporte que esse fato quase nunca aconteça.

O método dos subgradientes, portanto, tem a finalidade de maximizar o limite inferior obtido pelo problema relaxado, mediante o ajuste de multiplicadores. Como visto, as heurísticas de relaxação com otimização por subgradientes são caracterizadas pelos seguintes aspectos:

a) utilizam uma relaxação do problema original para definir um limite inferior para o problema primal;
b) tentam maximizar o limite inferior via otimização de subgradientes;
c) produzem soluções viáveis a partir das soluções do problema relaxado; o custo da solução viável define um limite superior f_{sup} para o problema primal;
d) por meio dos limites superior e inferior, tentam identificar o quão próximo se pode estar da solução ótima do problema (se os limites se igualarem, então a solução ótima foi obtida; caso contrário, o erro não é superior à diferença existente entre esses dois limites).

O passo (c) é fundamental para conseguir um limite superior viável para o problema original. Nesse ponto, deve-se utilizar um método heurístico conveniente para acelerar a convergência do método.

Entre os diversos testes de parada do algoritmo, podem ser citados os critérios de parada por satisfação das seguintes condições:

- subgradiente nulo;
- $f_{sup} = f_{inf}$;
- $f_{sup} = f_{inf} < 1$;
- o tamanho de passo t^k é muito pequeno para que haja uma alteração significativa no valor de f_{inf} de uma iteração para outra;
- o valor de f_{inf} não apresenta melhorias significativas durante um certo número de iterações consecutivas;
- um número máximo de iterações foi atingido.

Ao final da heurística, f_{sup} é o valor da melhor solução viável encontrada e f_{inf} é o valor do melhor limite inferior encontrado para o valor ótimo do problema original. A qualidade da solução final obtida pode ser avaliada pelo erro relativo dado por:

$$\frac{f_{sup} - f_{inf}}{f_{inf}} \qquad (25)$$

O algoritmo básico para encontrar u melhorado é o seguinte:

Passo 1. Inicialização. Inicie em um ponto $u^0 \in R^m_+$ e defina uma sequência de números t^k, tais que $t^k \to 0$ quando

$$\sum_{k=0}^{\infty} t^k \to \infty.$$

Passo 2. Dado $u^k \in R^m_+$ na k-ésima iteração, calcule

$$L(u^k) = f(x^k) + u^k \, g(x^k) = \underset{x \in S}{Min} \{f(x) + u^k \, g(x)\},$$

onde $g(x^k)$ é um subgradiente de L em u^k.

Passo 3. Encontrar u^{k+1} por meio da fórmula $u^{k+1} = u^k + t^k g(x^k)$. Se $u^{k+1} \notin R^m_+$, então projete u^{k+1} sobre R^m_+ e retorne para o Passo 2.

A principal vantagem do método de Relaxação Lagrangeana com otimização do subgradiente sobre o método simplex *branch-and-bound* é o seu baixo custo computacional. É experiência comum, dos usuários dessa abordagem, que o número de iterações requeridas para a convergência não dependa do tamanho do problema. Além disso, não são bem compreendidos os fatores dos quais depende exatamente o método do subgradiente, além da própria formulação do problema Lagrangeano para a sua convergência (Balas; Carrera, 1996).

Simultaneamente ao procedimento do subgradiente, podem ser utilizados heurísticas com o objetivo de encontrar soluções viáveis melhoradas, ou seja, limites superiores que serão aplicados no algoritmo acima para, de acordo com a expressão (24), determinar o tamanho do passo a ser utilizado na busca de um novo vetor de multiplicadores Lagrangeanos. Mais detalhes sobre a implantação desse método para solução do SCP podem ser encontrados no anexo D, onde o leitor encontrará o algoritmo conceitual.

REFERÊNCIAS

AGMON, S. The relaxation method for linear inequalities. *Canadian Journal of Mathematics*, n. 6, p. 382-392, 1954.

AHERN, A. A.; TAPLEY, N. The use of stated preference techniques to model modal choices on interurban trips in Ireland. *Transportation Research Part A: Policy and Practice*, v. 42, n. 1, p. 15-27, 2008.

AL-SULTAN, K. S.; HUSSAIN, M. F.; NIZAMI, J. S. A genetic algorithm for the set covering problem. *Journal of the Operational Research Society*, n. 4, p. 702-709, 1996.

AOURID, M.; KAMINSKA, B. Neural networks for the set covering problem: an application to the test vector compaction. Flórida: IEEE. 1994. p. 4645-4649.

BÄCK, T. Optimal mutation rates in genetic search. In: FORREST, S. (ed.) *Proc. Fifth International Conference on Genetic algorithm*. San Mateo, CA: Morgan Kaufmann, 1993, p. 2-9.

BAKER, E. K. Heuristic algorithms for the weighted set covering problem. *Computers and Operations Research*, n. 8, v. 4, p. 303-310, 1981.

BALAS, E. Cutting planes from conditional bounds: a new approach to set covering. *Mathematical Programming Study*, v. 12. p. 19-36, 1980.

_____; CARRERA, M. C. A dynamic subgradient-based branch-and-bound procedure for set covering. *Operations Research*, n. 44, v. 6, p. 875-890, 1996.

_____; HO, A. Set covering algorithms using cutting planes, heuristics and subgradient optimization: a computational study. *Mathematical Programming*, n. 12, p. 37-60, 1980.

_____; PADBERG, M. W. On the set-covering problem. *Mathematical Programming*, p. 1152-1161, 1970.

_____; ZEMEL, E. An algorithm for large zero-one knapsack problems. *Operations Research*, n. 28, v. 5, p. 1130-1154, 1980.

BALINSKI, M. L. Integer programming: methods, uses, computation. *Management Science*, n. 12, v. 3, p. 253-313, 1965.

BEASLEY, J. E.; JORNSTEN, K. Enhancing an algorithm for set covering problems. *European Journal of Operational Research*, n. 58, p. 293-300, 1992.

_____. An algorithm for set covering problem. *European Journal of Operational Research*, n. 31, p. 85-93, 1987.

_____. A Lagrangian heuristic for set covering problems. *Naval Research Logistics*, n. 37, p. 145-164, 1990.

_____. OR-Library: Distributing tests problems by electronic mail. *Journal of Operations Research Society*, Londres, Imperial College, Management School, 1990.

_____. CHU, P. C. A genetic algorithm for the set covering problem. *The Management School – Imperial College*, n. 9.5, 1994.

_____. E.; CHU, P. C. A genetic algorithm for the set covering problem. *European Journal of Operational Research*, n. 94, p. 392-404, 1996.

BEAUMONT, N. Scheduling staff using mixed integer programming. *European Journal of Operational Research*, n. 98, v. 3, p. 473-484, 1997.

BELL, J. E.; McMULLEN, P. R. Ant colony optimization techniques for the vehicle routing problem. *Advanced Engineering Informatics*, n. 18, v. 1, p. 41-48, 2004.

BELMORE, M.; RATLIFF, H. D. Set covering and involuntary bases. *Management Science*, n. 18, p. 194-206, 1971.

BIANCO, L.; BIELLI, M.; MINGOZZI, A.; RICCIARDELLI, S.; SPADONI, S. A heuristic procedure for the crew rostering problem. *European Journal of Operational Research*, n. 58, v. 2, p. 272-283, 1992.

BLAIS, J.-Y.; ROUSSEAU, J.-M. HASTUS: an evaluation model for driver's union negotiation in transit companies. *Publications 163*. Centre de Recherche sur les Transports. Université de Montréal, 1980.

BODIN, L.; ROSENFEILD, D.; KYDES, A. Scheduling and estimation techniques for transportation planning. *Computers & Operations Research*, v. 8, p. 25-38, 1981.

_____; GOLDEN, B.; ASSAD, A.; BALL, M. Routing and scheduling of vehicles and crews – The state of the art. *International Journal of Computers and Operations Research*, v. 10, n. 2, p. 63-211, 1983.

BOKINGE, U.; HASSELSTRÖM, D. Improved vehicle scheduling in public transport through systematic changes in the time-table. *European Journal of Operational Research*, v. 5, n. 6, p. 388-395, 1980.

CAPRARA, A.; FISCHETTI, M.; TOTH, P. A Heuristic method for the set covering problem. *Technical Report OR-95-8*, DEIS, Univesity of Bologna, 1995.

CAPRARA, A.; FISCHETTI, M.; TOTH, P. Effective solution of the lo relaxation of set covering problems. *Technical Report*, DEIS, University of Bologna, 1998.

CARRARESI, P.; GALLO, G. A multi-level bottleneck assignment approach to the bus drivers' rostering problem. *European Journal of Operational Research*, n. 2, v. 16, p. 163-173, 1984.

_____; GALLO, G. Network models for vehicle and crew scheduling. *European Journal of Operational Research*, n. 16, v. 2, p. 139-151, 1984.

CERIA, S.; NOBILI, P.; SASSANO, A. A Lagrangian-based heuristic for large-scale set covering problems. *Mathematical Programming*, n. 81, p. 215-228, 1998.

CHERCHI, E.; ORTÚZAR, J. de D. On fitting mode specific constants in the presence of new options in RP/SP models. *Transportation Research Part A: Policy and Practice*, n. 40, v. 1, p. 1-18, 2006.

CHRISTOFIDES, N. *Graph Theory*: an algorithm approach. Nova York: Academic Press, 1975.

_____; KORMAN, S. A computational survey of methods for the set covering problem. *Management Science*, n. 21, v. 5, p. 591-599, 1975.

CHU, H. D.; GELMAN, E.; JOHNSON, E. L. Solving large scale crew scheduling problems. *European Journal of Operational Research*, n. 97, v. 2, p. 260-268, 1997.

CHU, P. C.; BEASLEY, J. E. A genetic algorithm for the set partitioning problem. *The Management School – Imperial College*, 1995.

CHVÀTAL, V. A greedy heuristic for the set covering problem. *Mathematics of Operations Research*, n. 4, p. 233-235, 1979.

CORBERÁN, A.; MARTÍ, R.; ROMERO, A. Heuristics for the mixed rural postman problem. *Computers & Operations Research*, n. 2, p. 183-203, 2000.

CORBERÁN, A.; MARTÍ, R.; SANCHIS, J. M. A Grasp heuristic for the mixed Chinese postman problem. *European Journal of Operational Research*, n. 1, v. 142, p. 70-80.

DIEZ-CANEDO, J. M.; ESCALANTE, O. M-M. A network solution to a general vehicle scheduling problem. *European Journal of Operational Research*, n. 4, v. 1, p. 255-261, 1977.

DONGARRA, J. J. Performance of various computers using standard linear equations software. *Technical Reports*, n. CS-89-85, Computer Science Department. University of Tennessee, 1996.

DUDZINSKI, K.; WALUKIEWICZ, S. Exact methods for the knapsack problem and its generalizations. *European Journal of Operational Research*, v. 28, p. 3-21, 1987.

EL MOUDANI, W.; BROCHADO, M. R.; HANDOU, M.; MORA-CAMINO, F. A fuzzy reactive approach for the crew rostering problem. *Current Advances in Mechanical Design and Production VII*, p. 611-619, 2000.

EL-DARZI, E.; MITRA, G. Solution of set-covering and set-partitioning problems using assignment relaxations. *Journal of the Operational Research Society*, n. 43, v. 5, p. 483-493, 1992.

_____; MITRA, G. Graph theoretic relaxations of set covering and set partitioning problems. *European Journal of Operational Research*, n. 87, p. 109-121, 1995.

ETCHEBERRY, J. The set covering problem: a new implicit enumeration algorithm. *Operational Research*, n. 25, p. 760-772, 1977.

FEO, T. A.; RESENDE, M. G. C. A probabilistic heuristic for a computationally difficult set covering problem. *Operations Research Letters*, v. 8, n. 67-71, 1989.

FISHER, M. L. An applications oriented guide to lagrangian relaxation. *Interfaces*, n. 15, v. 2, p. 10-21, 1985.

_____. The Lagrangian relaxation method of solving integer programming problems. *Management Science*, n. 27, v. 1, p. 1-18, 1981.

_____; KEDIA, P. Optimal solution of set covering/partitioning problems using dual heuristics. *Management Science*, n. 36, v. 6, p. 674-688, 1990.

_____; ROSENWEIN, M. B. An interactive optimization system for bulk cargo ship scheduling. *Naval Research Logistics Quarterly*, n. 36, p. 27-42, 1989.

FORBES, M. A.; HOLT, J. N.; WATTS, A. M. An exact algorithm for multiple depot bus scheduling. *European Journal of Operational Research*, n. 1, v. 72, p. 115-124, 1994.

FREITAS, L. H. W. *Análise e dimensionamento da oferta de transportes por ônibus: metodologia*. São Paulo: CET, 72 p. Série Boletim Técnico da CET, n. 35, 1985.

FUGENSCHUH, A. Solving a school bus scheduling problem with integer programming. *European Journal of Operational Research*. In: Press, Corrected Proof. Disponível em: <www.sciencedirect.com>. Acesso em: 12 nov. 2007.

GAREY, M. R.; JOHNSON, D. S. *Computer and intractability – a guide to the theory of NP-completeness*. San Francisco: W.H. Freeman and Company, 1979.

GARFINKEL, R. S.; NEMHAUSER, G. L. The set partitioning problem: set covering with equality constraints. *Operations Research*, n. 17, p. 848-856, 1969.

_____; NEMHAUSER, G. L. Optimal political districting by implicit enumeration techniques. *Management Science*, n. 16, p. B495-B508, 1970

_____; NEMHAUSER, G. L. *Integer Programming*. Nova York: John Wiley, 1972.

_____; NEMHAUSER, G. L. Optimal set covering: a survey. *Perspective in Optimization*: a Collection of Expository Articles. Geoffrion, Reading, Mass.: Addison-Wesley, 1972.

GEOFFRION, A. M. An improved implicit enumeration approach for integer programming. *Operations Research*, n. 17, p. 437-454, 1969.

_____. Lagrangian relaxation end its uses in integer programming. *Math. Programming Study*, v. 2, p. 82-114, 1974.

GOLDBERG, D. E. *Genetic Algorithms in Search, Optimization, and Machine Learning*. Adison-Wesley, 1989.

GREFENSTETTE, J. J.; GOPAL R.; ROSMAITA, B. J.; GUCHT D. V. Genetic Algorithms for the travelling salesman problem. In: GREFENSTETTE, *Proceedings of an International Conference on Genetic Algorithms and Their Applications*, Lawrence Erlbaum, Hillside, NJ, p. 160-168, 1985.

HADDADI, S. Simple Lagrangian heuristic for the set covering problem. *European Journal of Operational Research*, n. 97, p. 200-204, 1997.

HAGHANI, A ; BANIHASHEMI, M. Heuristic approaches for solving large-scale bus transit vehicle scheduling problem with route time constraints. *Transportation Research Part A: Policy and Practice*, n. 4, v. 36, p. 309-333, 2002.

_____; BANIHASHEMI, M.; CHIANG, K.-H. A comparative analysis of bus transit vehicle scheduling models. *Transportation Research Part B: Methodological*, n. 4, v. 37, p. 301-322, 2003.

HALL, N. G.; HOCHBAUM D. S. A Fast Approximation algorithm for multicovering problem. *Discrete Appl. Math.* n. 15, p. 35-40, 1983.

HARCHE, F.; THOMPSON, G. L. The column subtraction algorithm: an exact method for solving weighted set covering, packing and partitioning problems. *Computers Ops. Res.*, n. 21, p. 6, p. 689-705, 1994.

HELD, M.; KARP, R. M. The travelling salesman problem and minimum spanning trees. *Mathematical Programming*, n. 18, p. 1138-1162, 1970.

_____; KARP, R. M. The travelling salesman problem and minimum spanning trees: part II. *Mathematical Programming*, n. 1, p. 6-25, 1971.

_____; WOLF, P.; CROWDER, H. P. Validation of subgradient optimization. *Mathematical Programming*, n. 6, p. 62-88, 1974.

HO, A. C. Worst case analysis of a class of set covering heuristics. *Mathematical Programming*, n. 23, v. 2, p. 170-180, 1982.

HOLLAND, H. J. Adaption in Natural and Artificial Systems, *MIT Press*, Cambridge, MA, 1975.

HUISMAN, D.; WAGELMANS, A. P. M. A solution approach for dynamic vehicle and crew scheduling. *European Journal of Operational Research*, n. 2, v. 172, p. 453-471, 2006.

JACOB L. W.; BRUSCO M. J. *A simulated annealing based heuristic for the set-covering problem*, Working paper, Operations Management and Information Systems Department, Northern Illinois University. Dekalb, IL, 1993.

_____; BRUSCO M. J. A local search for large set-covering problems. *Naval Research Logistics*, n. 52, p. 1129-1140, 1995.

_____; BRUSCO M. J.; THOMPSON G. M. *A morphing procedure to supplement a simulated annealing heuristic for cost and coverage–correlated weighted set-covering problems*, Working paper, Operations Management and Information Systems Department, Northern Illinois University, 1996.

KIM, J.-U.; KIM, Y.-D. A decomposition approach to a multi-period vehicle scheduling problem. *Omega*, n. 4, v. 27, p. 421-430, 1999.

KLIEWER, N.; MELLOULI, T.; SUHL, L. A time-space network based exact optimization model for multi--depot bus scheduling. *European Journal of Operational Research*, n. 3, v. 175, p. 1616-1627, 2006.

KOLEN, A. W. J.; KAN, A. H. G. R.; TRIENEKENS, H. W. J. M. Vehicle routing with time windows. *Operations Research*, n. 2, v. 35, p. 266-273, 1987.

LEMKE, C. E.; SALKIN, H. M.; SPIELBERG, K. Set covering by single branch enumeration with linear programming subproblems. *Operations Research*, n. 19, p. 998-1022, 1972.

LESSARD, R.; ROUSSEAU, J.; DUPUIS, D. Hastus I: a mathematical programming approach to the bus driver scheduling problem. *Computer Scheduling of Public Transport*: urban Passenger Vehicle and Crew Scheduling, North-Holland, Amsterdam, p. 259-268, 1981.

LI, J.-Q.; BORENSTEIN, D.; MIRCHANDANI, P. B. A decision support system for the single-depot vehicle rescheduling problem. *Computers & Operations Research*, v. 34, n. 4, p. 1008-1032, 2007.

LORENA, L.; LOPES, F. B. A surrogate heuristic for set covering problems. *European Journal of Operational Research*, 79, p. 138-150, 1994.

LORENA, L.; LOPES, L. S. Genetic algorithms applied to computationally difficult set covering problems. *Journal of the Operational Research Society*, n. 48, p. 440-445, 1997.

MARSTEN, R. E. An algorithm for large set partitioning problems. *Management Science*, n. 20, v. 5, p. 774-787, 1974.

MARTELLO, S.; TOTH, P. *Knapsack problems*: algorithms and computer implementations. J. Wiley and Sons, 1990.

MAYERLE, S. F. Um sistema de apoio à decisão para o planejamento operacional de empresas de transporte rodoviário urbano de passageiros, 1996. Tese (Doutorado) – Universidade Federal de Santa Catarina. Florianópolis, 1996.

MAZE, T. H.; KHASNABIS, S. Bus garage location planning with dynamic vehicle assignments: a methodology. *Transportation Research Part B: Methodological*, n. 1, v. 19, p. 1-13, 1985.

MESQUITA, M.; PAIAS, A. Set partitioning/covering-based approaches for the integrated vehicle and crew scheduling problem. *Computers & Operations Research*, n. 5, v. 35, p. 1562-1575, 2008.

MONFROGLIO, A. Hybrid heuristic algorithms for set covering. *Computers & Operations Research*, n. 6, v. 25, p. 441-455, 1998.

MOTZKIN, T.; SCHOENBERG, I. J. The relaxation method for linear inequalities. *Canad. J. Math*, n. 6, p. 393-404, 1954.

PEARN, W. L.; LIU, C. M. Algorithms for the Chinese postman problem on mixed networks. *Computers & Operations Research*, n. 5, v. 22, p. 479-489, 1995.

_____. ; WU, T. C. Algorithms for the rural postman problem. *Computers & Operations Research*, n. 8, v. 22, p. 819-828, 1995.

POLYAK, B. T. A general method for solving extremal problemas. *Soviet. Math. Dokl.*, n. 8, p. 593-597, 1967.

_____. Minimization of unsmooth functionals. USSR *Comput. Math. Math. Phys.*, n. 9, p. 509-521, 1969.

RAFT, O. M. A modular algorithm for an extended vehicle scheduling problem. *European Journal of Operational Research*, n. 1, v. 11, p. 67-76, 1982.

RALPHS, T. K. On the mixed Chinese postman problem. *Operations Research Letters*, n. 3, v. 14, p. 123-127, 1993.

RICHARDSON, J.; PALMER, M.; LIEPINS, G.; HILIARD, M. Some guidelines for genetic algorithms with penalty functions. In: SCHAFFER, J. *Proc. Third International Conference on Genetic Algorithms*, p. 191-197, 1989.

ROTH, R. Computer Solutions to Minimum-Cover Problems. *Operations Research*, n. 17, v. 3, p. 455-465, 1969.

SOLOMON, M. M. Algorithms for the vehicle routing and scheduling problems with time window constraints. *Operations Research*, n. 2, v. 35, p. 254-265, 1987.

TEODOROVI, D.; LUI, P. A fuzzy set theory approach to the aircrew rostering problem. *Fuzzy Sets and Systems*, n. 3, v. 95, p. 261-271, 1998.

THANGIAH, S. R.; VINAYAGAMOORTHY, R.; GUBBI, A. V. Vehicle routing with time deadlines using genetic and local algorithms. *Proceedings of the Fifth International Conference on Genetic Algorithms*, University of Illinois at Urbana-Champaign, USA, p. 506-513, 1993.

TUNG, S.; Yan, T.-T.; TU, Y.-P. Optimal construction of airline individual crew pairings. *Computers & Operations Research*, n. 4, v. 29, p. 341-363, 2002.

VALOUXIS, C.; HOUSOS, E. Combined bus and driver scheduling. *Computers & Operations Research*, n. 3, v. 29, p. 243-259, 2002.

VAN WOENSEL, T.; KERBACHE, L.; PEREMANS, H.; VANDAELE, N. Vehicle routing with dynamic travel times: a queueing approach. *European Journal of Operational Research*, n. 3, v. 186, p. 990-1007, 2008.

VASKO, F. J.; WILSON, G. R. Hybrid heuristics for Minimum Cardinality Set Covering Problems. *Naval Research Logistics Quarterly*, n. 33.

VASKO, F. J.; WILSON, G. R. An efficient heuristic for large set covering problems. *Naval Research Logistics Quarterly*, n. 31, p. 163-171, 1984.

VIGNAUX G. A.; MICHALEWICX Z. A genetic algorithm for the linear transportation problem. *IEEE Trans. Systems, Man and Cybernetics*, n. 21, p. 445-452, 1991.

VOUDOURIS, C.; TSANG, E. Guided local search and its application to the traveling salesman problem. *European Journal of Operational Research*, n. 2, v. 113, p. 469-499, 1999.

WALKER, J.; BEN-AKIVA, M. Generalized random utility model. *Mathematical Social Sciences*. n. 3, v. 43, p. 303-343, 2002.

WANG, H.; SHEN, J. Heuristic approaches for solving transit vehicle scheduling problem with route and fueling time constraints. *Applied Mathematics and Computation*, n. 2, v. 190, p. 1237-1249, 2007.

WREN, A.; WREN, D. O. A Genetic Algorithm for Public Transport Driver Scheduling. *Computers & Operations Research*, n. 1, v. 22, p. 101-110, 1995.

ANEXO A – Dados e resultados do Modelo de Geração de Viagens

NEOS Server Version 5.0
Job#   : 1463270
Password : hDQaBlpG
Solver   : milp:XpressMP:GAMS
Start   : 2008-01-30 23:35:58
End   : 2008-01-30 23:36:10
Host   : newton.mcs.anl.gov

Disclaimer:
This information is provided without any express or implied warranty. In particular, there is no warranty of any kind concerning the fitness of this information for any particular purpose.

GAMS Rev 148 x 86/Linux   01/30/08 23:36:05 Page 1
G e n e r a l A l g e b r a i c M o d e l i n g S y s t e m
C o m p i l a t i o n

```
1     OPTION OPTCR = 0.0;
2     OPTION OPTCA = 0.0;
3     OPTION Limrow = 1000;
4     Sets
5     IJ Conjunto de nos/ AB,AC,AD,BA,BC,BD,CA,CB,CD,DA,DB,DC/
6     K Conjunto de roteiros/    ACB,ACD,ABD,ACBD,BCA,DCA,DBA,DBCA/
7     S Segmento de roteiro/     ACB1,ACB2,
8     ACD1,ACD2,
9     ABD1,ABD2,
10    ACBD1,ACBD2,ACBD3,
11    BCA1,BCA2,
12    DCA1,DCA2,
13    DBA1,DBA2,
14    DBCA1,DBCA2,DBCA3/;
15
16    Parameter
17    D(IJ) Demanda dos pares OD
18    /AB 44
19    AC 6
```

```
20    AD 32
21    BA 14
22    BC 35
23    BD 43
24    CA 5
25    CB 11
26    CD 13
27    DA 35
28    DB 45
29    DC 28 /
30
31    T(K) tempo de viagem do roteiro
32    /ACB 180
33    ACD 240
34    ABD 265
35    ACBD 320
36    BCA 180
37    DCA 240
38    DBA 265
39    DBCA 320/;
40
41    Table
42    Delta1(IJ,K) Parâmetro de relacionamento entre o par OD e rota K
```

43		ACB	ACD	ABD	ACBD	BCA	DCA	DBA	DBCA
44	AB	1	0	1	1	0	0	0	0
45	AC	1	1	0	1	0	0	0	0
46	AD	0	1	1	1	0	0	0	0
47	BA	0	0	0	0	1	0	1	1
48	BC	0	0	0	0	1	0	0	1
49	BD	0	0	1	1	0	0	0	0
50	CA	0	0	0	0	1	1	0	1
51	CB	1	0	0	1	0	0	0	0
52	CD	0	1	0	1	0	0	0	0
53	DA	0	0	0	0	0	1	1	1
54	DB	0	0	0	0	0	0	1	1
55	DC	0	0	0	0	0	1	0	1;

```
56
57    Table
58    Delta2(S,IJ) Parâmetro de relacionamento entre o segmento S e par OD
59              AB    AC    AD    BA    BC    BD    CA    CB    CD    DA    DB    DC
```

```
60    ACB1      1     1
61    ACB2      1                             1
62    ACD1            1     1
63    ACD2                  1                       1
64    ABD1      1           1
65    ABD2                  1           1
66    ACBD1     1     1     1
67    ACBD2     1           1                 1     1
68    ACBD3                 1           1           1
69    BCA1                        1     1
70    BCA2                        1                 1
71    DCA1                                                1           1
72    DCA2                                    1           1
73    DBA1                                                1     1
74    DBA2                  1                             1
75    DBCA1                                               1     1     1
76    DBCA2                 1     1                       1           1
77    DBCA3                 1           1                 1                 ;
78
79    Table
80    Delta3(S,K) Parâmetro de relacionamento entre segmento S e rota K
81              ACB     ACD     ABD     ACBD     BCA     DCA     DBA     DBCA
82    ACB1       1
83    ACB2       1
84    ACD1               1
85    ACD2               1
86    ABD1                       1
87    ABD2                       1
88    ACBD1                              1
89    ACBD2                              1
90    ACBD3                              1
91    BCA1                                        1
92    BCA2                                        1
93    DCA1                                                1
94    DCA2                                                1
95    DBA1                                                        1
96    DBA2                                                        1
97    DBCA1                                                               1
98    DBCA2                                                               1
99    DBCA3                                                               1;
```

```
100
101
102    Scalar CV Capacidade do veiculo/52/;
103
104    Variables
105    Z           Funcao objetivo
106    X(IJ,K)     Quantidade de demanda do par IJ alocados na rota K
107    Y(K)        Quantidade de viagens realizadas na rota K;
108
109    Positive Variables X;
110    Integer Variables Y;
111
112    Equations
113    FO             Equacao que define a funcao objetivo
114    EQ11B(IJ       Equacao que assegura a alocacao de toda demanda em alguma rota
115    EQ11C(S,K)     Equacao que assegura capacidade dos veiculos;
116
117    FO..
118    Z =E= SUM(K,T(K) * Y(K));
119
120    EQ11B(IJ)..
121    SUM(K,X(IJ,K) * DELTA1(IJ,K)) =E= D(IJ);
122
123    EQ11C(S,K) $ (Delta3(S,K) GT 0)..
124    SUM(IJ,X(IJ,K) * DELTA2(S,IJ)) = L = CV * Y(K);
125
126    Model GeraTrip/All/;
127    Solve GeraTrip minimizing Z Using MIP;
128
129    Display Y.L, X.L, Z.L;
```

COMPILATION TIME = 0.026 SECONDS 3 Mb LNX225-148 May 29, 2007

GAMS Rev 148 x86/Linux 01/30/08 23:36:05 Page 2
G e n e r a l A l g e b r a i c M o d e l i n g S y s t e m
Equation Listing SOLVE GeraTrip Using MIP From line 127

---- FO = E= Equacao que define a funcao objetivo

FO.. Z − 180*Y(ACB) − 240*Y(ACD) − 265*Y(ABD) − 320*Y(ACBD) − 180*Y(BCA)
   − 240*Y(DCA) − 265*Y(DBA) − 320*Y(DBCA) =E= 0; (LHS = 0)
---- EQ11B = E = Equacao que assegura a alocacao de toda demanda em alguma rota
EQ11B(AB).. X(AB,ACB) + X(AB,ABD) + X(AB,ACBD) =E= 44;
   (LHS = 0, INFES = 44 ★★★)
EQ11B(AC).. X(AC,ACB) + X(AC,ACD) + X(AC,ACBD) =E= 6;
   (LHS = 0, INFES = 6 ★★★)
EQ11B(AD).. X(AD,ACD) + X(AD,ABD) + X(AD,ACBD) =E= 32;
   (LHS = 0, INFES = 32 ★★★)
EQ11B(BA).. X(BA,BCA) + X(BA,DBA) + X(BA,DBCA) =E= 14;
   (LHS = 0, INFES = 14 ★★★)
EQ11B(BC).. X(BC,BCA) + X(BC,DBCA) =E= 35; (LHS = 0, INFES = 35 ★★★)
EQ11B(BD).. X(BD,ABD) + X(BD,ACBD) =E= 43; (LHS = 0, INFES = 43 ★★★)
EQ11B(CA).. X(CA,BCA) + X(CA,DCA) + X(CA,DBCA) =E= 5;
   (LHS = 0, INFES = 5 ★★★)
EQ11B(CB).. X(CB,ACB) + X(CB,ACBD) =E= 11; (LHS = 0, INFES = 11 ★★★)
EQ11B(CD).. X(CD,ACD) + X(CD,ACBD) =E= 13; (LHS = 0, INFES = 13 ★★★)
EQ11B(DA).. X(DA,DCA) + X(DA,DBA) + X(DA,DBCA) =E= 35;
   (LHS = 0, INFES = 35 ★★★)
EQ11B(DB).. X(DB,DBA) + X(DB,DBCA) =E= 45; (LHS = 0, INFES = 45 ★★★)
EQ11B(DC).. X(DC,DCA) + X(DC,DBCA) =E= 28; (LHS = 0, INFES = 28 ★★★)

---- EQ11C = L = Equacao que assegura capacidade dos veiculos
EQ11C(ACB1,ACB).. X(AB,ACB) + X(AC,ACB) − 52*Y(ACB) =L= 0 ; (LHS = 0)
EQ11C(ACB2,ACB).. X(AB,ACB) + X(CB,ACB) − 52*Y(ACB) =L= 0 ; (LHS = 0)
EQ11C(ACD1,ACD).. X(AC,ACD) + X(AD,ACD) − 52*Y(ACD) =L= 0 ; (LHS = 0)
EQ11C(ACD2,ACD).. X(AD,ACD) + X(CD,ACD) − 52*Y(ACD) =L= 0 ; (LHS = 0)
EQ11C(ABD1,ABD).. X(AB,ABD) + X(AD,ABD) − 52*Y(ABD) =L= 0 ; (LHS = 0)
EQ11C(ABD2,ABD).. X(AD,ABD) + X(BD,ABD) − 52*Y(ABD) =L= 0 ; (LHS = 0)
EQ11C(ACBD1,ACBD).. X(AB,ACBD) + X(AC,ACBD) + X(AD,ACBD) − 52*Y(ACBD) =L= 0 ;
   (LHS = 0)
EQ11C(ACBD2,ACBD).. X(AB,ACBD) + X(AD,ACBD) + X(CB,ACBD) + X(CD,ACBD)
   − 52*Y(ACBD) =L= 0 ; (LHS = 0)
EQ11C(ACBD3,ACBD).. X(AD,ACBD) + X(BD,ACBD) + X(CD,ACBD) − 52*Y(ACBD) =L= 0 ;
   (LHS = 0)
EQ11C(BCA1,BCA).. X(BA,BCA) + X(BC,BCA) − 52*Y(BCA) =L= 0 ; (LHS = 0)
EQ11C(BCA2,BCA).. X(BA,BCA) + X(CA,BCA) − 52*Y(BCA) =L= 0 ; (LHS = 0)
EQ11C(DCA1,DCA).. X(DA,DCA) + X(DC,DCA) − 52*Y(DCA) =L= 0 ; (LHS = 0)
EQ11C(DCA2,DCA).. X(CA,DCA) + X(DA,DCA) − 52*Y(DCA) =L= 0 ; (LHS = 0)
EQ11C(DBA1,DBA).. X(DA,DBA) + X(DB,DBA) − 52*Y(DBA) =L= 0 ; (LHS = 0)

EQ11C(DBA2,DBA).. X(BA,DBA) + X(DA,DBA) − 52*Y(DBA) =L= 0 ; (LHS = 0)
EQ11C(DBCA1,DBCA).. X(DA,DBCA) + X(DB,DBCA) + X(DC,DBCA) − 52*Y(DBCA) =L= 0 ;
    (LHS = 0)
EQ11C(DBCA2,DBCA).. X(BA,DBCA) + X(BC,DBCA) + X(DA,DBCA) + X(DC,DBCA)
    − 52*Y(DBCA) =L= 0 ; (LHS = 0)
EQ11C(DBCA3,DBCA).. X(BA,DBCA) + X(CA,DBCA) + X(DA,DBCA) − 52*Y(DBCA) =L= 0;
    (LHS = 0)

GAMS Rev 148 x86/Linux 01/30/08 23:36:05 Page 3
G e n e r a l A l g e b r a i c M o d e l i n g S y s t e m
Model Statistics SOLVE GeraTrip Using MIP From line 127

MODEL STATISTICS

BLOCKS OF EQUATIONS	3	SINGLE EQUATIONS	31
BLOCKS OF VARIABLES	3	SINGLE VARIABLES	39
NON ZERO ELEMENTS	101	DISCRETE VARIABLES	8

GENERATION TIME   =   0.010 SECONDS   4 Mb LNX225-148 May 29, 2007

EXECUTION TIME   =   0.010 SECONDS   4 Mb LNX225-148 May 29, 2007

GAMS Rev 148 x 86/Linux   01/30/08 23:36:05 Page 4
G e n e r a l A l g e b r a i c M o d e l i n g S y s t e m
Solution Report SOLVE GeraTrip Using MIP From line 127

S O L V E S U M M A R Y

MODEL   GeraTrip   OBJECTIVE   Z
TYPE   MIP   DIRECTION   MINIMIZE
SOLVER   XPRESS   FROM LINE   127

**** SOLVER STATUS   1 NORMAL COMPLETION
**** MODEL STATUS   1 OPTIMAL

**** OBJECTIVE VALUE   1385.0000

RESOURCE USAGE, LIMIT   0.030   1000.000
ITERATION COUNT, LIMIT   53   10000

Xpress-MP Jun 1, 2007 LNX.XP.XP 22.5 035.037.041.LX3 Xpress lib 17.10
Xpress-MP licensed by Dash to GAMS Development Corp. for GAMS

The objective is a function of discrete variables only: jumpDist 5.
As a result, we set the MIP cutoff to -4.9975
Type of presolve applied: MIP presolve.
LP relaxation solved: objective = 1035.1
calling chgbnds (8,idx,type,bnds)
fixing discrete vars and re-solving as an LP.
?140 Warning: Basis lost – recovering
fixed LP solved successfully, objective = 1385.

N.B.   The objective is a function of discrete variables only.
       The gaps indicated below have been strengthened accordingly.
Integer solution proven optimal.

MIP solution   :   1385.000000
Best possible   :   1385.000000
Absolute gap   :   0.000000   optca   :   0.000000
Relative gap   :   0.000000   optcr   :   0.000000

	LOWER	LEVEL	UPPER	MARGINAL
---- EQU FO	.	.	.	1.000

FO Equacao que define a funcao objetivo

---- EQU EQ11B Equacao que assegura a alocacao de toda demanda em alguma rota

	LOWER	LEVEL	UPPER	MARGINAL
AB	44.000	44.000	44.000	EPS
AC	6.000	6.000	6.000	EPS
AD	32.000	32.000	32.000	EPS

BA	14.000	14.000	14.000	EPS
BC	35.000	35.000	35.000	EPS
BD	43.000	43.000	43.000	EPS
CA	5.000	5.000	5.000	EPS
CB	11.000	11.000	11.000	EPS
CD	13.000	13.000	13.000	.
DA	35.000	35.000	35.000	EPS
DB	45.000	45.000	45.000	.
DC	28.000	28.000	28.000	EPS

---- EQU EQ11C Equacao que assegura capacidade dos veiculos

	LOWER	LEVEL	UPPER	MARGINAL
ACB1.ACB	-INF	.	.	.
ACB2.ACB	-INF	.	.	EPS
ACD1.ACD	-INF	.	.	.
ACD2.ACD	-INF	.	.	.
ABD1.ABD	-INF	.	.	EPS
ABD2.ABD	-INF	-16.000	.	.
ACBD1.ACBD	-INF	-22.000	.	.
ACBD2.ACBD	-INF	-4.000	.	.
ACBD3.ACBD	-INF	.	.	EPS
BCA1.BCA	-INF	.	.	EPS
BCA2.BCA	-INF	.	.	.
DCA1.DCA	-INF	-41.000	.	.
DCA2.DCA	-INF	-64.000	.	.
DBA1.DBA	-INF	.	.	.
DBA2.DBA	-INF	.	.	.
DBCA1.DBCA	-INF	-7.000	.	.
DBCA2.DBCA	-INF	-3.000	.	.
DBCA3.DBCA	-INF	-38.000	.	.

	LOWER	LEVEL	UPPER	MARGINAL
---- VAR Z	-INF	1385.000	+INF	.

Z Funcao objetivo

---- VAR X Quantidade de demanda do par IJ alocados na rota K

	LOWER	LEVEL	UPPER	MARGINAL
AB.ACB	.	.	+INF	.
AB.ABD	.	20.000	+INF	.
AB.ACBD	.	24.000	+INF	.
AC.ACB	.	.	+INF	.
AC.ACD	.	.	+INF	EPS
AC.ACBD	.	6.000	+INF	EPS
AD.ACD	.	.	+INF	EPS
AD.ABD	.	32.000	+INF	.
AD.ACBD	.	.	+INF	.
BA.BCA	.	.	+INF	.
BA.DBA	.	.	+INF	.
BA.DBCA	.	14.000	+INF	EPS
BC.BCA	.	.	+INF	EPS
BC.DBCA	.	35.000	+INF	.
BD.ABD	.	4.000	+INF	EPS
BD.ACBD	.	39.000	+INF	.
CA.BCA	.	.	+INF	EPS
CA.DCA	.	5.000	+INF	.
CA.DBCA	.	.	+INF	EPS
CB.ACB	.	.	+INF	EPS
CB.ACBD	.	11.000	+INF	.
CD.ACD	.	.	+INF	EPS
CD.ACBD	.	13.000	+INF	EPS
DA.DCA	.	35.000	+INF	.
DA.DBA	.	.	+INF	EPS
DA.DBCA	.	.	+INF	EPS
DB.DBA	.	.	+INF	EPS
DB.DBCA	.	45.000	+INF	EPS
DC.DCA	.	28.000	+INF	.
DC.DBCA	.	.	+INF	EPS

---- VAR Y Quantidade de viagens realizadas na rota K

	LOWER	LEVEL	UPPER	MARGINAL
ACB	.	.	100.000	180.000
ACD	.	.	100.000	240.000
ABD	.	1.000	100.000	265.000

ACBD	.	1.000	100.000	320.000
BCA	.	.	100.000	180.000
DCA	.	2.000	100.000	240.000
DBA	.	.	100.000	265.000
DBCA	.	1.000	100.000	320.000

**** REPORT SUMMARY :   0   NONOPT
                           0   INFEASIBLE
                           0   UNBOUNDED

GAMS Rev 148 x 86/Linux   01/30/08 23:36:05 Page 5
G e n e r a l A l g e b r a i c M o d e l i n g S y s t e m
E x e c u t i o n

---- 129 VARIABLE Y.L Quantidade de viagens realizadas na rota K

ABD 1.000, ACBD 1.000, DCA 2.000, DBCA 1.000

---- 129 VARIABLE X.L Quantidade de demanda do par IJ alocados na rota K

	ABD	ACBD	DCA	DBCA
AB	20.000	24.000		
AC		6.000		
AD	32.000			
BA				14.000
BC				35.000
BD	4.000	39.000		
CA			5.000	
CB		11.000		
CD		13.000		
DA			35.000	
DB				45.000
DC			28.000	

---- 129 VARIABLE Z.L   =   1385.000   Funcao objetivo

EXECUTION TIME   = 0.007 SECONDS   3 Mb LNX225-148 May 29, 2007

USER: MCS Department   G070326:2046CS-LNX
Argonne National Labs   DC2747

**** FILE SUMMARY

Input   /nfs/mcs-homes64/neosotc/.neos5/jobs/1463270/gams.mod
Output   /nfs/mcs-homes64/neosotc/.neos5/jobs/1463270/solve.out

ANEXO B – Dados e resultados do Modelo de Alocação de Frotas

Quadro B.1 – Matriz de custos improdutivos, referentes aos sequenciamentos entre viagens. Os valores em destaque correspondem às atribuições entre viagens na solução ótima do problema (ex.: o valor de 35,2 corresponde ao custo de espera do veículo na cidade B, no período compreendido entre 9h05 e 12h00, quando a viagem 1 é sucedida pela viagem 12)

298,6	322,8	141,7	304,7	93,4	274,5	304,7	316,7	346,9	117,6	129,6	35,2	119,7	71,4	83,9	313,2	96,0	325,3	280,5	310,7	334,8	141,7
274,5	298,6	117,6	280,5	69,3	250,3	280,5	292,6	322,8	93,4	105,5	11,1	95,6	47,3	59,7	289,1	71,8	301,1	256,4	286,5	310,7	117,6
165,8	190,0	298,6	171,9	250,3	141,7	171,9	184,0	214,1	274,5	286,5	192,1	276,6	228,3	240,8	180,4	252,9	192,5	147,7	177,9	202,1	298,6
289,0	313,1	132,1	295,0	83,8	264,9	295,0	307,1	47,6	108,0	120,0	63,8	148,3	100,0	63,4	292,7	75,4	15,1	291,4	321,5	345,7	152,5
210,6	234,7	53,6	216,6	295,0	186,4	216,6	228,7	258,8	319,2	41,6	275,0	69,8	311,2	274,6	214,2	286,7	226,3	212,9	243,1	267,2	363,8
308,9	333,1	152,0	315,0	103,8	284,8	315,0	327,0	357,2	127,9	140,0	352,9	147,7	99,5	94,2	323,5	106,3	335,6	240,4	270,6	294,7	101,6
296,5	321,0	140,0	302,9	381,4	272,7	302,9	315,0	345,2	115,8	127,9	340,9	135,7	87,4	82,1	311,5	94,2	323,5	228,3	258,5	282,6	89,5
284,8	308,9	127,9	290,8	369,3	260,7	290,8	302,9	333,1	103,8	115,8	328,8	123,6	75,3	359,7	299,4	82,1	311,5	216,3	246,4	270,6	77,4
254,6	278,8	97,7	260,7	339,1	230,5	260,7	272,7	302,9	363,3	375,3	298,6	93,4	334,8	329,6	269,2	341,6	281,3	186,1	216,3	240,4	47,3
194,3	218,4	327,0	200,3	278,8	170,1	200,3	212,4	242,6	302,9	315,0	238,3	322,8	274,5	269,2	208,9	281,3	220,9	125,7	155,9	180,0	276,6
164,1	188,2	296,9	170,1	248,6	140,0	170,1	182,2	212,4	272,7	284,8	208,1	292,6	244,3	239,0	178,7	251,1	190,8	95,6	125,7	149,9	246,4
204,2	228,3	47,3	210,2	288,7	180,0	210,2	222,3	252,5	23,1	35,2	298,6	93,4	334,8	309,1	248,8	321,2	260,8	236,5	266,7	290,8	97,7
119,7	143,8	252,5	125,7	204,2	95,6	125,7	137,8	168,0	228,3	240,4	214,1	298,6	250,3	224,6	164,3	236,7	176,4	152,0	182,2	206,3	302,9
195,5	219,6	328,2	201,5	280,0	171,3	201,5	213,6	243,7	304,1	316,2	259,9	54,7	296,1	259,5	199,2	271,6	211,2	197,8	228,0	252,1	348,7
190,1	214,2	33,2	196,1	274,6	166,0	196,1	208,2	238,4	9,1	21,1	284,5	79,3	320,7	295,0	234,7	307,1	246,8	222,4	252,6	276,8	373,3
281,5	305,7	124,6	287,6	76,3	257,4	287,6	299,6	329,8	100,5	112,5	18,1	102,6	54,3	66,8	296,1	78,9	308,2	263,4	293,6	317,7	124,6
209,1	233,2	341,9	215,1	293,6	185,0	215,1	227,2	257,4	317,7	329,8	235,4	30,2	271,6	284,0	223,7	296,1	235,8	191,0	221,2	245,3	341,9
273,7	297,9	116,8	279,8	358,2	249,6	279,8	291,8	322,0	104,8	317,7	317,7	112,5	353,9	348,7	288,3	360,8	300,4	205,2	235,4	259,5	66,4
252,5	276,6	95,6	258,5	47,3	228,3	258,5	270,6	11,1	71,4	83,5	346,9	141,7	93,4	67,7	297,1	79,8	309,1	284,8	315,0	339,1	146,0
240,4	264,5	83,5	246,4	35,2	216,3	246,4	258,5	288,7	59,3	71,4	334,8	129,6	81,4	55,7	285,0	67,7	297,1	272,7	302,9	327,0	133,9
199,2	223,3	42,2	205,2	283,6	175,0	205,2	217,3	247,4	18,1	30,2	293,6	88,4	329,8	304,1	243,7	316,2	255,8	231,5	261,7	285,8	382,4
123,0	147,2	255,8	129,1	207,5	98,9	129,1	141,2	171,3	231,7	243,7	187,5	272,0	223,7	187,1	126,7	199,2	138,8	125,4	155,6	179,7	276,3

Solução ótima obtida após 20 iterações

Quadro B.2 – Resultado do problema de atribuição, obtido com a aplicação do algoritmo húngaro

Linha	Coluna	Custo
1	12	35.2
2	17	71.8
3	6	141.7
4	18	15.1
5	3	53.6
6	19	240.4
7	15	82.1
8	22	77.4
9	8	272.7
10	21	180.0
11	20	125.7
12	10	23.1
13	4	125.7
14	2	219.6
15	7	196.1
16	14	54.3
17	13	30.2
18	1	272.7
19	9	11.1
20	5	35.2
21	11	30.2
22	16	126.7
Custo total		420.6

ANEXO C – Algoritmo de Relaxação Lagrangeana para resolução do Modelo de Cobertura de Conjuntos

Considere que:

f_{sup} = limite superior para a solução do problema primal
f_{inf} = limite inferior para a solução do problema primal
u^k = vetor de multiplicadores Lagrangeanos da k-ésima iteração
x^k = vetor solução do problema primal da k-ésima iteração
$u^\star$ = vetor solução ótima do problema primal
p^k = parâmetro do tamanho do passo na k-ésima iteração
t^k = tamanho do passo na k-ésima iteração
K = número máximo de iterações sem melhora
E = critério de convergência para o tamanho do passo
D = critério de convergência para a norma do gradiente
I = critério de convergência para o número de total de iterações

Entradas: c, A, N, N_i, M, M_i, K, D, E, I, u^0
Saídas: f_{sup}, f_{inf}, u^t, $x^\star$

procedimento SUBGRADIENTE;
início
   $k \leftarrow 1; u^k \leftarrow u^0, p^k = 2; f_{sup} \leftarrow +\infty; f_{inf} \leftarrow -\infty$ {*inicializar*}
   enquanto $f_{sup} > f_{inf}$ **faça** {*resolver o problema de minimização $L(u^k)$ e definir u^{k+1}*}
     para $j \in N$ **faça** {*assinalar valores para os outros $x_j(u^k)$*}
       se $cj \leq u^k a_j$
         então $x_j(u^k) \leftarrow 1$
         senão $x_j(u^k) \leftarrow 0$
      fim se;
     fim para;
     obter uma solução primal viável x^k de custo $z^k(x^k)$ usando a heurística de Chvàtal;
     se $z^k(x^k) < f_{sup}$
       então $z^\star \leftarrow x^k; f_{sup} \leftarrow z^k(x^k)$ {*atualizar a solução ótima*}
     fim se
     $L(u^k) \leftarrow u^k e + (c - u^k A) x_j(u^k)$ {*calcular a função lagrangeana*}
     $f_{inf} \leftarrow \max\{f_{sup}, L(u^k)\}$ {*atualizar o limite inferior*}

     $g_i(u^k) \leftarrow 1 - \sum_{j \in N_i} x_j(u^k), \forall i \in M$ {*computar o subgradiente*}

se f_{inf} não mudou por K iterações
   então $p^k \leftarrow p^k/2$ {*reduzir parâmetro de tamanho do passo*}
fim se

$$t^k \leftarrow p^k(f_{sup} - f_{sup} - f_{inf}) / \|g(u^k)\|^2 \quad \{\text{computar o tamanho do Passo } t^k\}$$

se $t^k < E$ **ou** $\|g(u^k)\| < D$ **ou** $k > 1$

   então pare
fim se
$u_i^{k+1} \leftarrow \max\{0, u_i^k + t^k g_i(u^k)\}$ {*atualizar o vetor de multiplicadores Lagrangeanos*}
$k \leftarrow k + 1$ {*incrementar o contador de iterações*}
   fim enquanto
fim.

CAPÍTULO 3

Transporte Aquaviário de Cargas

Sílvio dos Santos

Qualidade e produtividade no transporte aquaviário de cargas

Produtividade em um sistema de transportes

Um dos fatores de vital importância para a sobrevivência e o sucesso de uma empresa está diretamente associado à forma de utilização dos recursos para produzir seus produtos e serviços, surgindo daí a necessidade do estabelecimento de medidas de produtividade, muito úteis no auxílio à tomada de decisão na gestão empresarial. Tudo isso você já sabe. Mas, para o transporte, o que é utilizado?

As medidas de produtividade podem ser classificadas em: medidas de produtividade parcial e medidas de produtividade global.

Nas medidas de produtividade parcial, considera-se a relação entre o produto final e os seus insumos, separadamente, tais como: produto/capital (medida do fator capital), produto/mão de obra (medida do fator trabalho) etc.

Nas medidas de produtividade global, considera-se a relação entre o produto final e a combinação de fatores. As principais medidas de produtividade global são: produtividade total dos fatores de produção, que relaciona o produto final com mão de obra e capital, e produtividade total, que relaciona o produto final com todos os fatores de produção (trabalho, capital, materiais e energia).

É evidente que a produtividade total é a medida mais completa e abrangente. Todavia, a sua aplicação implica conversão de todos os insumos em uma única unidade (geralmente capital), tornando essa tarefa bastante complexa quando há dezenas de produtos finais e diversos insumos, como é o caso de um sistema de transportes. Nestes, em geral, adota-se a produtividade total dos fatores como medida de produtividade.

Uma estratégia para a contínua majoração da produtividade inclui, necessariamente, uma correta avaliação do ambiente externo à organização (identificação de demandas, estratégias dos concorrentes, inovações tecnológicas etc.) e a permanente modernização da organização interna da empresa. Assim, torna-se cada vez mais importante tomar decisões coerentes no momento certo, além de produzir rapidamente e de utilizar, de forma ótima, os recursos disponíveis para produção (mão de obra, materiais, equipamentos, energia etc.).

Qualidade de um sistema de transportes

Até meados da década de 1970, o desempenho das empresas de transportes era avaliado somente do ponto de vista de sua produtividade. Com base nos estudos realizados nessa época, a produtividade passou a ser vista de forma ampla, abrangendo todos os elementos intervenientes no transporte, quais sejam, aqueles ligados diretamente à atividade-fim e suporte técnico. Assim, a produtividade do sistema dependerá da produtividade de cada integrante desse sistema, que, por sua vez, terá pontos de vista específicos sobre qualidade, eficiência e produtividade.

Essa filosofia consolidou-se, principalmente, nos países desenvolvidos onde se buscam não só produzir a oferta mais elevada possível, respeitando-se os parâmetros estabelecidos pelo custo e tecnologia, mas também conquistar o usuário, elevando a rentabilidade e o lucro da empresa, satisfazendo seus anseios para obter uma boa imagem do serviço prestado, atendendo plenamente à expectativa do cliente.

A qualidade na prestação de serviços é um assunto importante, principalmente no setor de serviços de transportes e, sobretudo, no de transporte de cargas, que abrange todos os setores de atividade: primário, secundário e terciário. No transporte, a qualidade tem sido vista como um condicionante a ser atingido na busca de redução de custos; é também uma meta a ser superada, tendo em vista a forte concorrência entre as empresas.

A qualidade do serviço, corretamente entendida, pode transformar-se em uma arma altamente efetiva, um meio de criar e sustentar uma vantagem competitiva, entendida como a diferença perceptível de satisfazer as necessidades identificadas do cliente melhor do que seus concorrentes. Isso só acontecerá se os serviços forem tratados como uma questão estratégica e se forem acionados mecanismos para torná-los um valor-chave da organização.

EXEMPLO

O grupo ArcelorMittal desde 2005 está utilizando barcaças oceânicas na cabotagem para o transporte de bobinas de aço fabricadas em Serra (ES) pela ArcelorMittal Brasil. As bobinas de aço laminadas a quente, produzidas no Espírito Santo, são embarcadas para São Francisco do Sul, em Santa Catarina, onde são processadas pela ArcelorMittal Vega do Sul. A barcaça é movimentada por um empurrador e operada pela Norsul. Na ligação entre as duas pontas da cadeia produtiva, a Norsul realiza entre 12 e 15 escalas mensais. Os comboios oceânicos levam, normalmente, três dias para transportar 10 mil toneladas de bobinas de aço. Em 2013 foi transportado 1,9 milhão de toneladas.

Apesar das vantagens da cabotagem, de acordo com a pesquisa da CNT de 2013, o Brasil não utiliza todo o potencial do transporte marítimo ao longo de sua costa. Inúmeros problemas que impedem o desenvolvimento do setor são apontados pelos agentes de navegação, como baixa frequência na prestação de serviço, gargalos relacionados à infraestrutura dos portos, tratamento tributário desigual em relação ao transporte marítimo de longo curso etc.

O professor Fernando Seabra da UFSC alerta que enquanto para o modal rodoviário demandam-se apenas quatro documentos para a realização do transporte: Certificado de Propriedade, IPVA, Nota Fiscal e Conhecimento de Transporte Rodoviário de Cargas (CTRC), para a cabotagem exigem-se pelo menos 44 documentos (por parte da Marinha Mercante e Anvisa) e pode haver a exigência de mais nove documentos, dependendo da carga ou operador portuário. Tais procedimentos (da Marinha, Anvisa e Receita Federal) acabam por reduzir a eficiência do modal marítimo e, por consequência, a competitividade da cabotagem em relação ao modal rodoviário.

Na opinião de Samir Keedi, consultor especialista em Comércio Exterior, é preciso equiparar os preços dos combustíveis vendidos às embarcações brasileiras àqueles vendidos aos navios estrangeiros, sem impostos. Essa discriminação é descabida e inadmissível. Principalmente por que o diesel para o transporte rodoviário é subsidiado. Também é necessária a equiparação dos preços de construção dos navios aos preços internacionais. Se no exterior o custo de construção de um navio porta-containers é de US$ 12.000 por TEU, para ele, este deve ser o preço a se pagar no Brasil. Complementando, o economista Jervel Jannes, do Labtrans da UFSC, recomenda: a ampliação da atual frota existente faz-se necessária no setor para aumentar a disponibilidade de frequências/escalas nos portos, o que aumentaria a confiabilidade no modal por parte dos donos de mercadorias.

Fonte: Disponível em: <http://www.guiamaritimo.com/gm_wp/noticias/setor-de-cabotagem-precisa-de-mudancas>. Acesso em: 20 out. 2015. Disponível em: <http://www.google.com.br/url?sa=t&rct=j&q=&esrc=s&source=web&cd=1&ved=0CCEQFjAAahUKEwiFhebAkMDIAhVED5AKHWBPB6A&url=http%3A%2F%2Fwww.cnt.org.br%2FImagens%2520CNT%2FPDFs%2520CNT%2FPesquisa%2520Cabotagem%25202013%2FPesquisa%2520Cabotagem_final.pdf&usg=AFQjCNHX4ELveEyfkFz-Dec9twmZQM0rpA&bvm=bv.104819420,d.Y2I&cad=rja]>. Acesso em: 20 out. 2015. Disponível em: <http://tubarao.arcelormittal.com/produtos/nossos-produtos/laminados-frio/index.asp>. Acesso em: 20 out. 2015.

O processo de produção do transporte aquaviário de cargas

O processo de produção do transporte aquaviário de cargas difere do rodoviário e do ferroviário pela sua própria natureza, que exige uma complementação destes. Nas hidrovias, os portos fluviais e, no transporte marítimo, os portos de mar caracterizam-se por pontos nos quais existe a quebra da cadeia de transporte terrestre ou aquaviário, ou seja, a carga, obrigatoriamente, terá de mudar de veículos, que têm características de concepção, tração, capacidade e disposição completamente diferentes.

Se nos transportes ferroviário e rodoviário os problemas de controle, capacidade, qualidade, gerenciamento etc. se distribuem ao longo das rotas e dos terminais, no sistema aquaviário, diferentemente, os grandes problemas concentram-se nos portos, uma vez que os navios e os comboios fluviais têm um bom desempenho ao longo das rotas marítimas e fluviais, tanto em relação à capacidade transportada, com grandes volumes, como em relação ao fluxo contínuo de embarcações, cuja baixa velocidade é compensada pela possibilidade de tráfego por 24 horas em vias descongestionadas

Etapas do processo de produção do transporte aquaviário

O modo aquaviário é um sistema de transporte adequado a grandes volumes deslocando-se a grandes distâncias. Em nossas hidrovias, os grãos, farelos agrícolas e calcário são as cargas mais importantes, além do combustível transportado pela Petrobras e por distribuidoras.

Assim, o perfil do embarcador na hidrovia é o do empresário da agroindústria, principalmente a da soja, que, em razão da pequena margem obtida no processo industrial, necessita dominar toda a cadeia de transporte, desde o campo até o porto, logrando resultados econômicos em consequência dos grandes volumes comercializados.

EXEMPLOS

O governo paulista e as empresas privadas investiram R$ 89 milhões na Hidrovia Tietê-Paraná, até 2010, em obras para minimizar os principais gargalos e permitir uma maior movimentação de cargas agrícolas. Do total do aporte, 70% foram para ampliar vãos e proteger pilares de pontes, e os restantes 30% utilizados para alargar e aprofundar canais. Esses investimentos tinham o objetivo de reduzir o frete de 20% a 30%, pois evitariam uma série de operações de desmembramento e reagrupamento dos comboios, os quais aumentam os gastos e o tempo de viagem. Apesar desse investimento, o objetivo não foi atingido em razão da estiagem que atinge toda a Região Sudeste do país, que interrompeu a navegação na Hidrovia Tietê-Paraná.

Segundo o *Valor Econômico*, os portos continuam com problemas de restrição à navegação, apesar do Programa Nacional de Dragagem (PND). Lançado pelo governo em 2007 com o maior orçamento dedicado à modernização portuária (R$ 1,4 bilhão), o PND prometia aprofundar e conservar as cotas dos principais portos. Mas, sete anos depois, portos-chave continuam com limitações. A segunda etapa do programa, o PND II, lançada em 2012 para manter e avançar nos ganhos da primeira fase, teve alguns editais lançados até o final de 2014, mas nenhum contrato foi assinado. Desde 2007 até 2014, a oferta média de carregamento das embarcações que escalam regularmente o Brasil mais que dobrou e os calados (a profundidade menos a folga de segurança) cresceram 22%. Consequentemente, há navios que não podem usar a capacidade máxima sob o risco de encalhe.

Fonte: Disponível em: <http://www.aviculturaindustrial.com.br/noticia/mais-cargas-agricolas-na-hidrovia-tiete-parana/20050930075605_15536>. Acesso em: 20 out. 2015. Disponível em: <http://www.valor.com.br/empresas/3802548/falta-de-dragagem-ainda-e-um-entrave-navegacao-no-pais>. Acesso em: 20 out. 2015.

A ponta da rodoviária é contratada com empresas rodoviárias de carga e com carreteiros agregados ao sistema industrial.

De forma simplificada, o processo de produção observa as seguintes etapas:

- coleta por meio rodoviário ou ferroviário;
- descarregamento de caminhões ou vagões;
- armazenagem no porto de origem;
- embarque do navio ou comboio fluvial;
- desembarque do navio ou comboio fluvial;
- armazenagem no porto de destino;
- carregamento de caminhões ou vagões;
- distribuição por meio rodoviário ou ferroviário.

Quando se trata de comércio exterior, acrescentam-se os procedimentos aduaneiros antes do embarque no porto de origem, para as exportações, ou após o desembarque no porto de destino, para as importações.

O sistema envolve muitas operações, todas elas inter-relacionadas, exigindo um balanceamento das atividades quanto ao sincronismo (tempo) e quanto a capacidades (fluxos e armazenagens).

Interfaces entre os ambientes da empresa no processo de produção do transporte

Pela sua característica multimodal, o transporte aquaviário exige ponta rodoviária, e, eventualmente, também pode utilizar o modo ferroviário, por exemplo, a hidrovia Tietê--Paraná em Pederneiras.

Os dois transbordos exigem operações portuárias de carregamento e descarregamento das embarcações com uma perfeita integração dos meios de transporte.

A integração poderia ser maior. Inclusive, há um aumento ano a ano para melhorar essa integração com os outros modais de transporte. No estado de São Paulo, o transporte hidroviário deve ter uma interdependência com os outros modais. Por exemplo, cargas de baixo valor agregado podem percorrer grandes distâncias por via fluvial e serem passadas aos portos marítimos por ferrovias.

Pelas numerosas atividades que terá de controlar envolvendo todo o sistema integrado de transporte, o embarcador, provavelmente, optará por uma transportadora que se responsabilize por todas essas atividades.

A transportadora multimodal terá de integrar-se ao processo industrial do embarcador, de modo que a armazenagem para o produto acabado não fique saturada, prejudicando o processo industrial. Os portos fluviais deverão privilegiar o comboio fluvial, minimizando sua permanência nos terminais.

Finalmente, a logística deverá propiciar boas condições de negociações com garantia de entrega dos volumes negociados, ao custo e com a qualidade que o cliente espera.

Vantagens práticas da caracterização da empresa como um conjunto de ambientes

A característica da multimodalidade do transporte aquaviário, em que cada trama da cadeia de transporte exige equipamentos, operação e treinamento diferenciados, sugere que a empresa seja um conjunto de ambientes específicos:

- ambiente rodoviário, portuário, aquaviário e
- ferroviário, quando houver.

De fato, com essa estrutura podem ser atribuídos índices de desempenho associados às funções específicas de cada ambiente e fixado um modelo de integração entre as várias áreas da empresa, tendo em vista as características de cada uma delas.

Os resultados podem ser cobrados tanto por área (ações dentro de cada ambiente) quanto em termos de contribuições setoriais para toda a empresa (interação entre ambientes).

Assim, há maior eficiência no trabalho e no gerenciamento, já que cada um desenvolve as atividades que lhe são especificamente atribuídas e sobre as quais possui domínio e competência e a ação gerencial se desdobra sobre áreas perfeitamente organizadas.

Entretanto, diante da modernidade da terceirização, cada um desses ambientes poderá ser exercido por uma empresa autônoma ou satélite, vinculada por um contrato operacional à empresa principal, que coordena e gerencia toda a operação, respondendo por todo o sistema de transporte.

Técnicas e estratégias para aumentar a qualidade e a produtividade do transporte aquaviário de cargas

Para aumentar a qualidade e a produtividade do transporte aquaviário de cargas, podem ser utilizadas as seguintes técnicas e estratégias:

- equipamentos modernos, novas tecnologias, renovação da frota;
- planejamento e gerenciamento da operação;
- planejamento e controle da manutenção;
- técnicas modernas de carga e descarga;
- aprimoramento do carregamento das embarcações;
- acordos operacionais e parcerias;
- treinamento, logística, informática.

Utilização de equipamentos modernos

A utilização de equipamentos modernos tanto na frota como nos terminais de carga e descarga é medida importante para o aumento da produtividade e da qualidade.

Equipamentos modernos desenvolvidos com a experiência de operação dos equipamentos anteriores trazem benefícios como melhoria de desempenho de produção e economia de custos operacionais.

EXEMPLO

A diretoria de Hidrovias e Desenvolvimento Regional da Companhia Energética de São Paulo (Cesp) aumentou o número de boias nas pontes do trecho Tietê, na hidrovia Tietê-Paraná. O processo, chamado adensamento, incluiu o realinhamento das boias a fim de garantir maior segurança às embarcações durante a transposição de pontes. O adensamento da sinalização foi realizado sob as pontes SP-595, no rio São José dos Dourados, e SP-493, a jusante da usina Nova Avanhandava. Tal medida foi tomada tendo em vista os bons resultados obtidos na Europa e nos Estados Unidos.

Fonte: Disponível em: <http://www.dh.sp.gov.br/dispositivos-de-seguranca-e-sinalizacao/>. Acesso em: 20 out. 2015.

Utilização de novas tecnologias

A utilização de novas tecnologias poderá proporcionar ganhos extraordinários, além daqueles previstos em um bom planejamento, gerenciamento, manutenção e operação. Assim, deve-se dedicar atenção especial às novas tecnologias que são ou poderão ser utilizadas no transporte aquaviário.

EXEMPLO

A retomada dos investimentos no setor portuário pode ser constatada com a aquisição de equipamentos para a movimentação de contêineres, os portêineres, os MHC (*mobile harbor cranes*) e os *reachstackers* (empilhadora de contêineres). Esses equipamentos são totalmente diversos dos pau-de-cargas (equipamento de bordo) e das tradicionais empilhadeiras e vieram substituí-los, fato que aconteceu há décadas nos países que contam com portos modernos. Os *reachstackers* são de concepção moderna e incorporam dispositivos de segurança não encontrados nas empilhadeiras tradicionais. Os MHC, sobre pneus, e os portêineres, sobre trilhos, possibilitam uma operação ágil de desembarque e embarque de contêineres, dando condições para os navios *full* contêineres utilizarem adequadamente as janelas de serviço predeterminadas.

Além de inovações tecnológicas, os *reachstackers* oferecem *performance* muito superior ao das empilhadeiras tradicionais, como maior altura de empilhamento, maior velocidade operacional, maior flexibilidade pela movimentação de giro do *spreader*. Como resultado final, o terminal torna-se mais ágil, movimentando e armazenando um maior número de contêineres numa mesma área.

Fonte: Disponível em: <http://www.planejamento.gov.br/assuntos/programa-de-investimento-em-logistica-pil/noticias/investimentos-impulsionaram-modernizacao-do-setor-portuario-no-brasil-em-primeira-fase-de-programa/>. Acesso em: 20 out. 2015.

Renovação da frota

A renovação da frota é importante para manter confiável o atual serviço oferecido, assim como a expansão da capacidade de transporte, visando aumentar a participação no mercado.

EXEMPLO

Hidrovia Tietê-Paraná

O comitê técnico da hidrovia Tietê-Paraná autorizou a navegação de quatro para até seis barcaças ao longo dos 350 quilômetros que ligam São Simão (GO) a Araçatuba (SP). Com isso, aumentou em 50% a capacidade de transporte do trecho, tornando viável a ampliação do escoamento, principalmente de soja e açúcar, e a redução, em aproximadamente 20%, do tempo gasto no trajeto. Com essa medida, o volume dos carregamentos aumentou de 6 mil toneladas de soja para

9 mil toneladas por comboio. Em 2013 foi transportado o total de 6,3 milhões de toneladas, sendo 39% estadual, 54% interestadual e 7% internacional. A forte estiagem de 2014, a maior nos últimos 80 anos, interrompeu a navegação fluvial na hidrovia Tietê-Paraná, com prejuízos para toda a nação, além do forte desemprego no setor hidroviário. Esse fato mostra como a navegação interior é fortemente influenciada pelas condições do clima e pela preservação ambiental.

Fonte: Disponível em: <http://brazilmodal.com.br/2015/jornalmultimodal/jornal9918/>. Acesso em: 20 out. 2015. Disponível em: <http://www.antaq.gov.br/portal/pdf/Palestras/20140617HidroviaParanaTiete.pdf>. Acesso em: 20 out. 2015. Disponível em: <http://economia.uol.com.br/noticias/redacao/2015/08/11/empresarios-criticam-governo-por-fim-da-navegacao-no-tiete.htm>. Acesso em: 20 out. 2015.

Planejamento e gerenciamento da operação

O planejamento e o gerenciamento da operação são atividades importantes que podem ter como resultado uma logística que melhor atenda às necessidades de transporte do cliente. No transporte hidroviário, em que as possibilidades de utilização não foram totalmente exploradas e não são completamente conhecidas, estudos de opções operacionais deverão ser intensivamente analisadas.

A utilização da informática, de modelos matemáticos e de simuladores operacionais já disponíveis no mercado possibilitará maior rapidez nessas análises.

EXEMPLO

A Lift-tech, fabricante de pórticos e equipamentos portuários de grande porte, descobriu que a maior necessidade de seus clientes, antes de decidir pela compra de um novo equipamento, era conhecer todas as opções operacionais que o seu terminal comportava. Com esse conhecimento, desenvolveu uma nova área de pesquisa operacional que estuda o problema do cliente e simula diversas soluções opções.

O açúcar até 2012 era transportado por rodovia das regiões produtoras até o terminal fluvial de São Simão, onde era transferido para barcaças. De lá, seguia até Anhembi, onde novamente era transferido para caminhões, continuava o trajeto até o corredor de exportação do porto de Santos (SP). Hoje, 2014, é transportado por ferrovia em serviço ferroviário especial da ALL – Rumo, até os terminais especializados no porto de Santos, uma operação mais eficiente evitando, dessa forma, dois transbordos.

O Terminal da Rumo, empresa logística da Cosan, em novembro de 2014 bateu o recorde de movimentação de açúcar do Porto de Santos ao carregar 106 mil toneladas em uma única operação. O navio UBC Ottawa, um graneleiro de 260 metros de comprimento (equivalente a pouco mais de dois campos do Maracanã) e capacidade para transportar 118 mil toneladas, foi carregado em 73 horas de operação. O recorde só foi obtido graças aos investimentos da Rumo nas obras de dragagem para o aprofundamento da profundidade do berço e aos modernos equipamentos de embarque do terminal e ao trabalho da equipe da Rumo. O açúcar embarcado tem como destino Dubai, nos Emirados Árabes.

O grupo ADM, um dos maiores exportadores de grãos do país, utilizava a hidrovia Tietê-Paraná para o transporte de açúcar a granel entre as cidades de São Simão (GO) e Anhembi (SP), em um percurso de 780 quilômetros. Segundo a ADM, o transporte multimodal por rodovia e hidrovia diminuía os custos entre 3% e 8% em comparação com o sistema rodoviário, entretanto o transporte ferroviário é mais competitivo, mais rápido e mais barato. A empresa ainda continua a utilizar a hidrovia para transportar soja das regiões produtoras do Centro-Oeste até o porto de Santos.

O Departamento Hidroviário informou que, para a hidrovia, o carregamento de açúcar a granel era importante e revelou que estão em estudo projetos para transportar pela hidrovia contêineres com carga industrializada, condição que poderá dar mais agilidade à hidrovia.

Fonte: Disponível em: <http://www.lifttech.com.br/#!empresa/cjg9>. Acesso em: 20 out. 2015. Disponível em: <http://exame.abril.com.br/negocios/noticias/all-discute-com-rumo-aumento-de-transporte-de-acucar-2>. Acesso em: 20 out. 2015. Disponível em: <http://www.jornalcana.com.br/recorde-terminal-da-rumo-em-santos/>. Acesso em: 20 out. 2015. Disponível em: <http://economia.estadao.com.br/noticias/geral,adm-estreia-transporte-de-acucar-na-hidrovia-tiete-parana,20021007p38813>. Acesso em: 20 out. 2015.

Planejamento e controle da manutenção

Somente uma manutenção eficiente pode garantir que a frota hidroviária esteja sempre em condições de cumprir as escalas de viagens programadas. Assim, a qualidade e a produtividade no transporte aquaviário necessitam do planejamento e do controle da manutenção.

As ações na área de planejamento e controle da manutenção incluem desde ações de supervisão até o emprego de novos produtos.

EXEMPLO

A empresa RW Computadores desenvolveu o sistema German, criado para gerenciar a manutenção de máquinas industriais. O software é customizado para cada empresa, pois integra todos os núcleos de produção e fornece dados sobre o estado de cada máquina do sistema produtivo. Assim, quebras de produção e consequentes prejuízos por hora parada podem ser reduzidos com a agilização do tempo de espera entre a quebra da máquina e sua manutenção.

A utilização do lubrificante sintético traz economia ao dono do navio. O preço por litro chega a ser até quatro vezes maior do que o do óleo mineral, mas o gasto inicial com a compra é largamente compensado em longo prazo. Isso porque o produto sintético proporciona maior durabilidade ao componente lubrificado. Além disso, apresenta também as vantagens de ter coeficiente de atrito mais baixo e adequar-se melhor aos extremos de temperatura (afina menos no calor e engrossa menos no frio).

A sociedade classificadora japonesa NK utiliza um sistema de monitoramento das condições no navio (Ship Condition Monitoring System), que aplica eficientemente tecnologias de informática e de medição.

A medida da vida útil de um navio pode ser compreendida em duas metades: a primeira, em que a manutenção não é um fator de maior importância para a integridade do casco; a segunda, em que a manutenção começa a ter uma crescente importância para assegurar a integridade do casco.

O sistema de monitoramento permite ação rápida a ser tomada em tempo real como resposta a fatores operacionais que estejam afetando a estrutura do navio, como a prevenção de problemas causados por fatores climáticos, por carregamento impróprio e movimentação da carga durante a operação. Essas tecnologias também têm facilitado aos operadores determinar a condição exata de várias partes do maquinário a bordo, melhorando as condições de operação.

Fonte: Disponível em: <http://www.brasilengenharia.com/portal/noticias/noticias-da-engenharia/5956-klueber-lubrication-lanca-solucao-sustentavel-em-lubrificacao-para-a-industria-naval>. Acesso em: 20 out. 2015. Disponível em: <http://www.maintworld.com/Applications/Condition-Monitoring-on-the-High-Seas>. Acesso em: 20 out. 2015.

Utilização de técnicas modernas de carga e descarga

O custo do transbordo é proporcional ao tempo que a embarcação permanece atracada. Quanto mais comboios forem atendidos em um ano, menor será a despesa portuária. Por essa razão, é importante que o terminal disponha de equipamentos de carga/descarga com capacidades compatíveis com toda a cadeia de transporte para não se tornar o ponto de estrangulamento do sistema.

EXEMPLO

Porto de Navegantes

R$ 423 milhões foram investidos em desapropriações de terrenos, dragagem, estaqueamentos, cais, pátios, edificações e equipamentos. Com uma área de 600 mil metros quadrados, a obra realizada em 20 meses iniciou as operações comerciais em outubro de 2007.

Esse foi o primeiro investimento relacionado à infraestrutura de transportes feito pela GE Capital no Brasil, conhecida no país por negócios na área da aviação e geração de energia.

Os investimentos em equipamentos, portêineres e transtêineres vão permitir maior movimentação de contêineres no local e, se confirmada a previsão, o novo porto adicionará 250 mil TEU aos mais de 625 mil TEU movimentados pelo Porto de Itajaí anualmente, noticiava em 2008 o *Jornal de Santa Catarina*. (Fonte: Jornal de Santa Catarina).

Em 2013, as expectativas foram superadas, pois o porto de Navegantes movimentou 673.139 TEU, ultrapassando o porto de Itajaí, que perdeu diversos berços na enchente de 2008. O complexo Itajaí-Navegantes atingiu, em 2013, 1.073.403 TEU, o que o coloca em 2º lugar no *ranking* nacional, atrás apenas do porto de Santos.

Os terminais da Libra, T35 e T37, primeira área do porto de Santos a ser operada pela iniciativa privada, têm mantido um alto índice de produtividade graças ao tipo de equipamento utilizado, portêineres, à boa manutenção e ao gerenciamento adequado da operação. Arrendados ao grupo Libra, os terminais permitem que 90% dos navios atraquem imediatamente. Essa *performance* é obtida com os quatro portêineres, com a média de 45 TEU por hora, os terminais podem movimentar até 180 TEU por hora. Somados aos portêineres da Santos-Brasil na margem esquerda do porto de Santos, o porto de Santos movimentou, em 2013, 3.221.348 TEU.

O porto de Santos subiu três posições entre os principais portos do mundo na movimentação de contêineres. O *ranking* foi divulgado pela publicação especializada "One Hundred Ports – 2013", da revista britânica *Conteinerisation International*. O porto de Santos subiu da 41ª posição em 2012 para a 38ª em 2013, na escala mundial, e alcançou a primeira posição na América Latina, superando o porto de Balboa, no Panamá.

A matéria destaca, ainda, a entrada em funcionamento, em 2013, dos terminais da BTP e Embraport. A entrada em operação desses novos terminais ampliou a capacidade do complexo santista, agilizando o atendimento e promovendo a ampliação da média por hora para 104 movimentos, uma marca que não só se situa acima da média global, como ultrapassa a média de Roterdã que registrou 87 movimentos por hora. Os três maiores portos em movimentação de contêineres são Xangai (China), Cingapura e Shegzeng (China).

A Hermasa Navegação, que opera a navegação fluvial nos rios Amazonas e Madeira, coordena todo o fluxo do transporte através dos terminais graneleiros de Porto Velho e Itacoatiara.

O bom desempenho do sistema de transporte fluvial firmou Itacoatiara como porto de exportação do complexo plantador de soja. Em 2013, segundo as estatísticas da Antaq, o Terminal de Itacoatiara movimentou 5.363.039 toneladas, sendo 5.133.877 de grãos de soja e 229.162 de óleo de soja, volumes que o classificam entre os principais portos exportadores do país. O Grupo André Maggi, proprietário da Hermasa, mantém a Escola de Fluviários para formação e treinamento da tripulação de suas embarcações.

Fonte: Disponível em: <https://portogente.com.br/noticias-do-dia/polemica-no-porto-de-navegantes-14804>. Acesso em: 20 out. 2015.; Disponível em: <http://portonave.com.br/pt/noticias/205.html>. Acesso em: 20 out. 2015.; Disponível em: <http://economia.ig.com.br/empresas/2013-04-11/libra-terminais-mira-o-porto-de-suape-para-crescer-em-conteineres.html>. Acesso em: 20 out. 2015.; Disponível em: <http://www.portodesantos.com.br/pressRelease.php?idRelease=795>. Acesso em: 20 out. 2015.; Disponível em: <http://www.diariodecuiaba.com.br/detalhe.php?cod=433218>. Acesso em: 20 out. 2015.

Otimização do carregamento das embarcações

A otimização do carregamento das embarcações tem por objetivo a utilização plena da capacidade disponível em razão das profundidades mínimas nos trechos críticos da hidrovia.

Assim, um bom controle dos níveis de água em todo o sistema e o conhecimento do regime fluvial possibilitarão um melhor aproveitamento da frota e, consequentemente, uma diminuição dos custos operacionais por tonelada transportada.

EXEMPLO

O exemplo da Cesp, citado anteriormente, como adensamento das boias, além de obras localizadas de derrocamento de rochas em pontos isolados, que restringem todo um estirão navegável, propiciaram a utilização de todo o calado, tornando melhor o carregamento das embarcações. Infelizmente, em 2014, o longo período de estiagem anulou essas vantagens conseguidas.

Fonte: Disponível em: <http://g1.globo.com/jornal-da-globo/noticia/2014/06/estiagem-prejudica-transporte-de-produtos-pela-hidrovia-tiete-parana.html>. Acesso em: 20 out. 2015.

Legislação, acordos operacionais e parcerias

Os acordos operacionais e parcerias têm por objetivo reunir empresas que tenham interesse em comum, fortalecendo a atuação no mercado ou permitindo a entrada em mercados distintos. A adequação ou adaptação entre as empresas deve ter por meta o aumento de produtividade e de qualidade em relação à atuação individual de cada uma delas.

EXEMPLO

Um antigo depósito da Portobello, utilizado para estoque regulador de açúcar em razão do estrangulamento do porto na época que a empresa exportava o produto e do crescimento do comércio exterior, motivou a empresa a participar da licitação da (Eadi) Estação Aduaneira do Interior na década de 1990. Ainda hoje, o Terlog é um importante terminal alfandegado integrado ao porto de Itajaí.

Mais um passo foi dado no sentido de unir esforços e experiências para assegurar a competitividade no processo de modernização dos portos, estimulado pela antiga Lei 8.630/93. A Agência Nacional de Transportes Aquaviários (Antaq) apresentou o Plano Geral de Outorga – PGO por meio do Decreto 6.620/08, com novas áreas de arrendamento ao longo de todo o litoral. A Secretaria dos Portos, com a Portaria 108/10, regulamenta o processo licitatório para a outorga. Finalmente, a Lei 12.815/13 substitui a antiga Lei dos Portos, e entre muitas alterações permite que os terminais privados movimentem cargas de terceiros.

A Comissão de Serviços de Infraestrutura (CI) aprovou, em 3 de novembro de 2014, substitutivo da Câmara dos Deputados ao Projeto de Lei do Senado (PLS) 209/2007, regulamentando a construção de eclusas ou outros dispositivos de transposição de níveis em rios com barragens. O vice-presidente da Confederação da Agricultura e Pecuária do Brasil (CNA), José Ramos Torres de Melo, afirmou que a aprovação da matéria é estratégica porque reduzirá custos no escoamento da produção de grãos no país com o uso regular das hidrovias como meio de navegação, e evitará os conflitos, pois, pelo texto aprovado, os projetos para construção de novas hidrelétricas devem prever a construção simultânea de eclusas ou outros mecanismos para transposição de nível.

CONTRAEXEMPLO

Segundo Celina Borges Torrealba Carpi, o grupo Libra, apesar de ter investido firmemente nos últimos anos no projeto Companhia de Navegação de Transporte e Operadora Portuária do Tietê (CNTT), em conjunto com a Companhia de Navegação da Amazônia (CNA), no transporte de grãos pela via fluvial, com serviços de logística e transporte *door to door*, desistiu dessa operação em face das dificuldades encontradas ao longo da hidrovia. A falta de integração, dificuldades de navegação e transposição das eclusas, agravadas pelos longos períodos de estiagem.

Fonte: Disponível em: <http://www2.uol.com.br/revistadomercosul/pesquisa-public/mercosul/mercosul_72_destaque.htm>. Acesso em: 20 out. 2015. Disponível em: <http://g1.globo.com/economia/noticia/2013/12/governo-autoriza-primeiros-terminais-de-uso-privado-apos-nova-lei.html>. Acesso em: 20 out. 2015. Disponível em: <http://www.cenariomt.com.br/noticia/409267/lei-que-obriga-eclusas-em-hidreletricas-nao-atende-hidrovia-teles-pirestapajos.html>. Acesso em: 20 out. 2015. Disponível em: <http://www.fiorde.com.br/wordpress/blog/libra-amplia-investimento-no-terminal-de-santos-2/>. Acesso em: 20 out. 2015.

Treinamento de pessoal em todos os níveis

O treinamento é importante para dar condições de trabalho, aumentar o adestramento e, principalmente, conscientizar todos os membros da equipe.

A Qualidade Total somente será atingida com treinamento em todos os níveis.

EXEMPLO

A Fatec-JAÚ (curso superior de tecnologia) foi criada com a finalidade de dar apoio à navegação fluvial dos rios Tietê e Paraná:

Perfil Profissional do Tecnólogo em Construção e Manutenção de Sistemas de Navegação Fluvial

Está habilitado a estudar, detalhar e construir embarcações; dirigir e fiscalizar tanto a operação como a manutenção de embarcações e estaleiros ligados à navegação fluvial interior. Detém conhecimento dos equipamentos utilizados, suas possibilidades e meios operacionais, dispositivos e ferramental. Domina a utilização dos materiais empregados na construção e na manutenção de embarcações e estaleiros, estando apto a atuar com empresas que construam e/ou mantenham embarcações e estaleiros ligados ao setor. Pode dedicar-se à pesquisa aplicada, à vistoria, avaliação e laudo técnico, dentro do seu campo de atuação profissional.

A Universidade de Pernambuco (UPE) e a Universidade de São Paulo (USP) oferecem curso de especialização em engenharia naval. O curso é fruto de uma parceria entre a UPE e o Departamento de Engenharia Naval e Oceanografia da USP.

A Fundação Getúlio Vargas oferece o Curso de Logística em Transportes. O objetivo é oferecer aos alunos uma ampla visão sobre as atividades relacionadas à movimentação nacional e internacional de cargas e transportes. Na ementa, temas como cadeia logística, armazenamento, processamento de cargas, informática aplicada à logística e comércio exterior. Destina-se aos profissionais de logística, marketing, suprimentos, distribuição física, armazenagem, transportes, exportação e importação.

As primeiras turmas de alunos do Centro de Engenharias da Mobilidade (CEM) da Universidade Federal de Santa Catarina começaram a se formar em 2013. O CEM é uma estrutura de ensino, pesquisa e extensão destinada à formação de pessoas de alta competência técnica e gerencial, com foco no desenvolvimento de sistemas técnicos no campo automotivo, metroviário, ferroviário, marítimo, fluvial, aéreo e espacial. Além disso, a formação foca no estudo de cenários e projetos para resolver problemas de infraestrutura, operação e manutenção de sistemas de transporte. Trata-se de uma iniciativa que visa propiciar a produção e a disseminação de conhecimentos relativos às engenharias relacionadas com a temática mobilidade, tanto no contexto veicular quanto no da infraestrutura de transportes.

As seguintes modalidades das engenharias são oferecidas pelo CEM:

Curso Interdisciplinar em Mobilidade;
Engenharia de Infraestrutura;
Engenharia de Transportes e Logística;
Engenharia Naval;
Engenharia Aeroespacial;
Engenharia Automotiva;
Engenharia Ferroviária e Metroviária;
Engenharia Mecatrônica.

Fonte: Disponível em: <http://download.uol.com.br/vestibular2/manual/fatec09.pdf>. Acesso em: 20 out. 2015.
Disponível em: <http://www.guiadacarreira.com.br/profissao/engenharia-naval/>. Acesso em: 20 out. 2015.
Disponível em: <https://www.joinville.sc.gov.br/noticia/8060-Primeira+turma+de+engenharias+da+UFSC+co nvida+prefeito+para+formatura.html>. Acesso em: 20 out. 2015.

O uso da logística

Para atingir seus objetivos de produtividade e qualidade, a empresa tem de apoiar suas atividades de transporte em um sistema logístico que utilize todo o potencial da hidrovia.

Muitas empresas têm implantado o Departamento de Logística em sua estrutura organizacional com o objetivo principal de aumentar a eficiência e a produtividade.

EXEMPLO

As quatro bacias hidrográficas – Madeira, Araguaia-Tocantins, São Francisco e Tietê-Paraná – somente estarão conectadas de forma multimodal, especialmente a hidroferroviária, quando o PIL – Plano de Investimentos em Logística, do Governo Federal, implantar as ferrovias FNS – Ferrovia Norte-Sul, FIOL – Ferrovia de Integração Oeste-Leste e FICO – Ferrovia de Integração Centro-Oeste. Essas ferrovias permitirão que cerca de 150 milhões de hectares agriculturáveis do Brasil Central escoem a crescente produção de grãos através dos portos de exportação e abasteçam os centros de consumo. Esses longos trechos multimodais deverão utilizar o caminhão apenas nas pontas de origem, e possibilitarão o desenvolvimento sustentável de grandes áreas do território nacional, fomentando a agricultura irrigada e a agroindústria, além de expandir o transporte energeticamente econômico e financeiramente barato.

CONTRAEXEMPLO

O atraso da obra da Ferrovia Transnordestina, que ligará os portos de Suape em Pernambuco e Pecém no Ceará às áreas de produção da soja do sul de Piauí, leste do Maranhão

> e norte da Bahia, não permite que os referidos portos utilizem plenamente suas capacidades. Os dois modernos portos prescindem da conexão ferroviária a qual propiciará um transporte multimodal importante para o Nordeste do Brasil. Segundo estudos do BNDES, a utilização racional da malha hidroviária, ferroviária e rodoviária possibilitará a economia de mais de US$ 7 bilhões anuais.

Fonte: Disponível em: <http://www.cfa.org.br/servicos/publicacoes/planobrasil_web1.pdf>. Acesso em: 20 out. 2015. Disponível em: <http://blogs.diariodonordeste.com.br/egidio/tag/ferrovia-transnordestina/>. Acesso em: 20 out. 2015. Disponível em: <http://www.pac.gov.br/noticia/41bddfbe>. Acesso em: 20 out. 2015.

O uso da informática

O uso da Tecnologia da Informação (TI) assegura o padrão de qualidade das operações e permite atingir rapidamente melhor produtividade. Hoje, o mercado globalizado não permite a sobrevivência sem a informática.

EXEMPLO

A Multiterminais utiliza um sistema moderno em seus terminais, agilizando as operações por meio da informática. São utilizados: códigos de barras, radiofrequência e um banco de dados com informações corretas sobre os despachos, em tempo real, para que todos os envolvidos na operação, inclusive no exterior, tenham acesso às informações por meio do rastreamento de cargas, via internet.

A VA – Computer Expert Systems comercializa um sistema de gerenciamento a bordo que prevê e organiza todas as rotinas do navio e permite a comunicação com o escritório. O The Shipboard Management System é o produto final de anos de estudo técnico-econômico desenvolvido pela empresa. O sistema tem o objetivo de conseguir o máximo de eficiência com o menor custo operacional para o navio. Esse software organiza e separa as informações mais importantes e, segundo o fabricante, apresenta como vantagens: baixos custos operacionais, economia de tempo, resposta imediata e conhecimento do que está acontecendo a bordo. O sistema tem garantia ISO 9002.

O grupo Libra literalmente está também navegando na internet desde 1995, ano em que recebeu o certificado ISM Code e tornou-se a primeira empresa do país a explorar um terminal portuário do governo. A empresa de navegação brasileira coloca à disposição de seus clientes diversos serviços, como a programação de escala dos navios, os tráfegos e portos atendidos pelas suas linhas de navegação.

A Companhia Docas do Estado de São Paulo (Codesp) e o Consórcio Indra VTMIS Santos assinaram, em outubro de 2014, o contrato para implantação do Sistema de Gerenciamento de Informações do Tráfego de Embarcações (Vessel Traffic Management Information System – VTMIS). Na ocasião também foi assinada Ordem de Serviço para deflagração dos serviços que se iniciam com a elaboração de projeto executivo.

"A implantação do VTMIS é um marco importante no trabalho de aprimoramento da eficiência, colocando o porto de Santos no patamar tecnológico dos mais modernos portos do mundo", comentou o diretor-presidente da Codesp, Angelino Caputo. "Não se trata de um sistema pronto que sai da prateleira funcionando imediatamente, mas um projeto ajustado ao nosso perfil, feito sob medida e que exigirá um período de planejamento, implantação e ajustes, estimado em 44 meses."

"O conjunto de informações proporcionado permitirá a tomada de decisões adequadas em busca de melhor eficiência na gestão do canal de acesso ao porto", afirmou o diretor de Planejamento Estratégico e Controle da Codesp, Luis Cláudio Santana Montenegro, pois o sistema possibilitará o monitoramento em tempo real do fluxo de embarcações no porto de Santos e será referência mundial em complexos portuários.

O VTMIS também será implantado nos principais portos brasileiros, segundo a programação da Secretaria de Portos, iniciado por Santos, Vitória e Rio de Janeiro.

O aviso de licitação publicado pela Codesp em 3 de julho de 2014 e a entrega das propostas para 18 de dezembro de 2014 preveem a contratação de empresa ou consórcio de empresas para a prestação dos serviços de elaboração e desenvolvimento dos projetos básicos e executivo e a execução da obra, fornecimento e instalação dos equipamentos e softwares voltados ao gerenciamento de fluxos logísticos, realização de testes dos equipamentos e sistemas envolvidos no escopo do projeto Cadeia Logística Portuária Inteligente, destinado ao controle de acessos terrestres ao porto, incluindo-se assistência à manutenção e suporte técnico, bem como todas as etapas de serviços e instalações necessárias, pelo prazo de 36 meses.

Também denominado PortoLog, o projeto será implantado nos principais portos brasileiros onde ocorrem filas de caminhões. Segundo o diretor presidente da Codesp, Angelino Caputo, o PortoLog tem por objetivo sincronizar a chegada dos navios e das cargas nos terminais, a programação e o credenciamento de veículos para uso racional e utilização da plena capacidade de acesso ao porto. A iniciativa é parte do Programa de Aceleração do Crescimento (PAC), que prevê investimentos de R$ 115 milhões para que 12 portos brasileiros adquiram equipamentos e implantem o sistema, desenvolvido pela UFSC/Labtrans e a Serpro.

Fonte: Disponível em: <http://www.multiterminais.com.br>. Acesso em: 20 out. 2015. Disponível em: <http://www.grupolibra.com.br/pg/161/principal/grupo-libra--quem-somos--historico>. Acesso em: 20 out. 2015. Disponível em: <http://www.portodesantos.com.br/pressRelease.php?idRelease=798>. Acesso em: 20 out. 2015.

Simplificando os processos aduaneiros

A simplificação dos processos aduaneiros com o uso da informática permite a agilização dos procedimentos com ganho importante para o comércio exterior.

EXEMPLO

O regime aduaneiro da Receita Federal, conhecido como Linha Azul, agilizou a burocracia das operações de comércio exterior. O Brasil apresenta grandes dificuldades quanto à infraestrutura, taxa de câmbio, greves de trabalhadores responsáveis pela liberação de mercadorias e todos esses fatores implicam incertezas nos prazos de importação e exportação, por isso as empresas precisam fazer estoques estratégicos para atender a seu mercado interno e externo. Esses estoques significam custos desnecessários.

Conforme estudo do Banco Mundial e da Corporação Financeira Internacional (IFC), um produto brasileiro demora, em média, 39 dias para chegar ao porto, realizar os trâmites burocráticos e embarcar no navio. Se o Brasil conseguisse reduzir essa viagem para 27 dias, que é a média mundial, as exportações do país aumentariam 12%. De acordo com o estudo, um quarto dos atrasos nas exportações dos países é provocado por infraestrutura precária. Em 75% dos casos, a principal culpada é a burocracia, que inclui procedimentos de alfândega, taxas e inspeções de cargas.

O conceito de Linha Azul faz parte das ações da Organização Mundial das Aduanas (OMA), que tenta desenvolver a agilidade no comércio internacional. Somente as empresas industriais que tenham um patrimônio mínimo de R$ 20 milhões e tenham exportado ou importado nos últimos 12 meses no mínimo US$ 10 milhões podem habilitar-se à Linha Azul. Também é necessário que as companhias estejam com sua situação fiscal regularizada para pleitear o benefício. Não podem operar com a Linha Azul os segmentos de fumo, pedras preciosas, armas e munições.

Essa vantagem, fornecida pela Receita Federal, de não vistoriar as mercadorias na entrada e na saída do país, só é permitida se houver a auditoria, de dois em dois anos, de controles internos da empresa requerente. No futuro, as empresas com certificação da Linha Azul no Brasil terão as mesmas facilidades ao ingressarem em outro país que participe desse convênio internacional. (Fonte/Crédito: *Jornal do Comércio*, Porto Alegre, julho de 2006.)

Se em 2006 a Linha Azul foi uma ação importante, em 2011 o projeto Porto Sem Papel também teve o objetivo de agilizar as operações portuárias: a portaria n. 106 de 14.6.2011 da Secretaria de Portos dispõe sobre o uso de Sistema de Informação Concentrador de Dados Portuários, denominado projeto Porto Sem Papel, para as autorizações de atracação, operação e desatracação de embarcações no Porto Organizado de Santos.

Os acordos de cooperação celebrados entre a Secretaria de Portos da Presidência da República e a Receita Federal do Brasil, incluindo a Agência Nacional de Vigilância Sanitária, o Ministério da Agricultura, Pecuária e Abastecimento, o Departamento da Polícia Federal e o Comando da Marinha do Brasil, tiveram o objetivo de disciplinar o fornecimento de informações eletrônicas para alimentar o Porto Sem Papel, que visa agilizar todos os procedimentos realizados no porto.

A meta do Porto Sem Papel é aproximar o tempo para o desembarque de uma mercadoria aos padrões internacionais, onde o *benchmarket* é da ordem de dois a três dias, e no Brasil acima de 15 dias.

Inicialmente implantado no porto de Santos, será extendido para os principais portos do Brasil; foi idealizado pela Secretaria dos Portos e realizado pela Serpro e UFSC.

Planejando o futuro e modelando a organização

A qualidade é tema que, mundialmente, vem recebendo atenção, inclusive do setor naval. Armadores, agências marítimas, estrutura portuária e outros segmentos do setor cada vez mais desenvolvem seus sistemas de qualidade. A norma internacional 9004/2 é a resposta a essa nova tendência e busca encorajar empresas do setor de serviços a gerenciar aspectos da qualidade de suas atividades de maneira mais efetiva.

A execução e a manutenção da qualidade numa organização de serviços dependem de uma sistemática aproximação com a gestão da qualidade pretendida para assegurar que as necessidades implícitas ou determinadas pelos clientes tenham sido entendidas e atendidas.

Para encontrar essa qualidade, é necessário um envolvimento com os princípios da qualidade em todos os níveis da organização de serviços, uma revisão contínua e desenvolvimento do sistema estabelecido para a gestão da qualidade, com base no acompanhamento da percepção dos clientes e dos serviços prestados.

A aplicação da gestão da qualidade para todos os estágios do serviço possibilita oportunidades para:

- aumentar a produtividade e reduzir custos;
- aumentar a competitividade no mercado;
- criar ou perceber novas oportunidades de negócios;
- aprimorar o desempenho dos serviços.

Para encontrar esses benefícios, um sistema da qualidade para serviços deverá também responder aos aspectos humanos envolvidos no fornecimento dos serviços por intermédio:

- do gerenciamento dos processos sociais;
- da atenção às interações humanas;

- do reconhecimento da importância da percepção dos clientes;
- da motivação e energização dos recursos humanos.

Entretanto, o transporte aquaviário tem também uma função importante a realizar com relação ao meio ambiente.

Dada a sua grande capacidade de transporte a um baixo consumo de energia e sem poluição sonora, a hidrovia poderá tornar-se os grandes eixos de escoamento de carga, aliviando o tráfego nas rodovias, minimizando, dessa forma, a emissão de poluentes tão nocivos à qualidade de vida nas grandes cidades.

O fluxo controlado, navegando em baixa velocidade, resultará em índices de acidentes próximos de zero. Esse é outro aspecto positivo da hidrovia, que poderá transportar grandes volumes sem risco de acidentes.

O uso múltiplo das águas, geração de energia, irrigação, transporte, saneamento, abastecimento e lazer poderão ser fator de desenvolvimento de diversas regiões que sofrem, desde longa data, de estagnação econômica.

Entretanto, para o empresário investir na hidrovia, ainda existem muitas dificuldades que podem retardar o processo de decisão. Entre outras, destacam-se a falta de portos fluviais, a falta de integração rodoviária e ferroviária e de transportes hidroviários e a de estaleiros navais.

Essas carências têm obrigado os empresários a assumirem outros papéis além de sua atividade principal, nem sempre com bons resultados, fato que poderá prejudicar o desenvolvimento da hidrovia.

Finalmente, vale ressaltar um novo uso para as instalações portuárias que deixam de ser utilizadas devido à evolução das técnicas portuárias e o crescimento do porte dos navios. Em vez de serem demolidas e substituídas por outras mais modernas, diversos portos no mundo as utilizam com o enfoque não portuário, mas sim como um equipamento social, cultural e turístico.

EXEMPLO

O uso do porto como equipamento social, cultural e turístico já é adotado por grandes capitais no mundo inteiro, desde a vizinha Argentina, que transformou a área do Puerto Madero em um polo gastronômico, a Barcelona, que destinou a área ao entretenimento, com direito a shopping, bares, restaurantes e lazer. Cidades brasileiras como Belém, Rio de Janeiro e Recife também já colocaram a ideia em prática, e Salvador e Santos têm planos.

Fonte: "Mundo Madero Magazine". Número 1, Buenos Aires, 2006.
Fonte: Disponível em: <www.brasil.gov.br/esporte/2012/05/portos-estao-em-obras-para-copa-de-2014-em-quatro-terminais-maritimos-de-passageiros>. Acesso em: 20 out. 2015.
Disponível em: <https://www.educ.ar/dinamico/UnidadHtml__get__6bf9e5a6-c854-11e0-805a-e7f760fda940/anexo1.htm>. Acesso em: 20 out. 2015.

REFERÊNCIAS

CLAYTON SANTOS, J. *O transporte marítimo internacional*. São Paulo: Aduaneiras, 1982.
FERREIRA, A. N. *Estudo do efeito de acidentes na hidrovia Tietê-Paraná*: aspectos preventivos. 2000. Dissertação (Mestrado) – Escola Politécnica, Universidade de São Paulo. São Paulo, 2000.

GARCIA, H. A. *Análise dos procedimentos de projeto e desenvolvimento de método para determinação de custos de construção e operação de embarcações fluviais*. 2001. Tese (Doutorado) – Escola Politécnica, Universidade de São Paulo. São Paulo, 2001.

GODOY, P. R. C.; VIEIRA, A. P. *Hidrovias interiores*. Sistema Nacional de Informações sobre Recursos Hídricos. Disponível em: <www.ana.gov.br>. Acesso em: 20 out. 2007.

GOVERNO DE SÃO PAULO: DEPARTAMENTO HIDROVIÁRIO. Disponível em: <www.transportes-sp.gov.br/v20/hidroviario_departamento.asp>.

KEEDI, S. *Logística e transporte internacional*. São Paulo: Aduaneiras, 2000.

_____; MENDONÇA, P. C. C. *Transportes e seguros no comércio exterior*. São Paulo: Aduaneiras, 2000.

MERCOVIAS – CESP. *Informativo hidroviário*, n. 11, jan./fev. 1997.

MINISTÉRIO DOS TRANSPORTES. Disponível em: <www.transportes.gov.br>.

PADOVEZI, C. D.; GIRALDO, A. Utilização de combustíveis alternativos em um comboio fluvial. *IPT – Comunicação Técnica*, n. 1.651, 1986.

PALADINI, E. *Sistema de informação gerencial para gestão da qualidade e produtividade em empresa de transporte de cargas*. Santa Catarina: Idaq/UFSC, 1996.

PASSAGLIA, E. *Qualidade e produtividade no transporte rodoviário de carga*. Santa Catarina: LabTrans, 2014.

REVISTA PORTOS E NAVIOS. Disponível em: <www.portosenavios.com.br>.

REVISTA TRADE AND TRANSPORT. Disponível em: <www.tradeandtransport.com.br>.

SANTOS, S. *Aspectos da navegação interior*. Santa Catarina: UFSC/Labtrans, 2014. *Qualidade e produtividade no transporte aquaviário de carga*. Santa Catarina: Idaq/UFSC, 1997.

ULZE, R. *Transportes e frotas*. São Paulo: Pioneira, 1978.

VIEIRA, H. F. *Centro de Consolidação e Distribuição da Cabotagem*: uma alternativa competitiva para o transporte integrado de carga geral no Brasil. 2001. Tese (Doutorado) – PPGEP, Universidade Federal de Santa Catarina. Florianópolis, 2001.

VIEIRA, H. F. *Estimativas de custos de transportes de cargas fluviais*. Divisão de Tecnologia de Transportes. Agrupamento de Hidrovias e Tecnologia Naval. Relatório Interno – Inédito, Instituto de Pesquisas Tecnológicas do Estado de São Paulo – IPT, 2000.

Sites:

http://www.norsul.com/site/qualidade/gerenciamentodaqualidade.php
http:/www.portogente.com.br
http://www.norsul.com/upload/noticias/00000750.pdf. Acesso em: 19 nov. 2014.
http://www.antaq.gov.br/Portal/Estatisticas_Anuarios.asp. Acesso em: 5 nov. 2014.
http://www.portodesantos.com.br/pressRelease.php?idRelease=795. Acesso em: 5 nov. 2014.
http://www.portodesantos.com.br/pressRelease.php?idRelease=798. Acesso em: 6 nov. 2014.
http://www.portodesantos.com.br/licitacao.php?idLicitacao=563. Acesso em: 7 nov. 2014.
http://www.revistaferroviaria.com.br/index.asp?InCdEditoria=2&InCdMateria=22582&DtDataINI=&DtDataFIN=&TxBusca=&pagina=. Acesso em: 18 nov. 2014.
http://www.receita.fazenda.gov.br/Legislacao/Decretos/Ant2001/Ant1999/Dec276398.htm. Acesso em: 18 nov. 2014.

SECRETARIA DE PORTOS PORTARIA N. 108, 6 de ABRIL de 2010.
SECRETARIA DE PORTOS PORTARIA N. 106, DE 14 DE JUNHO DE 2011.
LEI N° 12.815, DE 5 DE JUNHO DE 2013.
Antaq Plano Geral de Outorga PGO decreto 6.620/08.
Cenário MT/Assessoria de Comunicação da CNA – dezembro 2014.
Valor Econômico/Fernanda Pires | De Santos – dezembro 2014.
Correio da Bahia/Perla Ribeiro – dezembro 2014.

ANEXO A – Unidades relativas ao nível de serviço

Quantitativas

peso: tonelada útil – peso da carga.
peso: tonelada bruta – peso da carga + tara da embarcação ou contêiner.
volume: capacidade cúbica (m^3) ou TEU (contêiner ISO 20 pés).

Capacidades das embarcações

- tonelagem de deslocamento bruto – peso do navio + carga + combustível + equipagem.
- tonelagem de porte bruto (tpb) – peso da carga + combustível + equipagem.
- tonelagem de porte líquido (tpl) – apenas o peso da carga.

Capacidades dos equipamentos de embarque/desembarque

- **capacidade nominal de projeto:** toneladas/hora ou TEU/hora.
- **produtividade do cais:** toneladas/embarcação, TEU/embarcação ou toneladas/m de cais.

Dimensões

- calado (metros ou pés): profundidade máxima em que o casco da embarcação quando totalmente carregado fica submerso.
- boca (metros ou pés): largura máxima da embarcação.
- comprimento (metros ou pés): comprimento total da embarcação.

Essas dimensões são importantes para determinar as condições de operação no cais do porto, quanto:

- ao volume ou à tonelagem a ser embarcada;
- ao alcance da lança do pórtico ou guindaste;
- à atracação da embarcação.

Qualitativas

- Disponibilidade
- Confiabilidade
- Segurança

Disponibilidade – representa a oferta do serviço atendendo o máximo possível às necessidades do embarcador. Para contribuir com esse requisito, devem ser atendidos parâmetros como:

- rotas; embarcações; frequências; capacidade de transporte; escalas;
- programação de datas para chegadas/partidas; cargas transportadas;
- informações disponíveis para o usuário (permitir ao usuário o acompanhamento do serviço, fornecendo elementos que agilizem eventual tomada de decisão).

Confiabilidade – representa a confiança do usuário no que diz respeito aos prazos estipulados ou prováveis de duração do serviço. Nesse sentido, interessa avaliar:

- número de viagens no prazo/número total de entregas (percentagem de entregas realizadas no prazo previsto ou acordado);
- número de viagens com atrasos relevantes/número total de entregas (percentagem de viagens realizadas com prazo superior ao máximo tolerado pelo usuário).

Segurança – diz respeito à integridade da carga a ser transportada tanto durante a viagem como nos portos de origem e destino. Esse atributo pode ser analisado pelos indicadores:

- número de avarias/número total de viagens (percentagem de viagens com avarias);
- carga total extraviada, avariada ou roubada/carga total transportada (percentagem de carga extraviada, avariada ou roubada).

Todos esses indicadores de qualidade devem ser tratados pelo transportador por meio de programas gerenciais específicos para garantir os seus níveis de aceitação. Nesse contexto, as estatísticas relativas a esses aspectos são importantes balizadores para a constante melhoria dos parâmetros indicativos desses atributos.

Unidades de tráfego

No tráfego marítimo, é usual a utilização da milha marítima, mas no Brasil o usual é o quilômetro.

O tráfego está ligado a dois elementos: volume (ou tonelagem) e distância. Qualquer desses elementos, analisado isoladamente, não permite nenhuma apreciação que indique grandeza no transporte.

- **Tonelada.km útil:** essa unidade é a mais frequentemente utilizada e equivale ao deslocamento de uma tonelada de carga a uma distância de um quilômetro. Para calcular o tráfego, gerado em termos de toneladas.km útil, multiplica-se, para cada deslocamento, as toneladas transportadas pela distância percorrida.
- **Tonelada.km bruta:** entende-se por tonelada.km bruta a unidade de medida que agrupa o tráfego comercial (peso da carga) de uma embarcação mais o tráfego gerado por sua própria tara ou peso.

- **Densidade de tráfego:** a densidade de tráfego mede a intensidade do movimento por quilômetro de via, colocada em termos de toneladas/km. Em outras palavras, a densidade é o quociente resultante da divisão das toneladas originadas entre dois pontos de uma hidrovia por seu comprimento.
- **Percurso médio:** esse coeficiente indica a média de deslocamento de cargas em um período determinado, numa operação que inclui diversos pontos de serviço. É obtido pela divisão da tonelada.km útil pela tonelada útil.

Unidades econômicas

- **Custos**
  - por tonelada.km útil
  - por tonelada.km bruta
  - por km
- **Receita**
  - por tonelada.km útil
  - por tonelada.km bruta
  - por km
- **Coeficientes**
  - de operação
  - de exploração
  - de utilização
  - vários

As unidades econômicas ou de um sistema de transporte, isto é, seus custos, receitas, perdas ou se relacionam diretamente com os resultados finais da exploração de uma embarcação ou com os rendimentos, sem esquecer que tanto os resultados como o tráfego devem corresponder exatamente ao mesmo período.

- **Coeficiente de operação:** a operação, propriamente dita, agrupa todos aqueles gastos e receitas ocasionados pelo deslocamento dos veículos. O coeficiente de operação consiste na relação entre os gastos e as receitas de operação. Quando o coeficiente é igual à unidade, existe um equilíbrio. Se este é menor, há uma margem de lucro; se é maior, há uma perda.
- **Coeficiente de utilização (*load factor*):** no caso do transporte de cargas, esse coeficiente significa, em termos de porcentagens, a utilização média do equipamento em um período determinado. Essa utilização está dada por tonelada ou tonelada × km de capacidade oferecida.

Os indicadores de produtividade do transporte aquaviário de cargas e os fatores de produção

Conforme visto anteriormente, deve-se utilizar a produtividade total dos fatores de produção para medir a produtividade em um sistema de transportes. Todavia, as dificuldades são muitas no processo de escolha dos fatores de entrada e saída a serem utilizados por essa medida de produtividade. Assim, as empresas podem utilizar medidas de produtividade parciais, buscando relacionar os insumos com alguns de seus produtos.

A seguir, são listados alguns dos principais indicadores dos fatores de produção: capital, trabalho e energia.

Capital

Medir o capital é de fundamental importância para qualquer empresa, já que ele revela sua rentabilidade, determinando, assim, a capacidade de investimento e, naturalmente, a sobrevivência de um empreendimento. Em relação a esse fator, as empresas de navegação avaliam, sobretudo, os custos e as receitas associados à atividade-fim, ao transporte e às atividades de suporte.

Seguem os principais indicadores:

- **Receita total por tonelada.km útil** – indica a remuneração média pelo transporte de uma tonelada de carga em um quilômetro.
- **Receita total/km** – exprime a receita média por km.
- **Despesa total por tonelada.km útil** – expressa o gasto médio para transportar uma tonelada de carga em um quilômetro. **Importante** – Esse índice diminui à medida que se consegue redução de despesas para determinado nível de transporte por meio de medidas de racionalização de recursos, a fim de se obter economia de combustíveis, melhor aproveitamento da embarcação, da mão de obra etc.
- **Despesa total/km** – exprime o dispêndio médio por quilômetro.

Trabalho

Entre os fatores de produção, trabalho é o que afeta mais diretamente o desempenho da maioria das empresas. Por intermédio dele, busca-se a obtenção de mais produto para a mesma quantidade de insumos, exigindo, portanto, constante monitorização de seus indicadores, os quais medem não somente o trabalho de máquinas, mas também aquele produzido pelo homem.

Seguem os principais indicadores:

- **Tonelada.km útil** – representa o trabalho realizado para transportar uma tonelada de carga pela distância de um quilômetro. **Importante:** Esse índice cresce não

apenas pelo aumento da captação de cargas como também pelo melhor aproveitamento das embarcações, tanto em termos de carregamento como de circulação.
- **Tonelada.km bruta** – representa o trabalho realizado para transportar uma tonelada bruta – tonelagem útil mais a tara da embarcação de transporte – pela distância de um quilômetro. **Importante:** É desejável que a tara seja a menor possível, já que, por ser um peso morto, não gera receita e influi no consumo de combustível.
- **Percurso médio das embarcações** – quilometragem média obtida pela frota de embarcações em determinado período. **Importante:** Esse índice aumenta à medida que cresce a eficiência do transporte, melhorando o gerenciamento da frota e aumentando a confiabilidade das embarcações.
- **Velocidade comercial** – indica a velocidade média das embarcações, considerando-se o tempo de viagem e o tempo nos terminais e portos de carga e descarga. **Importante:** A velocidade comercial aumenta com o aumento de potência das embarcações (e, consequentemente, do consumo unitário de combustíveis e lubrificantes) e da redução dos tempos de carga e descarga.
- **Ciclo das embarcações** – é o intervalo médio do tempo, em dias, correspondente a dois carregamentos sucessivos no mesmo porto. Esse indicador influi diretamente no tamanho da frota necessária para determinado transporte. O ciclo diminui de acordo com o aumento da velocidade comercial e, principalmente, da eficiência das facilidades dos terminais.
- **Disponibilidade de embarcações** – representa a percentagem de embarcações disponível para o transporte. **Importante:** Depende da política de manutenção das embarcações, de sua confiabilidade, da segurança de tráfego e da eficiência de terminais e respectivas facilidades.
- **Utilização da disponibilidade** – exprime o grau de utilização ou aproveitamento das embarcações efetivamente disponíveis. **Importante:** Para tornar ótima essa utilização, faz-se necessário o emprego de procedimentos operacionais e gerenciais adequados.
- **T/embarcação** – expressa o carregamento médio da frota de embarcações. **Importante:** Esse índice cresce com a melhoria da utilização do carregamento e da movimentação das embarcações.
- **Capacidade média e total das embarcações** – pode ser expressa tanto em termos de peso como em termos de volume.
- **Número médio de empregados** – corresponde ao efetivo médio da empresa em determinado período.
- **Tonelada.km útil/empregado** – indica a produção média de tonelada.km útil por empregado.

Energia

A energia, por estar presente em todas as etapas do processo produtivo, deve ter seu uso racionalizado, pois, juntamente com o trabalho, influi decisivamente nos resultados de uma empresa. Além da preocupação relativa ao desempenho, cabe salientar que, por ser o transporte aquaviário realizado com derivados de petróleo, deve haver uma preocupação quanto às consequências ambientais, econômicas e sociais da maciça utilização do petróleo, por seu caráter poluidor do meio ambiente e por ser uma fonte energética não renovável.

Para medir o consumo de combustíveis e lubrificantes, são utilizados indicadores.
Importante: O consumo de combustível pode ser minorado, aprimorando-se o carregamento das embarcações, que operariam na velocidade econômica e com uma manutenção adequada. Essas observações aplicam-se aos demais indicadores de consumo apresentados a seguir:

- **Combustível l** – indica o consumo total por tipo de combustível, em litros, em determinado período.
- **Combustível ou lubrificantes l/1.000 tonelada.km útil** – mede a quantidade média de combustível ou lubrificantes, em litros, gastos para a produção de 1000 tonelada.km útil.
- **Combustível l/km** – expressa o consumo médio de combustível por quilômetro.
  Importante: Tomado isoladamente, esse indicador pode levar a conclusões enganosas, pois mascara o componente relativo à correnteza, que é preponderante para esse consumo.

CAPÍTULO 4

Transporte Ferroviário de Cargas

Eunice Passaglia

Qualidade e produtividade no transporte ferroviário de cargas

> Um dos fatores de vital importância para a sobrevivência e o sucesso de uma empresa está diretamente associado à forma de utilização dos recursos para gerar produtos e serviços, surgindo daí a necessidade de estabelecer maneiras de medir sua produtividade, muito úteis no auxílio à tomada de decisão na gestão empresarial.

Tudo isso você já sabe. Mas, para o transporte, o que é utilizado?
As medidas de produtividade podem ser classificadas em medidas de produtividade parcial e medidas de produtividade global.

Nas medidas de produtividade parcial considera-se a relação entre o produto final e os seus insumos separadamente, tais como: produto/capital (medida do fator capital), produto/mão de obra (medida do fator trabalho) etc.

Nas medidas de produtividade global considera-se a relação entre o produto final e a combinação de fatores. As principais medidas de produtividade global são: produtividade total dos fatores de produção, que relaciona o produto final com mão de obra e capital, e produtividade total, que relaciona o produto final com todos os fatores de produção (trabalho, capital, materiais e energia).

É evidente que a produtividade total é a medida mais completa e abrangente. Todavia a sua aplicação implica a conversão de todos os insumos numa única unidade (geralmente capital), tornando essa tarefa bastante complexa quando se tem dezenas de produtos finais e diversos insumos, como é o caso de um sistema de transportes. Nestes, em geral, adota--se a produtividade total dos fatores de produção como medida de produtividade.

> Para o transporte ferroviário de cargas, podemos conceituar produtividade como a diferença entre a receita total obtida e os custos intervenientes a essa atividade, isto é, sua rentabilidade, que também é, em sentido amplo, uma medida do grau de utilização de recursos em um processo produtivo.

Uma estratégia para a contínua majoração da produtividade inclui, necessariamente, uma correta avaliação do ambiente externo à organização (identificação de demandas, estratégias dos concorrentes, inovações tecnológicas etc.) e a permanente modernização da organização interna da empresa.

> Sendo assim, torna-se cada vez mais importante tomar decisões certas no momento certo, além de produzir rapidamente e de utilizar de forma ótima os recursos disponíveis para produção (mão de obra, materiais, equipamentos, energia etc.).

Qualidade com produtividade na empresa de transporte de cargas

A qualidade com produtividade para uma empresa de transporte deve buscar abranger a organização de forma global, incluindo uma estratégia de negócios, baseada em informações relacionadas aos clientes, que visa identificar os pontos fortes e fracos da concorrência, e uma estratégia de aperfeiçoamento organizacional, que visa assegurar um ritmo mais rápido de desempenho em todos os aspectos do negócio.

> Enfim, é atuar na gestão de três pontos básicos: suas características internas e organizacionais; conhecimento do mercado e desenvolvimento econômico; e conhecimento da atuação de seu concorrente.

Para o transporte ferroviário de cargas, podemos tratar simultaneamente alguns dos mais importantes anseios dos clientes, tais como disponibilidade, confiabilidade e segurança, maximizando, porém, a rentabilidade (produtividade) da empresa.

Vistos todos esses conceitos, podemos agora relacionar os indicadores básicos para o transporte de cargas, conforme Quadro 4.1.

Quadro 4.1 – Indicadores básicos para o transporte de cargas

Indicadores	Dados	Fórmula
1. Taxa de consumo de combustível (litros/km) *Avalia o consumo de combustível do veículo por km percorrido*	(Tkm) Total de km percorridos (TL) Total de litros de combustível consumidos	$\dfrac{TL}{Tkm}$
2. Relação de custos x receita (%) *Avalia porcentagem de comprometimento do custo da empresa em relação à sua receita total (considerar receita líquida)*	(RT) Receita total (CT) Custo total da empresa (considerar todos os custos de produção)	$\dfrac{CT \times 100}{RT}$
3. Resultado obtido na pesquisa com cliente externo (%) *Avalia o índice de satisfação do cliente com os serviços prestados pela empresa*	Índice de satisfação dos clientes externos	Resultado da pesquisa
4. Resultado obtido na pesquisa com cliente interno (%) *Avalia o índice de satisfação dos funcionários com a empresa*	Índice de satisfação dos clientes internos	Resultado da pesquisa
5. Percentual de avaria nas mercadorias (%) *Avalia o índice de mercadoria danificada durante o transporte ou no manuseio*	(TMT) Total de mercadorias transportadas (TMA) Total de mercadorias avariadas	$\dfrac{TMA \times 100}{TMT}$
6. Percentual de coletas não efetuadas (%) *Avalia o índice de coletas solicitadas no período que não foram efetuadas*	(TCS) Total de coletas solicitadas (TCnE) Total de coletas não efetuadas	$\dfrac{TCnE \times 100}{TCS}$
7. Ocorrência com carga (%) *Avalia o índice de carga entregue fora do prazo combinado*	(NPE) Número de entregas fora do prazo estabelecido (NTE) Número total de entregas	$\dfrac{NPE \times 100}{NTE}$
8. Percentual de aproveitamento (%) *Avalia o índice de aproveitamento da capacidade de transportar em relação à carga transportada*	(TCT) Toneladas de carga transportada (CC) Capacidade de carga	$\dfrac{TCT \times 100}{CC}$
9. Tonelagem média transportada por km (toneladas/km) *Avalia tonelada transportada por km percorrido*	(Tkm) Total de km percorrido (TTM) Total de toneladas de mercadorias	$\dfrac{TTM}{Tkm}$
10. Variabilidade do prazo de entrega (%) *Avalia o índice de variação entre o prazo combinado e o prazo em que a mercadoria realmente foi entregue*	(CdC) Cargas dentro das conformidades (TC) Total de cargas	$\dfrac{CdC \times 100}{TC}$
11. Percentual de indisponibilidade da frota (%) *Avalia o índice da frota indisponível em relação à frota total*	(TF) Total da frota (TVI) Total de veículos indisponíveis	$\dfrac{TVI \times 100}{TF}$
12. Meio ambiente (%) *Avalia o índice da frota que está fora do padrão aceitável de poluição, segundo escala de Ringelman*	(Ring) Número de veículos irregulares segundo escala de Ringelman (NTVf) Número total de veículos da frota	$\dfrac{Ring \times 100}{NTVf}$

> Entretanto, gerenciar a produtividade e qualidade no transporte ferroviário requer um cuidado especial na escolha de indicadores mais significativos que causam impacto no resultado final do serviço prestado, conforme mostrado nos exemplos a seguir.

EXEMPLO

Na Estrada de Ferro Vitória a Minas são utilizados vários indicadores, tais como:
- Total de carga transportada
  TU – tonelada útil tracionada (ver definição na página 145)
- Produção do transporte de cargas
  TKU – tonelada-quilômetro útil (ver definição na página 145)
- Segurança operacional
- Causas dos acidentes (falha humana; via permanente; material rodante; sinalização, telecomunicação e eletrotécnica; outras causas)
- Gravidade dos acidentes (acidentes graves, acidentes com vítimas; número de vítimas; com danos ao meio ambiente; com danos à comunidade)
- Relação entre acidentes graves e ocorrências
- Indicadores considerados no cálculo do índice de acidentes (número de acidentes por mês/ano; trem.km por mês/ano – ver definição na página 146)
- Índice de acidentes (número de acidentes/milhão de trem.km – evolução por mês/ano)
- Dados econômico-financeiros
- Índice de produtividade da ferrovia:
  - Produto médio
  - Densidade média de tráfego
  - Velocidade média comercial
  - Velocidade média de percurso
  - Locomotivas em tráfego na malha
  - Consumo de combustível
  - Vagões em tráfego
  - Produtividade de vagões
  - Transporte de passageiros realizado
  - Produção de transporte de passageiros
  - Número de acidentes com trem de passageiros

Apresentamos, a seguir, alguns dos principais indicadores.

Parâmetros indicadores de produtividade de um sistema de transporte ferroviário de cargas

Conforme vimos anteriormente, devemos utilizar a produtividade total dos fatores de produção para medir a produtividade em um sistema de transportes. Todavia, as dificuldades são muitas no processo de escolha dos fatores de entrada e saída a serem utilizados por essa medida de produtividade. Assim, as ferrovias, em geral, utilizam medidas de produtividade parciais, buscando relacionar os insumos com alguns de seus produtos.

A seguir, são listados alguns dos principais indicadores dos fatores de produção capital, trabalho e energia. A alta agregação dessas medidas, no caso do transporte ferroviário de cargas, dificulta grandemente essa tarefa.

Capital

Capital – Medir o capital é de fundamental importância para qualquer empresa, já que ele revela sua rentabilidade, determinando, assim, a capacidade de investimento e naturalmente a sobrevivência de um empreendimento. Em relação a esse fator, as empresas de transporte avaliam sobretudo custos e receitas associados à sua atividade-fim, transporte e atividades de suporte a ela.

Vamos então ver os principais parâmetros:

- Receita Total/TU Remunerada – indica a remuneração média pelo transporte de uma tonelada útil de carga remunerada.
- Despesa Total/TU Total – expressa o gasto médio para transportar uma tonelada útil de carga.

Esse índice diminui na medida em que se consegue redução de despesas para determinado tipo de transporte por meio de medidas de racionalização de recursos a fim de se obter economia de combustíveis, melhor aproveitamento do material rodante, da mão de obra etc.

Trabalho

Trabalho – Dos fatores de produção, trabalho é o que afeta mais diretamente o desempenho da maioria das empresas. Pelo trabalho busca-se a obtenção de mais produto para a mesma quantidade de insumos, exigindo, portanto, constante monitorização de seus indicadores, que medem não somente o trabalho de máquinas, mas também aquele produzido pelo homem. Nos sistemas ferroviários, os indicadores desse fator de produção representam, em termos quantitativos, a maior parcela do conjunto de indicadores.

São os principais indicadores:

TU: total de cargas transportadas no serviço remunerado. As principais restrições para o seu aumento são de ordem operacional (capacidade da via, material rodante, pátios e terminais e sistemas de licenciamento e controle).

TKU: tonelada-quilômetro útil, ou seja, o trabalho realizado pela ferrovia para transportar uma tonelada útil de carga pela distância de um quilômetro. Esse índice cresce não apenas conforme o aumento da captação de cargas, como pelo melhor aproveitamento dos vagões, tanto no que diz respeito ao carregamento como à circulação.

TKB: tonelada-quilômetro bruta, representa o trabalho realizado pela ferrovia para transportar uma tonelada bruta – tonelagem útil mais a tara do veículo de transporte – pela distância de um quilômetro. É desejável que a tara seja a menor possível uma vez que, por ser um peso morto, não gera receita e influi no consumo de combustível.

Percurso médio diário dos vagões: quilometragem média obtida pela frota de vagões em determinado período. Esse índice cresce na medida em que cresce a eficiência do transporte – reduzindo-se interrupções da via por causa de reparação e acidentes, melhorando-se o gerenciamento da distribuição da frota e aumentando-se a confiabilidade do material rodante.

Vagão.km: corresponde à quilometragem total percorrida pela frota de vagões disponíveis em determinado período. Esse índice cresce conforme a eficiência do transporte.

Loco.km: indica a quilometragem total percorrida pela frota de locomotivas disponível em certo período de tempo. Nesse índice pesa a influência do gerenciamento da operação, o terreno e a ocorrência de maior carregamento em sentido predominantemente ascendente.

Velocidade comercial: indica a velocidade média dos trens considerando-se os tempos de parada nas estações e nos terminais de carga e descarga. A velocidade comercial aumenta com o aumento de potência dos trens (e, consequentemente, do consumo unitário de combustíveis e lubrificantes) e da redução e/ou eliminação dos tempos de parada, de serviço (troca de equipagem, adição/retirada de auxílio, revistas, teste de freios, inspeção de sapatas etc.) e dos tempos de licenciamento dos trens.

Disponibilidade de locos e vagões: representa a porcentagem de locomotivas e vagões disponíveis para o transporte. Depende da política de manutenção do material rodante, de sua confiabilidade, da segurança de tráfego e da eficiência de terminais e respectivas facilidades.

TKU/Trem: indica a produção média de TKU por trem formado. Esse índice cresce com o aumento do peso útil dos trens, com o melhor aproveitamento dos vagões (em termos de carregamento) e com a utilização de trens de longo percurso.

Trem.km: corresponde ao somatório das quilometragens percorridas pelos trens em determinado período. Dividindo-se esse índice pelo número de trens formados, obtém-se a quilometragem média por trem. Esse indicador cresce com o aumento da velocidade comercial dos trens.

TKU/Empregado: indica a produção média de TKU por empregado. Esse índice cresce na hipótese de se produzir mais TKU com a mesma quantidade de empregados, pelo melhor aproveitamento de locomotivas, vagões e recursos humanos, ou então, mantendo-se o mesmo quantitativo de TKU, pela eliminação ou redução da mão de obra ociosa.

TKU/km de linha: expressa a densidade média de carga (TU) por trecho. Esse índice aumenta com a utilização da linha em termos de TU, sendo desejável que esta se aproxime da capacidade da via.

Energia

A energia, por estar presente em todas as etapas do processo produtivo, deve ter seu uso racionalizado, pois, juntamente com o trabalho, influi decisivamente nos resultados de uma empresa. Além da preocupação relativa ao desempenho, cabe salientar que, pelo fato de o transporte ferroviário de cargas no Brasil ser realizado quase totalmente por derivados de petróleo, devemos ter a preocupação quanto às consequências ambientais, econômicas e sociais da maciça utilização do petróleo, dados o seu caráter poluidor e o fato de ser uma fonte energética não renovável.

Para medir o consumo de combustíveis e lubrificantes, as ferrovias se utilizam de indicadores tais como (L)/1000 TKB e (L)/km.

O indicador (L)/1000 TKB mede a quantidade média de combustível ou lubrificantes, em litros, gastos para a produção de 1000 TKB. O consumo de combustível pode ser minorado melhorando-se o dimensionamento dos trens, minimizando-se a quantidade de paradas, a parcela de tempo de viagem em que a composição permanece parada (porém com os motores ligados) e por manutenção adequada das locomotivas. Esses consumos também dependem do perfil resistente da via e da manutenção do material de tração. Essas observações se aplicam ao indicador de consumo apresentado a seguir.

A medida (L)/km expressa o consumo médio de combustível por quilômetro de linha. Tomado isoladamente esse indicador pode levar a conclusões enganosas, pois mascara o componente perfil do terreno, que é preponderante para esse consumo.

Parâmetros indicadores de qualidade de um sistema de transporte ferroviário de cargas

Podemos destacar disponibilidade, confiabilidade e segurança como os parâmetros de qualidade de maior interesse para os clientes de um sistema ferroviário de cargas, associados evidentemente a um custo competitivo para a ferrovia e acessível para o cliente.

Verificamos a seguir os indicadores referentes a esses parâmetros.

Disponibilidade

Disponibilidade – representa a oferta do serviço durante a maior parte do tempo possível. Para contribuir com esse requisito, devem ser atendidos parâmetros como:

- Frequência: número de vezes em que o serviço é ofertado em determinado intervalo de tempo.
- Horário disponível para operação: horário em que o serviço pode ser acionado.
- Tempo decorrido entre o instante em que a carga é entregue ao transportador e o efetivo começo do transporte.

- Informações disponíveis para o usuário: permitir ao usuário o acompanhamento do serviço, fornecendo elementos que agilizem a eventual tomada de decisão.

Confiabilidade

Confiabilidade – representa a confiança do usuário no que diz respeito aos prazos estipulados ou prováveis de duração do serviço. Nesse sentido, interessa avaliar:

- Variabilidade da duração da viagem: desvio-padrão dos tempos de viagem em relação a uma média preestabelecida.
- Número de viagens interrompidas ou canceladas/número total de viagens: porcentagem de viagens não completadas ou canceladas.
- Número de viagens sem atraso/número total de viagens: porcentagem de viagens realizadas com estrito cumprimento do prazo previsto/acordado.
- Número de viagens com atrasos relevantes/número total de viagens: porcentagem de viagens realizadas com atraso superior ou igual ao máximo tolerado pelo usuário.

Segurança

Segurança – diz respeito à integridade da carga a ser transportada, tanto durante a viagem como nos terminais de origem e destino. Esse atributo pode ser analisado pelos indicadores:

- Número de acidentes/número total de viagens – porcentagem de viagens com acidentes.
- Carga total extraviada/carga total transportada – porcentagem da carga extraviada, perdida, danificada ou roubada.

Todos esses parâmetros devem ser tratados pelo transportador por meio de sistemas gerenciais específicos para garantir níveis de aceitação. Nesse contexto, as estatísticas relativas a esses aspectos são importantes balizadores para a constante melhoria dos parâmetros indicativos desses atributos.

Exemplo de aplicação dos indicadores de qualidade e produtividade

Neste item veremos, de forma bem resumida, um procedimento desenvolvido por Nelson Antônio Torracca, para obter dados necessários ao gerenciamento do transporte de cargas numa ferrovia, considerando os indicadores aqui apresentados e outros mais.

Analisando um sistema ferroviário de cargas, a primeira atividade desenvolvida nesse sistema consiste em conhecer "o que transportar?" e "com o que transportar?". Depois surge a questão "como transportar?". Vejamos essas questões:

O que transportar?

Essa questão é representada pela demanda de transportes. Nela estão implícitos os anseios dos usuários em relação à qualidade do serviço, que é representada pelo atributo disponibilidade por meio do parâmetro frequência dos trens.

Com o que transportar?

Essa questão é representada pelos recursos disponíveis para o transporte e suas respectivas características técnicas, ou seja, os dados da via permanente, do material rodante, da sinalização e telecomunicação e da administração do sistema ferroviário.

Como transportar?

Essa questão se traduz pela alocação adequada dos recursos disponíveis para esse fim. Essa atividade está relacionada com a produtividade do sistema e inclui tarefas como: transformar a demanda em requisitos de vagões, estabelecer as características dos trens, formar trens e determinar a frota necessária para atendê-los.

Após a alocação de recursos, faz-se necessário computar os custos e as receitas obtidas com o transporte que, juntamente com o número de trens necessários, as restrições de capacidade da via, dos terminais e do tamanho da frota vão constituir os dados de entrada do procedimento para maximização da produtividade do sistema.

A última etapa do estudo é dedicada aos resultados obtidos, informando, por exemplo, a rentabilidade geral do sistema, a parcela atendida de cada fluxo de transporte, a receita por fluxo, os vagões alocados por fluxo, o número de trens em cada trecho e os parâmetros indicadores de produtividade.

Numa aplicação prática com dados coletados na hoje extinta Rede Ferroviária Federal S.A. (RFFSA), o citado autor validou o referido procedimento, quando ficou claro que:

> ... não basta apenas ter-se recursos de frota, terminais e vias para que os anseios dos clientes em termos do atributo disponibilidade sejam plenamente atendidos. A maximização da produtividade requer também a melhoria da forma como as mercadorias são transportadas, ou seja, há de se tirar o máximo proveito em termos de carregamento de vagões, de capacidade de transporte de locomotivas, da formação dos trens e dos seus ciclos de transporte.

O processo de produção do transporte ferroviário de cargas

O processo de produção do transporte envolve uma série de etapas. Todos os elementos envolvidos nesse processo – materiais, equipamentos, pessoal, ambientes, métodos de trabalho, modelos administrativos, fluxo de informações – podem afetar a qualidade do serviço de transporte.

> Seu controle, embora pareça dispendioso, é plenamente compensado pelos reflexos financeiros positivos que a prevenção de falhas e erros na execução do serviço sempre traz.

Etapas no processo de produção do transporte ferroviário de cargas

No transporte ferroviário de cargas podemos descrever, de forma simplificada, o processo de produção do transporte pelas seguintes etapas:

- O cliente solicita um vagão vazio.
- O vagão vazio é colocado no pátio de carga do cliente.
- O vagão é carregado, desembaraçado e fica pronto para ser despachado.
- O vagão parte para o pátio de classificação.
- O trem chega ao pátio de triagem intermediário. Os vagões são desconectados e dirigidos para as vias do pátio onde serão formados novos trens. Os vagões partem em outro trem.
- O vagão chega ao destino e é desviado para descarga.
- O vagão é descarregado.

O sistema é complexo, pois envolve muitas operações, todas elas interligadas e que, portanto, devem funcionar em perfeita harmonia para se ter um serviço com qualidade.

Interfaces entre os ambientes da empresa no processo de produção do transporte

As etapas descritas são controladas por grupos de áreas/setores/pessoas da empresa que concentram informações relativas a uma parcela específica da operação da empresa. Essas áreas/setores/pessoas podem ser agrupadas em três ambientes básicos:

(1) ambiente de processo;
(2) ambiente de relações com o mercado;
(3) ambiente de suporte.

Ambiente de processo: *as características desse ambiente são a produtividade e as potencialidades da empresa.* Esse ambiente envolve as operações que viabilizam a ação de transporte. A primeira ideia da qualidade aqui utilizada é a de ausência de erros, falhas, quebras ou defeitos. Eliminados os defeitos e as falhas, passa-se a trabalhar com os elementos que, reconhecidamente, marcam e identificam os serviços, por decorrência de pontos fortes que a empresa possui. Assim, todas as potencialidades do processo produtivo devem ser maximizadas, gerando-se uma situação em que o serviço tem especificidades que colocam a empresa bem à frente de seus concorrentes.

Ambiente de suporte: *a característica desse ambiente é a eficiência das operações.* Esse ambiente é composto pelas áreas não diretamente ligadas ao processo de transporte, mas relevantes para adequar o serviço ao uso que dele se espera desenvolver. A ideia que sustenta esse modelo é simples: se alguém desenvolve uma atividade, seja qual for, dentro da empresa, ela é relevante. Se for relevante, contribui de alguma forma para adequar o serviço ao usuário que o requisitou. Como o que a empresa deseja é garantir que o serviço satisfará totalmente o consumidor, aquela atividade não poderá ser excluída. E deverá ser considerada na montagem do modelo de qualidade da empresa.

Ambiente de relações com o mercado: *a característica desse ambiente é a eficácia das operações.* Esse ambiente procura viabilizar, em termos práticos, a ênfase que se confere ao cliente nas empresas que buscam qualidade. Pode-se definir esse modelo como o esforço feito pela empresa para captar, o mais rapidamente possível, eventuais alterações em preferências, hábitos ou comportamentos de consumo, e repassá-las ao processo produtivo, de forma que se adapte, no menor espaço de tempo, o processo à nova realidade do mercado. Cria-se, dessa forma, um serviço sempre adequado ao consumidor.

Vantagens práticas da caracterização da empresa como um conjunto de ambientes

Podemos perceber que as vantagens práticas da caracterização da empresa como um conjunto de ambientes são muitas. De fato, com essa estrutura, pode-se:

- atribuir índices de desempenho associados às funções específicas de cada ambiente;
- fixar um modelo de integração entre as várias áreas da empresa, tendo em vista as características de cada uma delas;
- cobrar resultados tanto por área (ações dentro de cada ambiente) quanto em termos de contribuições setoriais para a empresa como um todo (interação entre ambientes);
- trabalhar com maior eficiência, já que cada um desenvolve as atividades que lhe são especificamente atribuídas e sobre as quais possui domínio e competência;
- gerenciar com maior eficiência, uma vez que a ação gerencial se desdobra sobre áreas perfeitamente organizadas.

Um exemplo de sucesso é visto a seguir:

EXEMPLO

Até 1980, a BR (British Rail) era alvo de críticas por sua ineficiência, baixa produtividade e dependência crescente e substancial de subsídios governamentais. O gerenciamento não tinha objetivos comerciais e o trabalho do pessoal administrativo não atendia às necessidades dos usuários.

Mas tudo isso mudou, e a BR atual vê-se como altamente eficiente, orientada por objetivos comerciais, cuja meta é colocar os clientes em primeiro lugar, atendendo à demanda de serviços e oferecendo o melhor serviço pelo preço pago.

Como ocorreu essa transformação?

O governo e os gerentes ferroviários mais antigos concordaram que somente uma mudança radical poderia reverter a deterioração dos resultados financeiros, e essa transformação tinha de começar por dentro, criando-se um novo modelo de gerenciamento e bem definidas diretrizes comerciais. Além de maior autoconfiança, realismo e responsabilidade pelos resultados.

O gerenciamento por setores comerciais (setorização) permitiu à BR identificar a situação deficitária ou lucrativa de cada uma das áreas de operação (linhas interurbanas; suburbanas; linhas rurais, urbanas e expressas; cargas e encomendas) e desenvolver um plano de ação especialmente direcionado, dentro de uma estratégia integrada para todo o sistema.

A setorização estabeleceu a estrutura para uma cultura comercial corporativa, enfatizando que a ferrovia tinha objetivos comerciais a atingir e que cada trabalho individual tinha sua cota de responsabilidade no desempenho comercial da empresa.

Os benefícios dessa nova orientação podem ser constatados em cada aspecto da organização. As decisões sobre investimentos são agora norteadas por critérios comerciais, e cada setor é responsável pelos melhores resultados financeiros. O gerenciamento foi simplificado, houve enxugamento na administração e o número de funcionários foi reduzido. Existe também uma comunicação mais efetiva entre a administração e os clientes. Atividades correlatas, por exemplo, hotéis, serviços de barcas, propaganda e engenharia ferroviária, foram transferidas para o setor privado ao mesmo tempo que novas associações e *joint ventures* foram efetuadas entre empresas privadas e a BR, notadamente em operações intermodais.

As realizações da BR oferecem um exemplo de reforma institucional no setor ferroviário com lições que também podem ser relevantes para outros sistemas. Quais os ingredientes especiais que permitiram a esse processo ser tão bem-sucedido?

Primeiro, houve um entendimento comum por parte da administração quanto aos objetivos primordiais: criar uma ferrovia autossustentável e de baixo custo, administrada de acordo com sólidos princípios comerciais.

Segundo, houve o reconhecimento de que a ferrovia existe para servir às necessidades dos clientes, o que tinha de ser feito de modo mais atento e eficiente possível. Tal conceito é familiar no mercado de cargas, mas a BR adotou essa filosofia para toda a operação, considerando as pessoas que viajam em seus trens como "clientes" que querem serviço pelo valor que pagam, e não simplesmente "passageiros" a serem apenas transportados.

Terceiro, a BR conseguiu fazer que seus objetivos fossem compreendidos pela administração e pelo pessoal, mantendo sua lealdade, em particular, criando mecanismos efetivos para delegação e uma noção genuína de responsabilidade pessoal pelo próprio desempenho.

E, finalmente, houve um esforço permanente para motivar a administração, desenvolvido pelo estabelecimento de um conjunto de metas e objetivos individuais e criando um ambiente em que melhores iniciativas e desempenho eram encorajados e recompensados.

Para a BR, mudança organizacional é um processo contínuo: o programa mantém as ações que resultam em custos mais baixos, aumento de receitas e aprimoramento da qualidade dos serviços oferecidos aos clientes, bem como modificações estruturais que agilizam ainda mais o processo decisório.

Fonte: Disponível em: <https://www.gov.uk/government/uploads/system/uploads/attachment_data/file/308930/The_UK_Rail_Sector.pdf>. Acesso em: 20 out. 2015. Disponível em: <http://www.ppiaf.org/sites/ppiaf.org/files/documents/toolkits/railways_toolkit/ch5_2_2.html>. Acesso em: 20 out. 2015. Disponível em: <https://en.wikipedia.org/wiki/Privatisation_of_British_Rail>. Acesso em: 20 out. 2015.

Técnicas e estratégias para aumentar a qualidade e a produtividade do transporte ferroviário de cargas

Além de uma perfeita organização da empresa, podemos adotar várias técnicas e estratégias para aumentar a qualidade e a produtividade do transporte ferroviário de cargas, como:

- A utilização de equipamentos modernos, como vagões com maior capacidade e menor tara, vagões para o transporte de contêineres etc.
- A renovação da frota – a idade média ideal para uma locomotiva é de 6 a 7 anos e, no Brasil, a maioria tem cerca de 20 anos de uso.
- O planejamento e gerenciamento da operação, com o uso da informática e de modelos matemáticos, como no sistema desenvolvido por Passaglia (1993), em que são utilizados modelos de otimização para a distribuição de vagões vazios, programação e alocação das locomotivas. Tais modelos de circulação têm um custo pequeno e analisam os custos de movimentação, de estoque, de falta de equipamento, o atendimento aos horários, as prioridades dos clientes etc. e fornecem indicações seguras ao gerente sobre como deve ser feita a operação.
- O planejamento e controle da manutenção, visando aumentar a disponibilidade dos equipamentos, a confiabilidade e a segurança no transporte.
- A utilização de técnicas modernas de carga/descarga.
- Os acordos operacionais entre fornecedores, clientes, embarcadores e outros modais como os sistemas de parceria entre os setores de transportes. Essa metodologia de operação já é largamente utilizada nos Estados Unidos, onde transportadores rodoviários e ferroviários conseguem altos níveis de rentabilidade trabalhando de forma conjunta. A transferência de cargas para curtas distâncias é assumida pelos transportadores rodoviários e a mesma operação para longos percursos cabe ao sistema ferroviário. Cerca de 35% do faturamento das empresas que operam estradas de ferro nos Estados Unidos provêm desse tipo de parceria.
- O treinamento de pessoal em todos os níveis.
- Minimizar a ociosidade dos veículos com planejamento e gerenciamento adequado.
- O uso da logística envolvendo de forma integrada os serviços de transporte, terminais e armazéns, por exemplo, a criação de plataformas logísticas para viabilizar a adoção do transporte multimodal. Esses centros funcionariam como facilitadores da transferência de cargas do sistema rodoviário para o ferroviário.

EXEMPLO

Determinada empresa ferroviária aumenta o volume de carga apenas com medidas de organização.
A diretriz principal dessa empresa é: o cliente tem de ficar satisfeito com o serviço prestado, pois assim ele tende a ser fiel à empresa. Para isso, o cumprimento dos prazos estabelecidos é fundamental.
Para isso, algumas regras operacionais e de organização de serviço começaram a ser mudadas, o que surtiu resultado imediato. Foram criados horários fixos para as partidas – antes era necessário esperar o carregamento total da composição para partir – e foram alteradas as regras para composições dos trens.
A pontualidade e a eficiência das viagens não se refletiram em fretes maiores para clientes.
Aumentar a capacidade das composições não foi possível apenas pelo desejo dos novos donos. Com uma programação de manutenções periódicas e vistorias diárias para prevenção de falhas, foi possível colocar em condições de operação a quase totalidade das locomotivas de tração. O chefe da manutenção acredita que planejar manutenção ou providenciar um estoque de peças ou novos ferramentais seja a parte mais corriqueira de seu trabalho na empresa. Ele se orgulha da limpeza e da organização que conseguiu transmitir à sua equipe. "Conhecimento técnico nunca foi o problema da empresa", diz, ressaltando que

O ambiente afeta a atitude das pessoas.

EXEMPLO

O segredo do sucesso consiste em tecnologia e produtividade – aliadas a uma eficiente política de marketing (AAR – Association of American Railroads).

No século XIX, as ferrovias norte-americanas formaram uma rede, atravessando todo o país, conectando uma nação em pleno desenvolvimento. Dois séculos depois, o transporte ferroviário de cargas ainda mostra o caminho.

Enquanto a economia dos Estados Unidos cresce no século XXI, o transporte ferroviário de cargas acompanha esse crescimento. As ferrovias movimentaram 2,2 bilhões de toneladas; automóveis, grãos, computadores, aço, madeira, plásticos, frutas, vegetais, vinho foram os produtos transportados por trem.

O transporte intermodal – caminhões e trens – combina a eficiência da ferrovia com a flexibilidade do caminhão e possui a parcela maior da carga industrial. Os dois modais formam uma rede de transportes altamente confiável, que assegura aos Estados Unidos grande competitividade na economia global.

A chave do sucesso é fazer um uso mais eficiente dos vagões. Duas diretrizes foram adotadas nas ferrovias norte-americanas nesse sentido: modernização da frota de vagões e informatização no controle. A estratégia das grandes ferrovias do país consiste em terceirizar os vagões especiais, que passam a pertencer a clientes e companhias de aluguel de vagões.

Além disso, existe um aprimoramento crescente nas técnicas de utilização, e a indústria busca diretrizes nas orientações e necessidades dos clientes. Daí a frota cada vez mais especializada.

As aquisições foram destinadas a uma nova geração de vagões-plataforma articulados, que podem transportar trailers e contêineres bem maiores, e também a vagões-plataforma especiais, do tipo rebaixado, próprios para o transporte de contêineres empilhados. Os vagões de alumínio tiveram, da mesma forma, um aumento na procura. Outra novidade é o transporte de chocolate líquido em vagões com temperatura controlada.

Quanto ao carregamento, o maior incremento verificado nas ferrovias norte-americanas foi o transporte intermodal. Apesar do crescimento no transporte em TKU pelo aumento da capacidade média de toneladas/vagão, a quantidade de vagões carregados diminuiu, mas a quantidade de trailers e contêineres não parou de crescer.

O transporte intermodal não para de evoluir. Dominada a técnica do *piggy-back* (transporte de carretas ou semirreboques sobre vagões ferroviários) e dos contêineres empilhados, difunde-se o *road-railer*, que consiste basicamente em um trailer rodoviário munido de rodas flangeadas para permitir sua utilização em ferrovias. A Norfolk Southern, uma das mais eficientes ferrovias norte-americanas, opera num serviço de *road-railer*, chamado Triple Crown, de Detroit para St. Louis, transportando componentes para as fábricas de automóveis que utilizam o sistema *just-in-time*. De St. Louis as carretas circulam 400 km por rodovia para pegarem carga no retorno. Esse tipo de equipamento, de tecnologia recente, pode representar a maneira de as ferrovias brasileiras ingressarem mais rapidamente no rentável mercado do transporte intermodal. Já a utilização do *piggy-back* exigiria vultosos investimentos em terminais e adequação de gabarito na maioria dos nossos túneis.

As inovações não se limitaram a equipamentos. Serviços especiais foram criados, utilizando a flexibilidade do contêiner, como as *land-bridges*, nas quais as ferrovias dos Estados Unidos são utilizadas na ligação entre a Europa e o Oriente. Os contêineres são descarregados de navios em uma costa, carregados em trens que cortam o continente para carregarem navios na outra costa.

Fica demonstrado na prática que, no serviço de transporte, o fator de decisão é muito mais o tempo e o custo final do que, simplesmente, a menor distância entre origem e destino.

Uma variação do *land-bridge*, denominada *mini-bridge*, é muito utilizada para aliviar portos. É similar à anterior, exceto que uma das extremidades da "ponte" fica dentro dos Estados Unidos.

Um fator que sobressai nas ferrovias norte-americanas são os índices de produtividade alcançados. As ferrovias foram pioneiras no uso da tecnologia de computadores. Em meados de 1960, elas começaram a combinar computadores com as técnicas de telecomunicação para estabelecer o controle sobre o movimento dos trens e vagões. Apesar de cada ferrovia ter seu próprio sistema, a AAR, em Washington, coleta todas as informações sobre a frota circulante na América do Norte, realizando a partilha de fretes entre empresas e permitindo que o proprietário da carga no vagão acompanhe seu trajeto pelas várias ferrovias.

Os membros da AAR possuem um sistema denominado Train II, que é operado para a indústria pela Railinc, capaz de fornecer a localização imediata e precisa de mais de 3,7 milhões de peças de equipamentos, entre as quais trailers, contêineres e vagões.

Os recursos da ferrovia eletrônica têm sido de grande auxílio para o gerenciamento de transporte de cargas.

Equipamentos de identificação automática – AEI, em inglês – tornaram-se obrigatórios. Eles são capazes de fornecer em tempo real um sem-número de informações sobre trens e vagões. Dispostos ao longo das vias e ligados a centrais de informação, diversos sensores que reagem ao calor, ao som e a impulsos eletrônicos são capazes de fornecer a localização dos equipamentos, acusar problemas de mau funcionamento e até mesmo detectar futuros problemas. O mais importante é que essas informações são imediatamente enviadas e armazenadas nos sistemas informatizados das ferrovias.

Nos Estados Unidos, o transporte ferroviário é o modal mais seguro na movimentação de bens e produtos. Nos últimos 25 anos, o grau de segurança aumentou em 71%. A taxa de acidentes com trens diminuiu 62%, e a taxa de acidentes com empregados diminuiu 77%.

As ferrovias alcançaram essas taxas com novas tecnologias, treinamento dos empregados e práticas operacionais com foco na segurança. A cada ano, as ferrovias norte-americanas investem bilhões para manter e melhorar infraestrutura e equipamentos, tão importantes para a segurança operacional.

Com relação às locomotivas, as ferrovias renovaram e modernizaram o parque de tração, adquirindo diretamente, mediante *leasing*, ou simplesmente alugando a tração de empresas especializadas.

Quando se fala de novas locomotivas, dois requisitos básicos são logo mencionados: confiabilidade e menor dispêndio de combustível – as locomotivas precisam operar de forma consistente e sem falhar entre os períodos de inspeção. Não podem ocorrer paradas, a não ser aquelas devidamente programadas. Confiabilidade tem de vir primeiro. Além disso, as preocupações crescentes com a preservação do meio ambiente têm levado as ferrovias nos Estados Unidos a buscar combustíveis alternativos, que permitam um maior controle da emissão de gases poluentes. A opção mais procurada é o gás natural liquefeito.

Mesmo que o preço da energia continue subindo, os Estados Unidos podem contar com o transporte ferroviário de cargas para reduzir sua dependência do petróleo externo.

Durante os últimos 25 anos, as ferrovias norte-americanas aumentaram sua eficiência energética em 74%. Atualmente, as ferrovias podem transportar uma tonelada de carga por 410 milhas, em média, com um galão de óleo diesel. Isso significa ir de Baltimore até Boston com um galão de diesel. E, quando se pensa que um trem pode transportar a carga de quinhentos caminhões, essa economia fica ainda mais evidente.

Atualmente, as locomotivas são limpas e não poluentes. As ferrovias estão investindo em locomotivas de última geração, que podem reduzir as emissões em até 80%. Estudos estão sendo desenvolvidos em novas tecnologias para aumentar mais ainda a eficiência energética.

O objetivo maior da renovação da frota foi ganhar produtividade tendo em vista os avanços tecnológicos decorrentes do computador a bordo. O resultado dessa política de modernização do parque de material de tração reflete-se nos índices de produtividade operacional. As locomotivas computadorizadas e os vagões mais leves e de maior capacidade permitiram aumentar significativamente o rendimento energético nas ferrovias.

Uma política evidente nas ferrovias norte-americanas Classe I é a racionalização da malha. Foram feitas reduções em trechos de baixa densidade na malha dessas ferrovias, que não comprometeram a produção de transporte. Parte desses trechos também foi transferida para ferrovias regionais, ou seja, pequenas e médias empresas que, por terem maior liberdade e custos menores, conseguem operar e manter trechos com baixa densidade, atendendo, assim, ao interesse econômico e político de determinadas regiões.

Outro dado interessante refere-se ao perfil do trilho aplicado na via permanente, indicador imediato da capacidade de carga por eixo e, consequentemente, de uma operação mais econômica. As ferrovias dos Estados Unidos utilizam em larga escala o perfil mais pesado.

Com a implantação de medidas racionalizadoras, investimentos em tecnologia, aprimoramento gerencial e treinamento para que as tecnologias pudessem ser aplicadas, as ferrovias conseguiram índices expressivos.

Concluindo, a transferência de trechos deficitários para empresas menores ou governos regionais, redução do efetivo de empregados por meio da mecanização da manutenção da via, implantação de modernas técnicas administrativas calcadas no computador e treinamento são políticas evidentes para se seguir. A privatização da manutenção do material rodante e mesmo do fornecimento de tração e de transporte são, também, políticas evidentes.

O novo lema dos ferroviários norte-americanos é: "Eu tenho três objetivos: o usuário, o usuário e o usuário".

> **EXEMPLO**
>
> Cargas expressas – Uma experiência piloto voltada para o transporte de cargas expressas nas linhas do ICE, trem alemão de alta velocidade, pode exemplificar a evolução do transporte de mercadorias.
> O empreendimento nasceu da associação da ferrovia alemã DB com três outras companhias. A ideia é competir em um mercado fechado para transporte de mercadorias de alto valor material e com alto valor agregado, oferecendo um serviço rápido, realizável em menos de 24 horas.
> Em um serviço em que um dos maiores trunfos está relacionado ao fator tempo, o recebimento das mercadorias foi agilizado de tal forma que as cargas podem ser recebidas até quinze minutos antes da partida dos trens.

Fonte: Disponível em: <http://www.bahn.de/hilfe/view/pk/de/alle_ergebnisseiten_produktinfo.shtml>. Acesso em: 20 out. 2015.

Conclusão

Os exemplos mostrados evidenciam como a introdução de novas tecnologias incrementa a gestão da qualidade e produtividade, assim como a reavaliação e reorganização dos processos de produção. Sem dúvida, muitas melhorias significativas podem ser introduzidas com um gerenciamento eficaz das técnicas de gestão. Além dos exemplos já mostrados, outros estão descritos no item que segue, completando as ideias aqui trabalhadas.

Planejando o futuro e modelando a organização

> Pode-se afirmar que a confiabilidade é o mais alto valor existente no serviço de transporte. Uma empresa vende a confiança de que a carga chegará ao destino exatamente como o produtor gostaria que ela chegasse: intacta e no prazo correto. O transportador é o preposto de seu cliente. Isso traz uma grande responsabilidade que não pode ser desconsiderada. Porém, não se ganha a confiança de um momento para o outro, nem é possível mantê-la de maneira simples.

Vejamos, então, como as principais ferrovias no mundo estão reagindo para se adaptar ao novo cenário econômico mundial e alcançar maior qualidade e produtividade em seus serviços.

Hoje, na Europa e nos Estados Unidos, as ferrovias veem-se diante de uma demanda de transporte a cada ano menor, consequência do declínio de atividades geradoras de grandes volumes de cargas. Não há nada de errado com essas economias. Simplesmente, a evolução da sociedade está levando a uma fase pós-industrial em que a produção de aço é substituída pela de computadores e a demanda de bens, pela de serviços.

Com essas mudanças, os objetivos e modelos de gerenciamento também mudaram.

> A ferrovia não é mais vista como se tivesse uma espécie de monopólio do transporte ou de certo tipo de transporte, mas como um transportador entre outros, que vai oferecer serviços ao seu cliente, serviços que terão qualidade e menor custo.

Para isso, essas ferrovias procuram melhorar a oferta oferecendo não somente o transporte, mas também um serviço completo, que tomará conta da carga o mais próximo possível da fonte de produção, indo até o mais próximo possível do centro de consumo. É oferecido ao cliente não somente o transporte, mas também a estocagem, o acondicionamento, o faturamento, a distribuição. Outra mudança está na velocidade de circulação e na qualidade dos serviços no que diz respeito a prazos. Toda a tecnologia dessas ferrovias foi reorientada para permitir a circulação de trens de carga de alta velocidade. São trens de 100, 120, 160 km/h.

No Brasil, por muitos anos, continuará crescendo a necessidade de transportar minério, grão, carvão, cimento e outros insumos básicos. Entretanto, a carga geral é outro mercado que deve ser conquistado. Para que isso ocorra, existe a necessidade de mudanças organizacionais, criando-se um novo modelo de gerenciamento e claras diretrizes comerciais.

> A ferrovia existe para servir às necessidades dos clientes.

A seguir, um exemplo de sucesso:

EXEMPLO

Dando continuidade a uma tendência iniciada há anos, na França como em outros países desenvolvidos, observa-se que as cargas tipicamente ferroviárias, como carvão e minérios, simplesmente estão deixando de existir com o fechamento progressivo das minas, da indústria siderúrgica e das centrais termoelétricas.

Para enfrentar essa realidade, a SNCF (Société Nationale des Chemins de Fer) adotou uma estratégia de três pontos: a venda do transporte ferroviário integrado a outros serviços de comercialização; a exploração do "espaço europeu" e o aumento da velocidade de circulação dos trens, tanto para cargas como para passageiros.

Um dos pontos principais da estratégia montada para enfrentar a situação exposta foi "desenvolver associações", com a necessidade de complementar os serviços ferroviários para melhor atender o mercado. Embora o grupo de empresas daí resultante seja bastante diversificado, existe uma coerência interna que, de fato, serve para auxiliar a ferrovia na captação de cargas e de passageiros.

Na área ferroviária propriamente dita, empresas controladas pela SNCF – ou subsidiárias dessas empresas – dedicam-se a vender transporte e alocar vagões em áreas que necessitam de equipamento especial. Na área de contêineres e transporte intermodal operam mais empresas; e outras operam nos serviços de passageiros e turismo. Além desses grupos principais, a SNCF conta com subsidiárias explorando pequenas redes regionais voltadas para o turismo. Entre as subsidiárias, há uma empresa dedicada a financiar a construção de ramais particulares, uma consultoria, agência de publicidade e outras empresas no ramo imobiliário e financeiro.

> A orientação adotada com relação ao desenvolvimento de associações com as empresas segue os princípios:
>
> - Oferecer às empresas rodoviárias locais formas de associação e de cooperação no âmbito de uma complementação intermodal.
> - Definir e adotar, em conjunto com as empresas interessadas, um sistema de informação sobre transporte intermodal utilizando extensamente os meios da telemática.
> - Buscar com o mundo industrial uma associação que permita a evolução tecnológica e o desenvolvimento mútuo de suas atividades.
> - Desenvolver as associações em matéria de pesquisa com os industriais, com os órgãos especializados e com a universidade.
> - Desenvolver a cooperação com os responsáveis pelos serviços auxiliares que intervêm tanto no mercado de frete como no de passageiros, e também com os órgãos portuários e aeroportuários, de modo que se criem cadeias de transporte integrando os serviços ferroviários.
> - Buscar associação com entidades financeiras para sensibilizá-las visando parcerias vantajosas para ambas as partes.

Fonte: Disponível em: <http://www.sncf.com>. Acesso em: 20 out. 2015.

REFERÊNCIAS

ARALCO S.A. *Terminal rodoferroviário*. Disponível em: <http://www.aralco.com.br>. Acesso em: 15 jan. 2005.

ASSOCIAÇÃO NACIONAL DOS TRANSPORTADORES FERROVIÁRIOS (ANTF). Contribuições e desafios do setor ferroviário. Apresentado ao Seminário Brasil nos Trilhos, Brasília. Disponível em: <http://antf.org.br/150anos.htm#pag03>. Acesso em: 17 jan. 2005.

ASSOCIAÇÃO NACIONAL DOS TRANSPORTADORES TERRESTRES (ANTT). Transporte de cargas. Disponível em: <http://www.antt.gov.br>. Acesso em: 2 set. 2004.

BRASIL FERROVIAS. *A Brasil Ferrovias*. Disponível em: <http://www.brasilferrovias.com.br>. Acesso em: 28 fev. 2005.

BRITO, A. Brasil Ferrovias fecha contrato de 10 anos com a Bunge Alimentos. *O Estado de S. Paulo*, São Paulo, 15 fev. 2005. p. B6.

_____. Trading investe para movimentar açúcar. *Gazeta Mercantil*. São Paulo, 5 mar. 2004, p. A14.

CAIXETA-FILHO, J. V.; MARTINS, R. S.; OLIVEIRA, J. C. V. et al. Particularidades das modalidades de transporte. In: CAIXETA FILHO, J. V.; GAMEIRO, A. H. (Orgs.). *Transporte e logística em sistemas agroindustriais*. São Paulo: Atlas, 2001. p. 62-135.

CASTELLO BRANCO, J. E. S. *Indicadores da qualidade e desempenho das ferrovias (carga e passageiros)*. Rio de Janeiro: Associação Nacional dos Transportadores Ferroviários-ANTF, 1998. (Coleção ANTF)

_____. *Tratado de estradas de ferro*. v. 2. Rio de Janeiro: Reflexus Estúdio de Produção Gráfica, 2002.

CASTRO, N. Estrutura, desempenho e perspectivas do transporte ferroviário de carga. Disponível em: <http://www.nemesis.org.br>. Acesso em: 20 jan. 2005.

CENTRO DE ESTUDOS EM LOGÍSTICA (CEL/COPPEAD). *Transporte de carga no Brasil*: ameaças e oportunidades para o desenvolvimento do país. Rio de Janeiro: s. n., 2002. 200 p.

FRAGA, I. Logística: setor ferroviário renascerá ou não? *Jornal Log Web*, São Paulo, n. 18, 2003.

GAZETA MERCANTIL. *Análise setorial*: o futuro do transporte rodoviário de cargas. São Paulo, 2 v., dez. 2000. (Panorama setorial)

_____. *Análise setorial*: transporte ferroviário de cargas. São Paulo, 2 v., out. 2001. (Panorama setorial)

http://www.antt.gov.br/relatórios/ferroviário/concessionarias2003/index.asp/

http://www.cvrd.com.br/cvrd/cgi/cgilua.exe/sys/start.htm?sid=64, março 2004.

http://www.aar.org.br/pubcommon/documents/adsfeb27.pdf, 2006.

JUNIOR, O. F. L. *Qualidade em serviços de transportes*: conceituação e procedimentos para diagnósticos. 1995. Tese (Doutorado) – Escola Politécnica, Universidade de São Paulo. São Paulo, 1995.

NAZÁRIO, P.; WANKE, P.; FLEURY, P. F. O papel do transporte na estratégia logística. Disponível em: <http://www.coppead.ufrj.br/pesquisa/cel/new/fs-busca.htm?fr-gest-trans_rj.htm>. Acesso em: 23 ago. 2004.

PALADINI, E. *Sistema de informação gerencial para gestão da qualidade e produtividade em empresa de transporte de cargas*. Santa Catarina: IDAQ/UFSC, 1996.

PASSAGLIA, E. Sistema de apoio ao planejamento e gerenciamento da operação do transporte ferroviário de carga, 1993. Tese (Doutorado) – Universidade Federal de Santa Catarina. Florianópolis, 1993.

Revista Transporte Moderno, vários números.

Revista Ferroviária, vários números.

Revista Logística Moderna, vários números.

TORRACA, N. A. *Produtividade e qualidade do Sistema de Transporte Ferroviário de Cargas*, 1996. Dissertação (Mestrado) – Instituto Militar de Engenharia. Rio de Janeiro, 1996.

UELZE, Reginald. *Logística empresarial*: uma introdução à administração dos transportes. São Paulo: Pioneira, 1974.

ANEXO A – Unidades estatísticas e de informação utilizadas no transporte ferroviário de cargas

> Em nenhuma outra atividade econômica a estatística desempenha um papel tão relevante como nos transportes.

As unidades estatísticas estão relacionadas, em geral, com os fatores volume, peso e distância e dividem-se da seguinte maneira (Uelze, 1974):

Unidades relativas no âmbito de serviço

- *Quantitativas*
    peso: toneladas, quilos
    equipamentos: vagões
    capacidade: t por veículo
    transporte de unidades
    capacidade oferecida: tonelagem oferecida
    tara dos veículos: peso morto
    unidade: quilos

- *Qualitativas*
    disponibilidade
    confiabilidade
    segurança

Unidades de tráfego

- tonelada.km: total por produto
- tonelada.km bruta
- trens.km (carregados, vazios)
- locomotivas.km
- densidade de tráfego t/km
- trajeto médio → percurso ou viagem média

> O tráfego, como sabemos, está ligado a dois elementos: volume e distância. Qualquer um desses elementos, analisado isoladamente, não permite nenhuma apreciação que indique grandeza no transporte.

Vejamos uma explicação das principais unidades estatísticas de tráfego.

- **tonelada.km**: essa unidade é a mais frequentemente utilizada e equivale ao deslocamento de uma tonelada a uma distância de um quilômetro. Para calcular o tráfego, gerado em termos de toneladas.km, multiplicam-se para cada deslocamento as toneladas transportadas pela distância percorrida. Segue um exemplo de como essa unidade permite um padrão de comparação da grandeza de um transporte:

	Carga transportada	Distância	t.km
vagão 1	10 t	10 km	100
vagão 2	5 t	20 km	100
vagão 3	8 t	15 km	120

O vagão 1 gerou 100 t.km, transportando 10 t a 10 km de distância. O vagão 2, transportando 5 t a 20 km, gerou também 100 t.km. Isso significa que, como unidade de medida, ambos os veículos mobilizaram o equivalente a 100 t em 1 km, o que faz que, nesse exemplo, a grandeza e a importância do transporte sejam as mesmas. O vagão 3, transportando 8 t a 15 km, gerou 120 toneladas.km. Como unidade de medida, esse veículo mobilizou 120 t em 1 km. Comparando o tráfego de cada veículo, vê-se que a grandeza do tráfego, gerado pelos vagões 1 e 2, é igual e, ainda, que a grandeza do tráfego, gerado pelo vagão 3, é superior em cerca de 20%.
Se disséssemos somente que o vagão 1 transportou 10 t, o vagão 2, 5 t e o vagão 3, 8 t, não se poderia estabelecer nenhum termo de comparação quanto à grandeza e importância do transporte.
A igualdade do tráfego em termos de tonelada.km permite as seguintes deduções:

toneladas → quilômetro = tonelada.km (volume)
t.km/toneladas = percurso médio da carga
t.km/percurso médio = toneladas (tráfego total)

Ou seja, se em uma estimativa conhecemos o percurso médio da carga e o volume, podemos deduzir o tráfego total. Conhecendo o tráfego e o percurso médio, é possível encontrar o volume.

- **tonelada.km bruta**: entende-se por tonelada.km bruta a unidade de medida que agrupa o tráfego comercial de um veículo mais o tráfego gerado por sua própria tara ou peso.
Por exemplo, um veículo que pesa 7 t e transporta 25 t a 100 km de distância gera as seguintes tonelada.km bruta:

tráfego de carga comercial   25 → 100 = 2.500 t.km
tráfego de tara   7 → 100 = 700 t.km
toneladas.km bruta   3.200 t.km bruta

- **locomotivas.km**: refere-se ao número de vagões compreendidos na unidade de distância, nesse caso, 1 km. Seu cálculo é similar ao das toneladas.km, podendo-se deduzir de cada igualdade o percurso médio dos veículos. O seguinte exemplo ilustra a determinação:

Veículo	Percurso médio	Unidade
50 caminhões	100 km	5.000 caminhões.km

Essa unidade pode apresentar-se em veículos vazios ou carregados.

- **densidade de tráfego (t/km):** a densidade de tráfego mede a intensidade do movimento por quilômetro de via, colocada em termos de toneladas.km. Em outras palavras, a densidade é o quociente resultante da divisão das toneladas.km originadas entre dois pontos de uma via por seu comprimento.
Por exemplo, numa via de 100 km de comprimento, na qual o tráfego, em um período determinado, alcançou 50.000 t.km, a densidade será a seguinte:

50.000 t.km/100 = 500 t.km via

- **trajeto médio x percurso ou viagem inédita:** esse coeficiente indica a média de deslocamento da carga em um período determinado, numa operação que inclui diversos pontos de serviço. Por exemplo, se os resultados da operação indicam 50.000 t.km e 500 toneladas transportadas, o percurso médio dessa carga foi de:

50.000 t.km/500 t = 100 km

Unidades econômicas

- **Custos**
  - por tonelada.km
  - por tonelada.km brutas
  - por km
  - por trem.km etc.

- **Receita**
  - por tonelada.km
  - por tonelada.km brutas
  - por km
  - por trem.km etc.

- **Resultado**
  - por tonelada.km
  - por tonelada.km brutas
  - por km
  - por trem.km etc.

- **Coeficientes**
  - de operação
  - de exploração
  - de utilização
  - vários

> As unidades econômicas se relacionam diretamente com os resultados finais da exploração de um veículo ou de um sistema de transporte, isto é, seus custos, receitas, perdas ou rendimentos.

Em outras palavras, são as unidades econômicas que medem o tráfego em seus diversos aspectos, isto é, t.km, carga.km etc., em razão dos valores monetários que a exploração origina. Obtém-se dividindo os respectivos custos, receitas, perdas ou rendimentos, pelo total de t.km, cargas.km etc., em cada caso particular, sem esquecer que tanto os resultados como o tráfego devem corresponder exatamente ao mesmo período.

Vejamos alguns dos coeficientes:

- **coeficiente de operação:** a operação propriamente dita agrupa todos aqueles gastos e receitas ocasionados pelo deslocamento dos veículos.

  O coeficiente de operação consiste na relação entre os gastos e as receitas de operação. Quando o coeficiente é igual à unidade, existe um equilíbrio. Se ele é menor, há uma margem de rendimento, se é maior, há uma perda. Por exemplo:

  R$ 150,00/R$ 100,00 = 1,5

  Isso significa que, para cada real de receita obtida, se gastou R$ 1,50, ou seja, houve uma perda de R$ 0,50 por unidade, o que geralmente ocorre nas empresas que não têm operação eficiente ou econômica.

- **coeficiente de utilização (*load factor*):** no caso do transporte de cargas, esse coeficiente significa, em termos de porcentagens, a utilização média do equipamento em um período determinado. Essa utilização é dada por toneladas.km de capacidade oferecida. Um exemplo esclarece esse ponto:

Um vagão com 30 t brutas de capacidade realiza os seguintes movimentos:

viagem 1   20 t a 150 km
viagem 2   25 t a 200 km
viagem 3   10 t a 120 km

O tráfego utilizado é o seguinte:

carga comercial transportada
viagem 1   20 t → 150 km = 3.000 t.km
viagem 2   25 t → 200 km = 5.000 t.km
viagem 3   10 t → 120 km = 1.200 t.km
                                   9.200 t.km

capacidade de transporte oferecido
viagem 1   30 t → 150 km = 4.500 t.km
viagem 2   30 t → 200 km = 6.000 t.km
viagem 3   30 t → 120 km = 3.600 t.km
                                  14.100 t.km

coeficiente de utilização
9.200 t.km → 100/14.100 t.km = 65%

Isso significa que, em média, a utilização da capacidade de transporte oferecido foi de 65%.

CAPÍTULO 5

Transporte Rodoviário de Cargas

Amir Mattar Valente

Qualidade e produtividade no transporte rodoviário de cargas

Introdução

Tanto quanto as demais modalidades de transporte, o rodoviário necessita de modelos de análise para a escolha dos equipamentos a serem utilizados, assim como para o dimensionamento das frotas que vão atender às necessidades específicas de transporte.

Análises nesse sentido têm se tornado cada vez mais necessárias considerando-se a crescente diversificação dos produtos disponíveis no mercado. Diante dessa realidade, graças ao estágio de desenvolvimento do setor, a cada instante surge a pergunta: qual o veículo ideal para atender determinada necessidade de transporte?

Existe uma opção certa para cada necessidade ou problema de transporte, que só poderá ser encontrada mediante uma análise econômica das opções tecnicamente viáveis.

Seleção da frota

Todas as marcas apresentam vantagens e desvantagens, das quais ressaltam principalmente: custo de aquisição, custo de manutenção, consumo de combustível, vida útil, assistência técnica etc.

Praticamente, para todas as faixas de veículos disponíveis no mercado, tem-se mais de uma opção de compra em condições de concorrência bem próximas. É importante então analisar-se os seguintes itens: adequação da frota e padronização da frota.

Adequação da frota

Para adequar a frota, é necessário planejá-la e ter o veículo certo para o trabalho que se pretende realizar.

Os equipamentos instalados deverão estar bem dimensionados para as necessidades a fim de evitar veículos e equipamentos adicionais circulando com capacidade de carga ociosa, ou excesso de carga, ou paralisação no sistema de transporte por falta de veículos ou equipamentos adequados.

Analisando a premissa de que a frota somente apresentará sua máxima rentabilidade quando sua utilização se maximizar e as ocupações ociosas forem evitadas, serão traçados alguns conceitos básicos, que a empresa deve observar para não onerar seus custos por falta de veículos adequados.

- **Percurso**
  Se a empresa opera em percursos preestabelecidos, isso facilita sobremaneira a adequação do veículo quanto à sua tonelagem. A relação de custos por tonelada/quilômetro tende a baixar à medida que se empregam veículos de mais alta tonelagem, a partir de determinada faixa de quilometragem.
  Quando o transporte se realiza em percursos curtos e/ou urbanos, envolvendo distribuição, é aconselhável utilizar veículos de baixa tonelagem.

- **Diesel/gasolina**
  As aplicações do diesel e as da gasolina são bem distintas, e as distâncias a serem percorridas podem ampliar as vantagens de um ou de outro tipo de veículo.
  Deve-se considerar, ainda, que os custos iniciais são bastante distintos, e, no caso do diesel, o maior custo de aquisição somente será diluído quando a quilometragem for elevada.

- **Transporte rápido**
  Em caso de transporte com entregas rápidas (geralmente encomendas, mercadorias de alta concorrência ou perecíveis), justifica-se o uso de veículos a gasolina em quilometragem relativamente alta, pois, apesar de o custo operacional/km ser alto, esses veículos apresentam maior velocidade (km/h).
  É importante frisar que esse critério somente será válido quando o retorno do capital for compensador, pois, caso contrário, a despesa poderá não ser coberta pela receita, gerando baixa ou nenhuma margem de lucro.

- **Área de ação em terrenos acidentados**
  Nesses casos, devem-se utilizar veículos de baixa rotação, e, se for evidenciada grande dificuldade de locomoção, é aconselhável a utilização de tração em mais de um eixo.

- **Carrocerias metálicas × madeiras**
  A utilização de carrocerias metálicas somente justifica-se quando o material a ser transportado o exigir. Apesar do maior investimento inicial, ela traz inúmeras vantagens sobre a de madeira, por exemplo, em casos de transporte de malotes ou encomendas (pequenos volumes), pela segurança que oferece. Porém, a grande maioria dos transportadores se utiliza de carrocerias de madeira, optando pelo uso da metálica em casos de mudanças, entregas em centros urbanos, transportes rápidos, transportes específicos etc.

- **Outros equipamentos adicionais**
  Para cada caso deverá ser estudado detalhadamente o tipo de equipamento a ser adaptado, pois os custos de aquisição geralmente são elevados, e sua aplicação, na maioria das vezes, é específica para determinada carga.

Padronização da frota

A padronização da frota traz uma série de vantagens, conforme as listadas a seguir:

- **preço do veículo**: a homogeneidade da frota permite negociar, com o fabricante, uma série de condições como desconto no preço de tabela, prazo de entrega, pintura-padrão de fábrica etc.
- **especialização de mão de obra**: numa frota homogênea, os defeitos que aparecem são comuns e, assim sendo, poderão ser atendidos, rapidamente, pela mão de obra especializada, reduzindo, sensivelmente, a paralisação do veículo.
- **peças de reposição**: a homogeneidade da frota resulta em menor imobilização financeira em estoque, pois as peças necessárias são comuns a todos os veículos. Assim, não há a necessidade de grandes estoques, até porque a compra para reposição é facilitada.
- **manutenção**: pela análise de dados históricos como quilometragem, tempo-padrão de desempenho, defeitos repetitivos etc., é possível determinar uma manutenção preventiva mais eficiente.
- **dados de custos**: numa frota homogênea, é possível obter-se dados bastante consistentes sobre os custos, e assim determinar, com segurança, o período mais econômico de renovação da frota.
- *layout* **da oficina**: para uma frota homogênea, fica mais fácil planejar a oficina, e o número de ferramentas especializadas necessárias é menor.

- **assistência técnica**: para uma frota homogênea, é mais fácil conseguir uma melhor assistência técnica do fabricante nos casos de manutenção de garantia, defeitos de fábrica, padronização de cor etc.

Pelo exposto, pode-se concluir que o aspecto sobre a homogeneidade da frota deve ser considerado na escolha de equipamentos.

Etapas da decisão

Muitas empresas deixam de realizar uma compra técnica porque desconhecem como fazer a avaliação econômica. Basicamente, a seleção do equipamento envolve a escolha da melhor opção econômica dentre todas as que são capazes de resolver o problema.

Na fase inicial de seleção técnica das marcas e dos modelos adequados, a experiência e o conhecimento sobre desempenho de veículos têm papel fundamental. Uma opção consiste em fixar as exigências de desempenho, de conforto e de segurança, e transferir, aos engenheiros de vendas das montadoras, a tarefa de especificar o veículo capaz de atender a tais requisitos. É a etapa mais importante, da qual depende tudo o que se segue. Só existirá decisão quando existirem opções de ação. Quanto maior o número de opções consideradas, tanto melhor tende a ser a decisão. Não basta, entretanto, relacionar linhas de ação; é necessário que sejam tecnicamente viáveis, isto é, que possam solucionar efetivamente os problemas.

O segundo passo consiste em traduzir em dinheiro as despesas e as receitas envolvidas em cada opção, dentro do horizonte do projeto. Se, por exemplo, a empresa tem como política substituir os veículos após seis anos de uso, seria esse o prazo a considerar. Também é importante estabelecer o momento em que cada despesa ou receita será realizada, isto é, montar o fluxo de caixa mensal para cada opção. Despesas e receitas comuns às diversas opções (por exemplo, o salário dos motoristas) podem ser eliminadas do estudo. A confiabilidade da análise depende, em grande medida, da precisão dos dados utilizados nessa montagem. A precisão será tanto maior quanto maiores forem a experiência da empresa e a eficácia de seus controles. Testes de veículos podem melhorar a precisão dos dados. É fundamental que a empresa consiga levantar, ou pelo menos estimar, dados como o preço e as condições de vendas dos veículos, o valor residual, o custo de manutenção, o consumo de combustível, o lubrificante e a velocidade comercial.

A terceira etapa consiste em descontar, com o auxílio de tabelas financeiras, o fluxo de caixa (trazer para o mês zero), a taxa mínima de atratividade estabelecida pela empresa para o projeto. A escolha deve recair sobre o resultado de menor custo. Fatores difíceis de se quantificar, como a imagem da empresa, o conforto e a preferência do motorista, podem modificar a decisão econômica. Assim, independentemente do investimento necessário e do custo de operação da frota, existem outros aspectos que devem ser analisados em paralelo para melhor orientar a decisão entre várias alternativas: compatibilidade com carga de retorno; versatilidade da frota; qualidade e disponibilidade de assistência técnica; compatibilidade do ferramental necessário com o já existente; intercambiabilidade de peças e componentes; disponibilidade de peças de reposição; possibilidade de padronização da frota; vida útil historicamente comprovada; quantidade e nível de capacitação de mão de obra necessária para manutenção e operação; compatibilidade do nível da mão de obra existente com a tecnologia dos equipamentos a serem adquiridos; treinamento e literatura técnica oferecidos pelos fabricantes; assessoria prestada pelos fornecedores etc.

Transporte próprio ou fretado?

Os principais fatores que devem ser avaliados no momento de decidir entre transporte com veículos próprios ou fretados são:

- custo e nível de serviço do transporte fretado;
- custo de compra e operação de veículos próprios (lembrar que o trabalho desempenhado por pessoal da empresa na administração de manutenção é um custo);
- disponibilidade e custo de crédito ao comprar veículos próprios;
- adequação dos veículos para a(s) tarefa(s);
- custo de mão de obra (motoristas, pessoal de manutenção);
- atitude dos operários: interesse pessoal do motorista nos veículos pode levar a maiores cuidados e menos acidentes e paradas por defeitos, e pode reduzir os custos de manutenção;
- lugar e execução de manutenção: manutenção dentro da empresa pode ser mais conveniente (sem atraso, sem ida à oficina), mas o custo total de manutenção diminuirá?;
- resultado de acidente ou parada para conserto: a companhia de transporte pode oferecer veículo substituto;
- habilidade de suprir necessidades variáveis.

EXEMPLO (os dados são hipotéticos)

Uma empresa está pensando em comprar um novo caminhão. No momento, essa empresa está pagando R$ 60.000 por ano para uma transportadora fornecer o transporte. O custo total no primeiro ano de operação foi calculado com base nos seguintes dados:

- A distância de transporte é de 40 km. No momento, a transportadora fretada faz 200 viagens por ano.
- O preço do caminhão novo é de R$ 150.000,00. A empresa pode comprá-lo à vista. Depois de um ano de uso, o veículo valeria apenas R$ 115.000,00.
- Uma pesquisa em várias companhias de seguro mostrou que o veículo não poderia ser segurado por menos de R$ 5.000,00 por ano.
- A taxa de licenciamento do veículo é de R$ 2.500,00. O motorista é da empresa.
- O gerente considera R$ 20,00 por hora um salário razoável para um motorista: para cada viagem seria necessário pagar ao motorista 8 horas de trabalho.
- O veículo precisaria de manutenção rotineira. Informações de uma oficina indicam que deve ser feita manutenção a cada 10.000 km, a um custo médio de R$ 6.000,00. Como o veículo

novo tem garantia, não deverá haver outros custos de manutenção de conserto durante o primeiro ano.
- A taxa de consumo de combustível do caminhão é de aproximadamente 8 km por litro. O custo de combustível é de R$ 2,40 por litro.
- O gerente estimou que o trabalho administrativo ligado à compra e à operação de um caminhão (conseguir crédito, solicitar seguro e licenciamento, providenciar manutenção e pagar um motorista) deverá envolver no máximo 50 horas de trabalho por ano. Atualmente o gerente recebe R$ 40,00 por hora.

Para a comparação entre os custos do transporte próprio e o fretado, foram encontrados os seguintes resultados:

Custo de investimento e operação do caminhão durante um ano

Custo	Custo por unidade (R$)	Unidades	Custo total por ano (R$)
depreciação	15.000	1	15.000
seguro	5.000	1	5.000
licenciamento	2.500	1	2.500
carteira de habilitação	500	1	500
manutenção	6.000	1	6.000
salário do motorista (1 x 8 x 200)	20	1.600	32.000
combustível (16.000km/8 x 0,40)	2,40	2.000	4.800
administração	40	50	2.000
custo total			67.800
custo do frete			60.000
diferença a favor do transporte fretado			7.800

O número final indica que, nesse caso, é mais barato para a empresa fretar transporte do que comprar seu próprio veículo. Para diminuir os custos do caminhão, a empresa poderia tentar fretar o veículo para obter renda quando ele não estiver sendo usado.

O importante é fazer estimativas de custos realistas. As vantagens de comprar um veículo são frequentemente superestimadas. As estimativas de custo de investimento e operação de um veículo são feitas geralmente supondo condições ideais, como resultado, os custos verdadeiros tornam-se mais altos do que as estimativas.

Técnicas para aumentar a qualidade e a produtividade do transporte rodoviário de cargas

Introdução

É possível obter mais lucros com algumas medidas de racionalização e redução de custos no transporte rodoviário de cargas. Entre essas medidas, podem-se citar: uso da logística, planejamento da operação, manutenção adequada, veículos apropriados para o transporte, carregamento correto do veículo, técnicas modernas de carga e descarga, código de barras para identificar as cargas, utilização de novas tecnologias quanto a equipamentos e peças, treinamento de motoristas, renovação da frota, acordos operacionais, monitoramento eletrônico etc.

Qualidade e produtividade

Neste estudo, dois conceitos são importantes: produtividade e eficiência.

Conceitualmente, produtividade é a relação entre o que é produzido por uma organização (produto) e os insumos necessários para a sua produção. Pode-se quantificar a produtividade dividindo o produto total pelo total de insumos. Aumenta-se a produtividade melhorando essa relação (produto/insumos), ou seja, produzindo maior quantidade de produto ou, com melhor qualidade, utilizando o mesmo nível de insumos. Os estudos de produtividade referem-se primordialmente às relações entre os insumos necessários ao sistema de transporte e os produtos gerados para o sistema global. São considerados produtos finais do sistema os indicadores veículos.km ou veículos.hora realizados, descartando-se os produtos associados às externalidades do sistema, como poluição, desenvolvimento urbano etc. Diz-se que o produtor (operador) não controla todos os insumos necessários nem se beneficia ou se utiliza de todos os produtos gerados pelo sistema. Por exemplo, uma via mal conservada pode gerar aumento do custo operacional do veículo, o que independe das condições do veículo.

Por outro lado, a relação entre o tempo efetivamente trabalhado e o tempo disponível para o trabalho produtivo define a eficiência do veículo.

Pelas definições acima, podemos ver que são inúmeros os fatores que ajudam a aumentar a produtividade e a eficiência do veículo, conforme será mostrado a seguir.

Treinamento da mão de obra

Atualmente, a empresa que não conhecer muito bem o trio "qualidade, produtividade e pontualidade" estará correndo grandes riscos de fracasso.

Sob esse aspecto, o transporte de cargas, ao contrário do que se pensa, não está fora do contexto. A qualidade total não contempla apenas a indústria ou o fabricante, mas principalmente o prestador de serviço. Aliás, é uma parte vital entre as pontas da engrenagem produtiva. Atrasos na entrega, avarias, falta de comunicação e má apresentação, entre outros itens, são "pecados capitais" para a clientela do transportador, hoje basicamente industrial.

O xis da questão está em manter parceiros estimulados e afinados com a filosofia da empresa a ponto de cumprirem à risca as regras da qualidade total. Assim, as transportadoras estão investindo nos funcionários e adotando esquemas em que todos saem ganhando, conforme o exemplo a seguir:

EXEMPLO

O programa de qualidade e produtividade da empresa "X" tem como figura central a operação, e já deu grandes dividendos à empresa. O sistema leva em consideração dez pontos básicos, cada um com um peso (ver tabela a seguir), e, cumprindo essas metas, o motorista é contemplado com um prêmio que chega a 30% de seu salário mensal. A melhor pontuação entre todos eles ainda é premiada com algum objeto que seja útil ao funcionário, por exemplo, um eletrodoméstico. No item produção diária, para se ter uma ideia, 30 entregas por dia equivalem a 7,5 pontos. E suplantar essa meta significa um bônus proporcional adicional. A motivação dos funcionários com o programa "Motorista nota 1.000" permitiu uma economia de 21% no consumo de combustível e 7% nos custos de manutenção.

Premiação de peso

Item	Pontos/mês
1. Produção diária	50
2. Dirigir adequadamente, obtendo média de consumo	120
3. Produção ideal dentro da jornada normal	120
4. Conservação e prevenção de acidentes com veículo	80
5. Multas, obedecer normas de trânsito, documentação, itens de segurança e acompanhar dados das notas fiscais	60
6. Acompanhar e conferir movimentação de mercadorias	60
7. Evitar avarias, arrumar cargas e conduzir com cuidado	150
8. Não chegar atrasado ou faltar ao serviço	80
9. Asseio pessoal	80
10. Limpeza e conservação do veículo	100
Total	1000

Como este e diversos outros exemplos bem-sucedidos, muitas empresas ainda resistem em admitir que as premiações contribuem para o aumento da produtividade e da qualidade. Em outros casos, muitas empresas que mantinham programas interessantes tiveram de aboli-los em razão de problemas trabalhistas, porque os sindicatos entendiam que esses prêmios deveriam ser benefícios obrigatórios a todos e não a um sistema de competição. Isso não significa que programas bem-estudados, inclusive à luz da jurisprudência, não possam ser implantados.

O uso da logística para obter ganhos de produtividade

Planejamento da operação

Muitas empresas têm implantado o Departamento de Logística em sua estrutura organizacional com o objetivo de aumentar a eficiência, e grande parte das medidas adotadas por elas busca maior produtividade do veículo. Tal setor pode assumir uma série de funções, entre elas, quatro principais: 1) definição das melhores rotas; 2) organização das atividades dos motoristas; 3) pesquisa de equipamentos; e 4) controle de custos da frota. Além disso, para se obter bons resultados, é importante também que haja uma boa sinergia entre todos os setores da empresa.

Entende-se que a logística deve contribuir para uma prestação de serviços em sintonia com os padrões de qualidade exigidos pelo mercado, bem como com o planejamento das ações e levando em conta a otimização dos recursos tanto da transportadora quanto dos clientes.

Terminais de carga/descarga

EXEMPLO

O novo terminal da empresa "X" de São Paulo está totalmente voltado para a atividade-fim da empresa. Seu projeto privilegia objetivamente a movimentação de cargas, uma vez que a capital paulista é um grande centro de recepção e expedição de cargas, para onde convergem diariamente caminhões de viagens procedentes de 110 filiais que mantêm linha com essa praça, isto sem contar com outros 104 veículos que operam os serviços de coletas e entregas de São Paulo e Região Metropolitana.

A área interna do prédio tem 12 mil metros quadrados, divididos em três grandes setores: recepção de cargas procedentes de São Paulo; carregamento e transbordo; entregas de mercadorias destinadas a São Paulo. Os fluxos de carga são todos unidirecionais, o que racionaliza seu processo de movimentação, diminuindo tempo de trabalho, simplificando tarefas e até mesmo evitando avarias e perdas. A combinação de uma série de detalhes consolida o alto desempenho operacional que a empresa "X" passa a ter nesse novo terminal. Além dos fluxos unidirecionais, os caminhões de viagem não se mesclam com os de coletas e entregas. Esse fato ganha importância quando se analisa que as novas instalações permitem o atendimento simultâneo de até 107 caminhões, o que exige um planejamento detalhado dos movimentos internos, a fim de assegurar o melhor desempenho de todas as tarefas envolvidas. Além disso, os veículos que são descarregados e carregados para as linhas de viagem realizam essas duas etapas no mesmo local, também sem movimentações internas. Esses cuidados se refletem no aumento da produtividade do veículo.

O novo terminal triplica a capacidade de carga da empresa "X" em São Paulo. Ainda que a função de uma unidade de transbordo não seja armazenar mercadorias, a capacidade para estocagem de até 22 mil toneladas habilita a empresa a ampliar seu mercado, principalmente com cargas que exijam movimentação por São Paulo. Nesse sentido, a localização cêntrica da capital paulista potencializa praticamente todas as atividades comerciais da transportadora. Outro aspecto de que a empresa não se descuidou foi a movimentação da carga em cima da plataforma. O bem-sucedido emprego de paletes, que já era aplicado no prédio anterior, e que também é utilizado em outras unidades de transbordo da empresa, foi mantido nesse prédio. A transferência interna é realizada por meio de empilhadeiras. Isso também reforça os indicadores de produtividade dos veículos.

A produtividade do veículo e a utilização de novas tecnologias

A tendência à livre concorrência do frete, uma maior rigidez na fiscalização dos excessos de carga dos veículos e a internacionalização do país, entre outros fatores, estão levando as empresas de transporte rodoviário de cargas a buscar a diminuição de custos e uma maior produtividade para enfrentar a acirrada concorrência mercadológica.

Muito contribuem para esse objetivo os cuidados com o veículo no que diz respeito à utilização de novas tecnologias em componentes e equipamentos.

Informatização

Um mercado menor e mais aberto exige ferramentas cada vez mais eficazes para aumentar a produtividade e reduzir custos. Uma das mais importantes ferramentas é, sem dúvida, a informatização.

EXEMPLO

A empresa "Y" possui instalações em São Paulo, onde conta 32 terminais ligados a um computador. Com a informatização, um caminhão de viagem, com capacidade média de carga, que necessite processar de 100 a 150 documentos (notas e conhecimentos), poderá realizar toda a operação de carga e emissão de documentos num prazo máximo de uma hora. E tudo isso feito com alta precisão, além de poder incorporar as informações ao sistema nacional de processamento de dados, que permite às filiais interligadas terem posições sempre atualizadas sobre a localização das cargas, até mesmo antes de elas chegarem ao destino. A otimização das operações e o estímulo aos procedimentos mais ágeis resultam numa equação de fácil compreensão: os caminhões são mais utilizados aumentando sua produtividade.

Implicações da manutenção na produtividade do veículo

A abertura do mercado econômico, o crescimento da concorrência e da competição e os crescentes aumentos e oscilações dos custos de materiais, mão de obra e serviços vêm salientando cada vez mais o papel da produtividade e da qualidade nas empresas de transporte.

Nesse contexto, a manutenção tem se destacado como uma das principais fontes de redução de custos e aumento da lucratividade empresarial. Nas empresas de transporte, a relação de manutenção/custos totais encontra-se na média de 10% a 15%.

Sistema de controle e acompanhamento da produtividade

Grande parte do esforço da chefia de manutenção é destinado a "apagar incêndios", providenciar reparos de emergência e discutir prioridades para o atendimento com o tráfego e sua própria equipe. Além disso, a falta de cadastros, históricos e sistemas de controle informatizados colabora para o baixo nível da eficiência da manutenção, assumindo, muitas vezes, as ineficiências de outras áreas.

A organização gerencial da manutenção é poderosa ferramenta para a tomada de decisões e controle dos recursos utilizados pela manutenção.

Os sistemas estruturados com o Planejamento, Programação e Controle da Manutenção (P.P.C.M.) permitem o arquivamento em tempo real ou on-line das intervenções efetuadas e estabelecem as bases para um efetivo sistema de controle. Por meio desse sistema de controle e avaliação, é possível efetuar comparações de resultados de eventos ou ações em relação às metas ou aos padrões.

Os sistemas estruturados de manutenção baseiam-se nos seguintes elementos:

- cadastramento da frota, mão de obra, peças, combustíveis, pneus, conjuntos e agregados;
- histórico dos equipamentos e instalações;
- acompanhamento técnico e econômico dos serviços (ordens de serviços).

Com base nessas informações básicas, são gerados dados para a avaliação dos resultados e atingimento dos objetivos da manutenção, ou seja:

- atender à operação e ao transporte;
- reduzir os custos;
- preservar e ampliar a vida útil da frota;
- desenvolver a tecnologia.

A figura a seguir ilustra a estrutura básica do P.P.C.M.

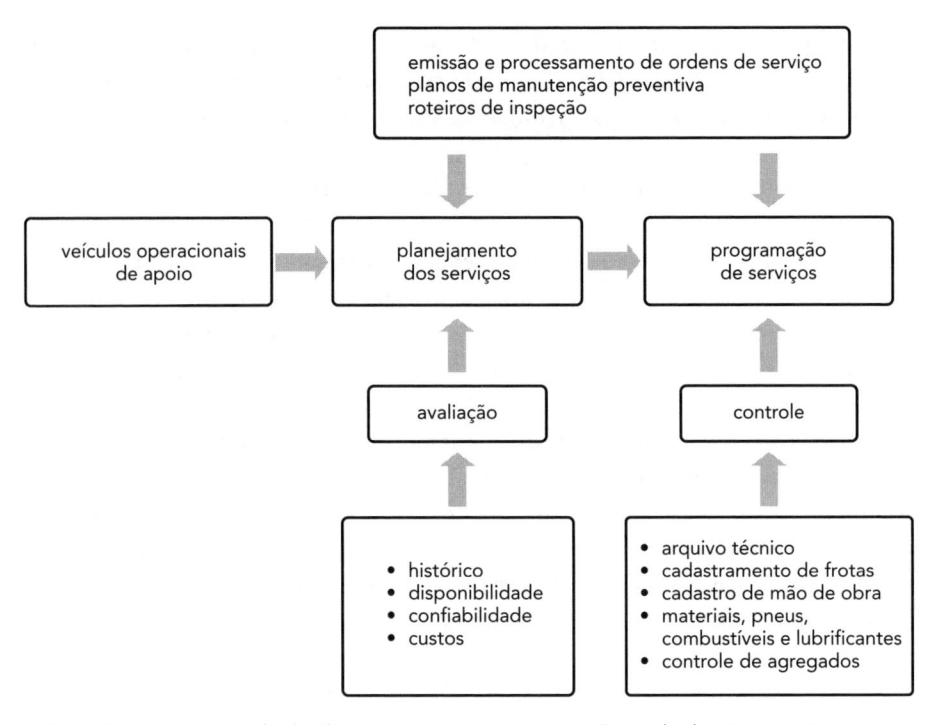

Figura 5.1 – Sistema Estruturado de Planejamento, Programação e Controle da Manutenção.

A Figura 5.2 dá uma visão geral da produtividade em relação à manutenção:

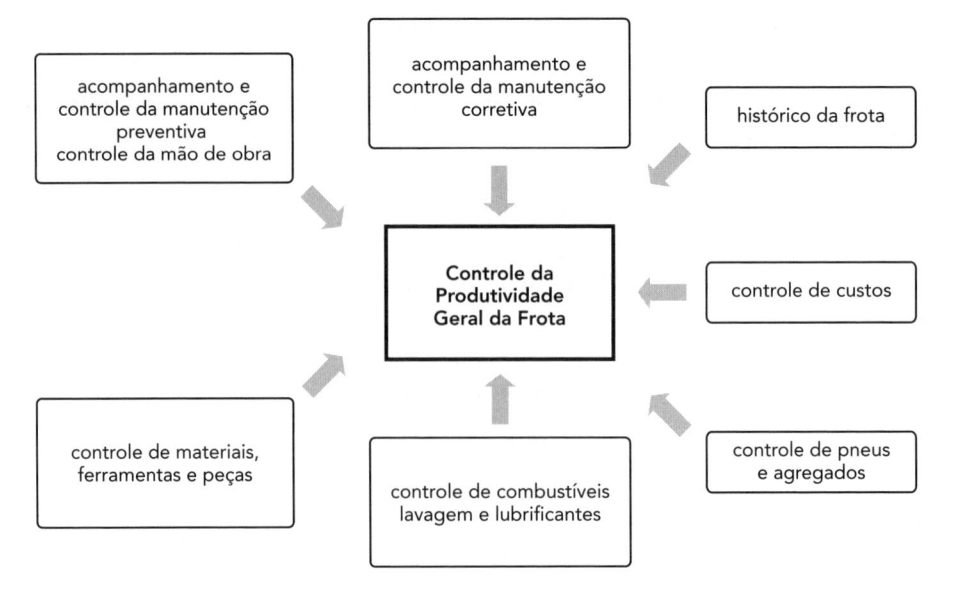

Figura 5.2 – Sistema Estruturado de Controle da Produtividade Geral da Frota.

Contribuição do motorista na manutenção

Uma forma de atribuir responsabilidade ao motorista é criar um sistema em que ele participe das atividades e possa ser cobrado pelos resultados, por exemplo: o Sistema de Inspeção de Veículos, com base no princípio básico da atribuição de responsabilidade, busca inter-relacionar três pontos vitais para um sistema de transportes – o motorista, a oficina e o tráfego – tendo como ferramenta o documento "ficha de inspeção de veículo".

Tal ficha fornece as seguintes informações:

- identificação do motorista e do veículo;
- data do início da viagem e quilometragem do veículo;
- itens que devem ser inspecionados na saída e no retorno do veículo à garagem;
- identificação do inspetor do veículo na chegada;
- dados da chegada do veículo, km, data;
- resultado da inspeção, liberando o veículo ou não;
- responsabilidade pela inspeção;
- encaminhamento à oficina, com especificação do serviço;
- conhecimento ao tráfego de que o veículo está em manutenção;
- término dos serviços de manutenção, com responsabilização.

O motorista, para sair em viagem, deve comparecer ao setor de tráfego com a ficha de inspeção preenchida contendo os dados sobre a identificação do motorista, do veículo, data do início da viagem, quilometragem do veículo e os itens que devem ser inspecionados na saída do veículo da garagem, como: abastecimento de óleo diesel, nível de água, bateria, pneus, macaco, extintor, carroceria, painel do motorista, luzes, limpador de para-brisa, documentação do veículo etc. E deve trazer anexa a ficha de inspeção correspondente à última viagem do veículo.

O tráfego examina a ficha da última viagem do veículo e confere se ele está liberado pela inspeção ou manutenção. Confere se a ficha para a nova viagem está preenchida com os dados de identificação e se os itens da saída do veículo foram verificados. Feito isso, emite a documentação para a viagem. O motorista tem a incumbência de anotar no verso da ficha qualquer anormalidade notada no veículo durante a viagem.

Ao término da viagem, o motorista conduz o veículo ao setor de inspeção, antes de qualquer outro procedimento, e aí se faz a verificação dos itens de chegada do veículo, como motor de transmissão, nivelamento do carro, direção e suspensão, vazamentos, freios, embreagem, correias, limpador de para-brisa, pneus, limpeza da cabine, assento dos bancos, ficha de manutenção, aspecto visual do veículo etc. A ficha de manutenção traz os informes sobre data, quilometragem atual e da próxima manutenção e os diversos itens a serem checados, como óleo do motor, de câmbio e do diferencial, filtro de óleo, de combustível, hidráulico, do compressor, de água e de ar, lavagem e lubrificação, revisão, bomba e bicos injetores etc. Esse procedimento é feito pelo "inspetor de frota", na presença do motorista, sendo de fundamental importância que haja diálogo entre os dois. O motorista tem de relatar toda anormalidade ocorrida e constatar a verificação dos itens de chegada.

Após a inspeção, podem ser dados os seguintes encaminhamentos ao veículo, a saber:

- estando tudo em ordem, o inspetor assinala no espaço indicado, liberando o veículo para o tráfego e assina;
- havendo qualquer irregularidade, o inspetor assinala no espaço indicado, encaminhando o veículo à manutenção, assina e preenche no verso da ficha as solicitações de conserto à oficina;
- saindo do setor de inspeção de veículo, de posse da ficha preenchida, o motorista recolhe o visto do encarregado, dando ciência de que o veículo está entrando em manutenção e posiciona o caminhão no local adequado.

Após efetuar a manutenção, o responsável preenche a ficha com seu nome, data e hora de liberação do veículo, e a deposita em local próprio, de acesso permitido somente aos encarregados de motoristas, os quais recolhem o documento, deixando-o na cabine para que o motorista a anexe à ficha nova, fechando o ciclo do sistema de inspeção de veículo.

A informática na manutenção

Para se falar em informatização, é preciso lembrar algumas regras básicas de administração: objetivos claros, trabalhar com informações confiáveis, gestão de pessoas, e outras. Sem essas premissas básicas, a informatização não dará resultados desejados.

Informatizar é tratar a informação usando equipamentos, softwares e demais recursos oferecidos pela TI (tecnologia da informação).

Quando a empresa está devidamente organizada, mas as respostas são demoradas, está-se diante da necessidade de mecanizar as informações.

Técnicas modernas de carga e descarga

A eficiência dos sistemas de distribuição implica a minimização dos custos para que os produtos cheguem ao consumidor. O custo das perdas durante o processo, especialmente no caso de alimentos perecíveis, pode ser superior a 30%, e o mais trágico é que essas perdas são maiores em países da Ásia, da África e da América Latina. O custo da embalagem geralmente é uma função inversa das perdas. Mais difícil de conceituar é o custo de determinadas ineficiências no processo. O melhor aproveitamento dos equipamentos de transporte, de movimentação e de armazenamento, portanto, é um campo onde ainda há muito por fazer.

O processo de descarga dos veículos

Os atributos relevantes da carga a serem considerados num estudo logístico são: densidade, forma de acondicionamento (invólucro), grau de fragilidade, grau de periculosidade, assimetria etc. A escolha do processo de descarga vai depender, de um lado, das características da carga, e, de outro, da disponibilidade de equipamentos e instalações fixas no depósito (principalmente plataformas).

- O método mais simples de descarga é, obviamente, o manual. Mesmo esse tipo de operação exige, no entanto, uma organização adequada de maneira a reduzir os tempos de descarga e melhorar o rendimento.
- Unidades pesadas, indivisíveis, podem ser descarregadas por meio de guinchos, guindastes ou pontes rolantes. O guindaste pode colocar a carga no piso do armazém (área de recepção), numa esteira ou num carrinho, conforme o caso. Quando se utiliza ponte rolante, a prática mais comum é deslocar a carga diretamente para seu ponto de destino no depósito, evitando-se assim o manuseio duplo.
- Uma empilhadeira pode ser usada para arrumar as caixas em paletes, formando conjuntos coesos, com arestas ortogonais e uniformes, facilitando assim o manuseio e aumentando o rendimento da operação. Ao unitizar a carga, procura-se arrumá-la, sempre que possível, na forma de um paralelepípedo, com a altura do conjunto dependendo da densidade da carga e das condições de estabilidade.
- A unitização por meio de paletes pode também ser realizada quando não se dispõe de equipamentos mecanizados. Para isso, lança-se mão da paleteira, que permite deslocar os paletes com esforço manual relativamente pequeno.

Terceirização dos serviços de carga e descarga

Nestes tempos em que as transportadoras e seus clientes buscam racionalizar custos eliminando desperdícios em todas as áreas, a terceirização de alguns serviços tradicionalmente vistos como "encrenca" está ganhando cada vez mais adeptos. Já existem opções para solucionar dificuldades enfrentadas pelas empresas no seu dia a dia, como a temerária contratação dos "chapas", ajudantes que trabalham como diaristas, sem vínculo empregatício, auxiliando na tarefa de carregamento e descarregamento dos caminhões.

Uma opção que vem sendo adotada por transportadoras e embarcadores de carga, especialmente as indústrias, é contratar esses serviços de forma terceirizada, utilizando pessoal selecionado e treinado por empresas de assessoria.

Outro serviço que racionaliza o tempo e agiliza a comunicação com os clientes é o atendimento 24 horas, pelo sistema DDG0800. O cliente liga, encomendando o trabalho e, em seguida, passa um fax ou e-mail informando o local onde a equipe deverá esperar o caminhão, fornecendo também a placa, a natureza da carga, o nome do motorista e outros detalhes. As equipes trabalham uniformizadas com calça, camiseta e boné com logotipo, e ainda usam botas e crachás de identificação.

Quando se buscam soluções para problemas muitas vezes crônicos, na maioria das vezes são adotadas medidas complexas e sofisticadas que, justamente por possuírem essas características, acabam fracassando. Por outro lado, marcar hora para o carregamento de caminhões é uma ideia tão simples que se chega a questionar por que esse serviço não existia há mais tempo.

A grande vantagem de se utilizar hora marcada é a otimização do tempo do caminhão. Com esse sistema, é possível um ganho de 50% desse tempo. Anteriormente, cada caminhão gastava em média de quatro a cinco horas de espera nas filas e no carregamento. Agora, entre o momento de entrada na empresa e o de saída, o tempo é de no máximo duas horas e meia.

Métodos de otimização da distribuição de cargas no veículo

Conceitos básicos

Todo caminhão é projetado para transportar determinada quantidade de carga. O excesso de carga ou a sua incorreta distribuição sobre o veículo altera o seu comportamento operacional, comprometendo a segurança e até o seu desempenho econômico.

Pode-se dizer que o desempenho econômico de uma empresa transportadora depende diretamente da quantidade de carga transportada, ou seja, do carregamento eficaz e eficiente do veículo. Se, por um lado, operar uma frota de veículos com carga abaixo da sua capacidade implica perda de rentabilidade, por outro, os efeitos de transportar carga utilizando veículos impróprios ou ainda com carregamento acima dos limites permitidos pela lei da balança são numerosos e extremamente prejudiciais, não somente ao veículo, como também ao estado de conservação das rodovias, que, em última instância, se reflete em médio e longo prazos no aumento dos custos de manutenção da própria frota.

Portanto, o sucesso de uma boa gestão econômica está na obtenção de um arranjo adequado da carga em caminhões ou contêiner, de forma a otimizar o aproveitamento do espaço. Na busca do equilíbrio entre os benefícios e os custos de um bom carregamento, diversos fatores devem ser considerados, entre os quais:

- tipo de carga e adequação da carroceria;
- conhecimento do produto a ser transportado;
- tipos de embalagem e materiais de embalagem;
- sistemas de carregamento e descarregamento;
- relação entre o carregamento e a segurança do veículo;
- relação entre o carregamento e o roteamento do veículo.

Arranjo da carga

A ocupação do espaço útil da carroceria ou do contêiner é um objetivo normalmente procurado.

O arranjo da carga tenta responder à pergunta: como colocar no contêiner ou na carroceria de um veículo um número máximo de caixas ou tambores de tamanho determinado?

Identificação do problema

O estudo do aproveitamento espacial do veículo de transporte, na maioria das vezes, é muito complexo, utilizando para a sua solução modelos físicos (em escala reduzida) ou modelagem matemática e simulação usando computador.

De qualquer forma, não se pode pretender um aproveitamento de 100% do espaço disponível. É necessário que se tenham folgas para a movimentação de carga e descarga, para eventuais desalinhamento ou abaulamento das embalagens, irregularidade de empilhamento etc. Folgas na altura, em contêiner, carrocerias ou vagões fechados, da ordem de 10 cm são, em geral, adequadas.

De forma simplificada, o estudo da distribuição da carga deve levar em consideração, principalmente, a centralização da gravidade. Cargas concentradas junto ao centro ou nas extremidades podem provocar esforços elevados nos eixos e esforços por flexão na própria estrutura da carroceria ou do contêiner.

Além da preocupação óbvia com o peso, deve ser observada a maximização do volume ocupado pelo carregamento, especialmente quando se têm cargas de densidade relativamente baixa, ou seja, quando o limite de peso não é atingido.

Dentro da análise do arranjo da carga no veículo, podem-se distinguir quatro casos importantes:

1) cargas homogêneas;
2) cargas paletizadas;
3) cargas heterogêneas; e
4) cargas pesadas.

1) Cargas em embalagens homogêneas

O caso mais simples ocorre no transporte de cargas em embalagens homogêneas. O critério de adequação desse tipo de carga dependerá do tipo de embalagem.

Por exemplo, tambores podem ter arranjo em quincôncio ou normal, como mostra a Figura 5.3. Prefere-se o primeiro tipo quando o diâmetro não é submúltiplo da largura útil, sendo este o caso mais geral.

Quincôncio   Normal

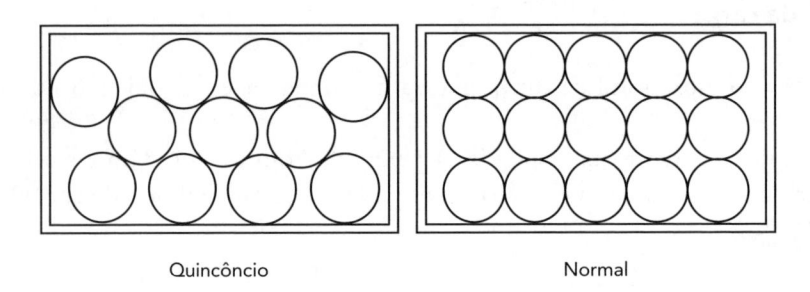

Figura 5.3 – Arranjo de tambores.

Quando se transportam produtos refrigerados ou que simplesmente necessitam de ventilação, devem ser deixados espaços adequados entre as caixas. O critério de adequação dependerá do tipo de caixa, das suas dimensões, do sentido de circulação e da potência de ventilação.

2) **Cargas paletizadas**
A carroceria ou contêiner recebe cargas paletizadas, principalmente quando o peso é significativo, sendo desprezível, portanto, o espaço ocupado pelo palete e valorizada a facilidade de carga e descarga. Os paletes com uma das dimensões de 1.100 mm são mais adequados ao seu emprego em contêiner ou veículos por apresentarem bom aproveitamento das áreas de carga, maior adequação à operação de movimentação e menor complexidade de arranjo.

3) **Cargas heterogêneas**
Quando a carroceria ou contêiner é usado no agrupamento de cargas heterogêneas, devem ser tomados certos cuidados para:

- aproveitar ao máximo o espaço;
- evitar o empilhamento de cargas mais pesadas sobre cargas menos resistentes;
- distribuir adequadamente os pesos;
- evitar proximidade de cargas incompatíveis, em termos de odor, contaminação ou periculosidade;
- agrupar por destinos finais.

4) **Cargas pesadas**
Com cargas pesadas, como grandes máquinas, transformadores, produtos siderúrgicos etc., o problema maior a ser considerado, além da correta distribuição do peso da carga sobre o piso do contêiner ou da carroceria, é, nesse caso, a movimentação e fixação dessa carga.

Abordagens para a otimização do carregamento

O problema de arranjo da carga num contêiner ou carroceria pode ser definido como um problema de otimização, em que, à medida que o número de itens encaixados aumenta, o custo decresce. Por essa razão, o problema de otimização tem importância econômica. Esse tipo de problema é tratado, frequentemente, com uso de modelagem matemática.

O problema pode ser formulado como um conjunto de n itens que devem ser carregados num contentor com capacidade de C unidades. Um item qualquer i tem um valor v_i e ocupa uma capacidade de c_i unidades. O objetivo é determinar o subconjunto I de itens que devem ser carregados de forma a minimizar:

$$\sum_{i \in I} v_i$$

tal que,

$$\sum_{i \in I} c_i \leq C$$

Aqui a solução é representada por um subconjunto

$$I \subseteq \{1, 2, ..., n\}$$

Outra maneira de formular esse problema é: dado um contentor com comprimento X e largura Y ($X \geq Y$; X, Y inteiros) e uma caixa com comprimento a e largura b ($a \geq b$; a, b inteiros), deseja-se determinar quantas caixas podem ser acomodadas ortogonalmente, ou seja, com as arestas das caixas paralelas às arestas do contentor, nesse contentor.

A solução desse tipo de problema (usando qualquer uma das formulações) requer levar em conta vários aspectos de ordem prática, por exemplo, se todos os itens (caixas) são iguais (em dimensão) ou não são idênticos ou, ainda, se os itens cilíndricos são idênticos ou de tamanhos diferentes.

Existem diversas abordagens para sua solução, entre as quais podem ser citados os métodos exatos (programação linear, Relaxação Lagrangeana, métodos de Branch-and-Bound, programação dinâmica etc.) e os métodos heurísticos cujo objetivo é oferecer uma boa solução para o problema, porém nem sempre a melhor.

Em geral, os métodos matemáticos procuram pela solução ótima. São denominados métodos exatos porque normalmente envolvem alguma forma de programação matemática ou outro procedimento analítico mais rigoroso.

- A programação linear (PL) é uma importante área da programação matemática. Os modelos PL fornecem uma formulação adequada para muitos problemas de otimização e tratam da minimização de uma função objetivo linear, respeitando um conjunto de restrições representadas por um sistema de equações lineares. Esse modelo é resolvido por um algoritmo do tipo Simplex.
- A Relaxação Lagrangeana é uma técnica utilizada para gerar limites inferiores (introduzindo um vetor multiplicador de Lagrange) a serem usados na solução de problemas de otimização combinatória.
- Métodos de Branch-and-Bound são formas opcionais de exploração do espaço de soluções que envolvem uma enumeração parcial do conjunto de todas as soluções possíveis. Essa abordagem é desenvolvida com base em dois conceitos principais: o uso de uma técnica de enumeração controlada e a eliminação de soluções inaceitáveis.

A utilização de algoritmos heurísticos surge como opção para a obtenção de uma boa solução para o problema, num tempo computacional reduzido diante do custo elevado associado às abordagens matemáticas, porém não garante que a solução encontrada seja ótima.

Análise de custo x benefício

Atualmente, o mercado oferece uma gama variada de produtos, muitos deles bastante sofisticados, que permitem resolver uma série de problemas operacionais de transporte, armazenamento, acondicionamento etc., com base em modelos matemáticos. Na área de acondicionamento de carga, existem softwares que definem o melhor arranjo da carga em caminhões, contêineres ou paletes, de forma a otimizar o aproveitamento do espaço.

A escolha do software mais adequado à realidade de uma empresa é uma tarefa que exige cuidado. Além das questões de investimentos, requisitos computacionais, facilidade de uso, manutenção, assistência técnica e atualização, comuns em qualquer software que se deseje adquirir, deve-se sempre verificar detalhadamente se o problema de interesse pode ser representado pelo modelo de otimização que o software emprega, ou seja, se ele é suficientemente realista de forma que permita colocar em prática a solução obtida.

Muitos fracassos e decepções com modelos sofisticados e caros decorrem das adaptações e simplificações necessárias para a sua utilização, que podem desfigurar o problema que se pretende resolver.

Em outras situações, tem-se observado dificuldades para montar e manter atualizada uma base de dados requerida por um modelo sofisticado, pois isso exige investimento, esforço e capacitação incompatíveis com a realidade da empresa.

Em síntese, na utilização de um modelo matemático, deve estar sempre apresentada de forma adequada à realidade da mesma empresa, e não o contrário, onde o problema é adaptado ao modelo. O equilíbrio entre o grau de detalhamento e a representatividade do modelo a uma realidade, bem como seu custo de desenvolvimento e utilização devem ser verificados.

Por outro lado, os benefícios de um arranjo planejado, realista e confiável da carga decorrem do aumento da segurança do veículo, que, por consequência, reflete na contenção dos custos operacionais, e decorrem ainda da otimização da utilização da frota pelo aumento no total da carga transportada.

Melhorando a eficiência da roteirização

Um dos problemas típicos da operação de frotas no transporte rodoviário de cargas é o da coleta e distribuição. Esse problema enquadra-se no contexto da logística do transporte, e suas características básicas são as seguintes:

a) Uma região geográfica é dividida em zonas, cujos contornos podem ser rígidos ou, em alguns casos, podem sofrer alterações momentâneas para acomodar diferenças de demanda em regiões contíguas.
b) A cada zona é alocado um veículo, com uma equipe de serviço, podendo ocorrer outras situações, como mais de um veículo por zona, por exemplo.
c) A cada veículo é designado um roteiro, incluindo os locais de parada, pontos de coleta ou entrega, atendimento de serviços etc., e a sequência em que a equipe deverá atendê-los.
d) O serviço deverá ser realizado dentro de um tempo de ciclo predeterminado. No caso de coleta/entrega urbana, o roteiro típico se inicia de manhã cedo e se encerra no fim do dia (ou antes, se o roteiro for totalmente cumprido antecipadamente). Nas entregas regionais, o ciclo pode ser maior. Há casos de entregas rápidas em que o ciclo é menor do que um dia útil.
e) Os veículos são despachados a partir de um depósito, onde se efetua a triagem da mercadoria (ou serviço) em razão das zonas. Nos casos em que há mais de um depósito, o problema pode ser analisado de forma análoga, efetuando-se, para isso, as divisões adequadas da demanda e/ou da área geográfica atendida.

Algumas questões metodológicas se colocam ao analista, destacando-se as seguintes:

- Como dividir a região de atendimento em zonas de serviço?
- Como selecionar o veículo/equipe mais adequado ao serviço?
- Qual é a quilometragem média da frota e dos diversos tipos associados ao serviço, de forma a quantificar os custos?
- Qual é a fração do serviço (carga coletada ou distribuída, número de chamada etc.) não cumprida num dia útil?
- Qual é a frequência ideal de serviço?
- Como, enfim, selecionar a configuração mais adequada?

Esse tipo de problema apresenta dois níveis de resolução. Na fase de planejamento e projeto do sistema de coleta/distribuição, ainda não se tem ideia precisa dos pontos reais de atendimento. Nesse caso, é mais interessante adotar estimativas aproximadas (de cálculo rápido), de forma a possibilitar a análise de diversas opções. Já na fase de operação, são conhecidos os locais de atendimento. Em alguns casos, esses pontos são fixos, como na distribuição de jornais, entrega de produtos nos estabelecimentos varejistas etc. Em outros casos, os locais de atendimento são aleatórios, sendo conhecidos somente na hora de executar o roteiro de serviços. Como exemplo, citam-se os serviços de entrega de compras para as lojas, os sistemas de atendimento para reparos e consertos etc. Em ambas as situações, é necessário definir um roteiro otimizado para cada equipe de serviço.

As variáveis que influem no dimensionamento de um sistema de coleta/distribuição apresentam, de maneira geral, variações estatísticas apreciáveis. Por essa razão, não é adequado dimensionar o sistema por meio de um modelo determinístico, em que os efeitos da aleatoriedade de algumas variáveis não sejam considerados.

Alguns condicionantes físicos temporais devem ser examinados e incorporados à metodologia de análise e dimensionamento para que os resultados sejam mais realistas.

O primeiro aspecto a considerar é o da capacidade física dos veículos de coleta/distribuição. Dependendo das características físicas da carga (peso e volume) e da capacidade do veículo, é possível acontecer, em certas ocasiões, superlotação do caminhão. Nesse caso, parte da carga não poderá ser transportada pelo veículo, devendo ser atendida de outra forma.

Outra restrição importante no dimensionamento do sistema é a da máxima jornada de trabalho dos tripulantes (motorista, ajudantes). Acima de determinado número de horas de trabalho por dia, o desgaste físico e psíquico torna-se excessivo, prejudicando o empregado e os níveis de desempenho do próprio sistema. Ademais, a jornada máxima é determinada por lei e por acordos específicos com os sindicatos. Ocorre, assim, uma restrição temporal no dimensionamento e na operação do sistema.

Outro problema que surge no dimensionamento de sistemas de coleta/distribuição operando em regiões relativamente grandes é o do desequilíbrio em termos de produção entre os veículos que atendem zonas próximas ao depósito e os que atendem zonas situadas na periferia. Esse desequilíbrio implica tratamento diferenciado para as zonas de coleta/distribuição com base na localização espacial em torno do depósito.

Exemplo de cálculo

Considerar o caso de uma empresa que distribui seus produtos a partir de um depósito, atendendo a uma determinada região. Normalmente, a região assistida é subdividida em zonas de entrega cujo dimensionamento será discutido mais adiante.

Cada zona de entrega é atendida por um veículo, com uma periodicidade prefixada. Por exemplo, a zona 1 pode ser visitada toda segunda-feira; a zona 2, toda terça-feira; e assim por diante. A periodicidade da entrega pode ser semanal, diária, quinzenal, mensal etc., dependendo das características específicas de cada caso. A escolha do período em que as visitas se repetem vai depender basicamente de dois fatores antagônicos: de um lado, o atendimento ao cliente que fica mais satisfeito quando as entregas são mais frequentes; de outro, o custo do transporte para o distribuidor, que seria levado a operar com carregamentos menores para seus veículos, sempre que o espaçamento entre as visitas diminuir, elevando assim seus custos.

Há casos em que o veículo pode executar mais de um roteiro de entrega por dia. Nessa situação, ele volta ao depósito, é carregado novamente e vai atender outra zona.

Nos problemas de distribuição física, é importante conceituar a relação existente entre o número necessário de veículos, a periodicidade das visitas, o número de zonas e o número de clientes atendidos por roteiro.

Seja:

m = número de zonas em que a região deve ser dividida;
t = período de atendimento dos clientes, isto é, o intervalo de tempo entre visitas sucessivas. Por exemplo, para visitas diárias $t = 1$, para visitas semanais $t = 7$ etc.;
T = total de dias úteis na semana (usualmente, trabalha-se também aos sábados, levando a $T = 6$ dias úteis/semana);
n_R = número de roteiros que um veículo pode fazer por dia, visitando uma zona em cada viagem;
n_v = número de veículos em operação na frota de distribuição;
q = número de paradas ou visitas por roteiro, podendo ser para coleta ou entrega de produtos;
N = número total de pontos a serem visitados num período t.

O número de zonas em que a região é dividida corresponde ao número de roteiros diversos executados no período t. Em cada roteiro, são atendidos (q) pontos de parada. Então:

$$m = \frac{N}{q} \tag{1}$$

Um veículo de distribuição trabalha T dias úteis por semana. Realizando n_R roteiros por dia, fará assim $n_R \rightarrow T$ roteiros por semana. Durante um período t, medido em semanas, realizará um total de roteiros dado por:

$$n_R \cdot T \cdot \left(\frac{t}{7}\right) \qquad (2)$$

Como cada zona está associada a um roteiro de entrega ou de coleta, o número de veículos necessários é dado pela divisão de (1) por (2):

$$n_v = \frac{m}{n_R \cdot T \cdot \left(\frac{t}{7}\right)} \qquad (3)$$

Quando a frequência de atendimento aos clientes for diária, a expressão (3) ficará mais simples:

$$n_v = \frac{m}{n_R} \qquad (4)$$

Supondo, por exemplo, que a região atendida tenha um total de 3.600 pontos (clientes) a serem visitados com frequência bissemanal ($t = 14$ dias). Cada roteiro compreende 20 pontos de parada, em média. O número de zonas é, portanto:

$$m = \frac{3.600}{20} = 180 \text{ zonas}$$

Supondo que cada veículo realize dois roteiros por dia, operando 6 dias por semana, tem-se:

$$n_v = \frac{180}{2 \cdot 6 \cdot \left(\frac{14}{7}\right)} = 7,5 \text{ veículos}$$

É preciso arredondar o resultado para 8 veículos. Mas, ao fazer isso, o número de zonas vai aumentar e o número de pontos de parada vai diminuir. Da equação (3), tira-se:

$$m = n_v \cdot n_R \cdot T \cdot \left(\frac{t}{7}\right) \qquad (5)$$

Substituindo $n_v = 8$, $n_R = 2$, $T = 6$ e $t = 14$ em (5), obtém-se:

$$m = 8 \cdot 2 \cdot 6 \cdot (14/7) = 192$$

Tem-se, então, 192 zonas em vez das 180 anteriormente calculadas. Considerando-se agora a expressão (1), tira-se:

$$q = \frac{N}{m} = \frac{3.600}{192} = 18,8$$

Assim, em cada roteiro serão atendidos, em média, 18,8 clientes (número de paradas para entrega ou coleta).

Distância percorrida e tempo de ciclo

Cada roteiro de visitas é constituído pelos seguintes componentes:

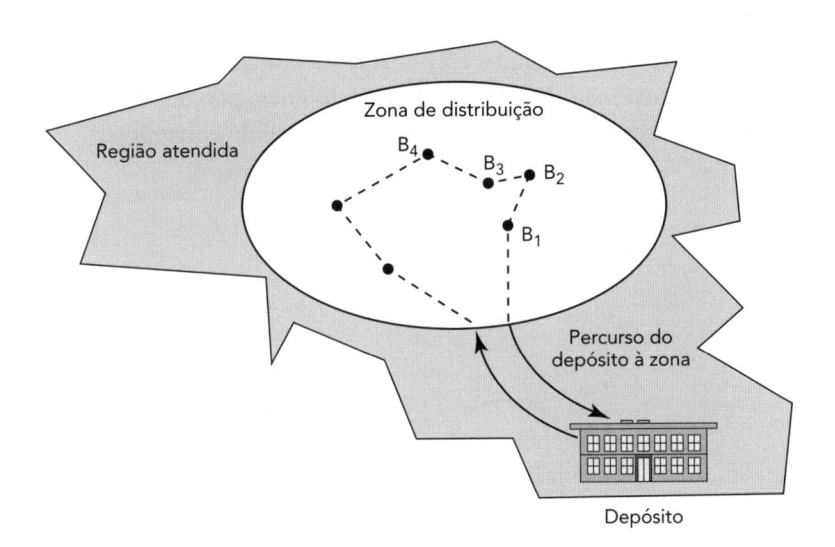

Figura 5.4 – Componentes de um roteiro de visitas.

a) Um percurso desde o depósito até a zona de entrega.
b) Percursos diversos entre pontos de parada sucessivos na zona de entrega.
c) Paradas nos endereços dos clientes para coleta ou entrega de produtos.
d) Percurso de retorno, desde a zona de entrega até o depósito.

Distância percorrida em um roteiro típico
Analisa-se primeiro a distância percorrida pelo veículo em um roteiro típico. Seja d_0 a distância entre o depósito e a zona de entrega. Assim, os percursos de ida e volta até a zona de entrega perfazem um total de $2 \rightarrow d_0$ quilômetros.

Uma forma aproximada de estimar a distância percorrida na zona de entrega é por meio da seguinte fórmula:

$$d_z = k \times \alpha \sqrt{A \times q} \tag{1}$$

Onde:
d_z = distância total percorrida na zona (km);
A = área da zona, em km²;
q = número de pontos visitados na zona;
α = coeficiente de correção que transforma distância em linha reta (euclidiana) em distância real;
k = coeficiente empírico.

O coeficiente k foi ajustado empiricamente por pesquisadores diversos, obtendo-se o valor $k = 0,765$.

Já o coeficiente α leva em conta os efeitos das sinuosidades das vias (ruas, estradas) e do tráfego (ruas com uma mão de direção etc.) na distância percorrida.

Na Figura 5.5, é mostrado o significado do coeficiente de correção α.

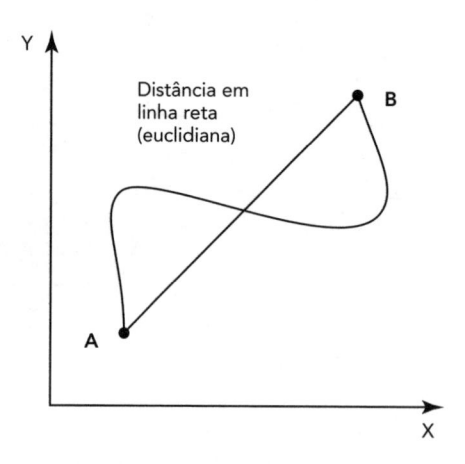

Figura 5.5 – Relação entre distância real e distância euclidiana.

Tomando dois pontos quaisquer A e B, a distância euclidiana (linha reta) entre eles é representada por AB.

Suponhamos que o percurso real entre A e B corresponda a uma distância d. Obviamente, d é igual ou maior que AB. O coeficiente α é calculado dividindo-se d por AB, e, como $d \geq$ AB, o valor de α será sempre igual ou maior que a unidade.

Para ter uma medida representativa de α, é conveniente levantar um conjunto razoavelmente grande de pares de pontos, calculando-se, para cada par, a distância em linha reta (AB) e o percurso real ao longo do sistema viário (d). Ajusta-se, a seguir, uma reta aos pontos. Esse ajuste pode ser feito com o auxílio da Estatística ou por meio do gráfico.

EXEMPLO

No quadro que segue, são apresentadas as distâncias euclidianas (em linha reta) e reais, medidas entre dez pares de pontos escolhidos ao acaso, na cidade de São Paulo. São pontos situados não muito distantes entre si (distância média real em torno de 3,4 km). O ajuste do coeficiente, para esse caso, conduziu ao valor α = 1,52.

Quando a distância entre os pares de pontos aumenta, o valor de α tende a cair porque os efeitos das sinuosidades e restrições de trânsito passam a ser menos significativos. Na literatura especializada, é comum se adotar um valor de α igual a 1,35 para distribuição urbana, considerando-se, para isso, um levantamento suficientemente grande de pares de pontos e com distâncias bastante variadas entre si.

Cálculo do coeficiente α para dez pares de pontos situados na cidade de São Paulo

Par A, B	Distância em linha reta (AB) (km)	Distância real (d) (km)	Alpha (α)	AB × D	(AB)²
1	3,0	4,1	1,37	12,3	9,0
2	1,6	2,0	1,28	3,2	2,6
3	3,9	5,1	1,31	19,9	15,2
4	1,1	2,3	2,01	2,5	1,3
5	1,2	1,7	1,36	2,0	1,5
6	1,6	1,9	1,20	3,0	2,6
7	2,6	4,0	1,53	10,4	6,8
8	1,6	2,7	1,71	4,3	2,6
9	2,2	3,2	1,44	7,0	4,8
10	3,1	6,6	2,17	20,5	9,6

média AB = 2,2 km   média d = 3,4 km

A distância total percorrida num roteiro é dada, então, pela soma das distâncias do depósito à zona de entrega e vice-versa, mais a distância percorrida na zona:

$$D = 2 \times d_0 + d_z = 2 \times d_0 + k \times \alpha \times \sqrt{A \times q}$$

Considerando-se, no exemplo, que a região atendida tenha 830 km² de área, caso possua 192 zonas, cada uma terá 4,32 km² de área, em média. A distância média entre o depósito e as zonas é igual a 11,3 km (dado do exemplo). Em cada zona, são atendidos, em média, q = 18,7 pontos. Adotando α = 1,52 e k = 0,765, obtém-se o percurso estimado para um roteiro de entregas qualquer:

$$D = 2 \times 11,3 + 0,765 \times 1,52 \times \sqrt{4,32 \times 18,7} = 33,0 \text{ km}$$

Resumindo, tem-se:

a) distância percorrida entre o depósito e a zona de entrega e vice-versa

2 x 11,3 = 22,6 km

b) distância percorrida na zona de entrega

$$0,765 \times 1,52 \times \sqrt{4,32 \times 18,7} = 10,4 \text{ km}$$

c) distância percorrida num roteiro:

D = 22,6 + 10,4 = 33,0 km

Tempo médio de ciclo

Para estimar o tempo médio de ciclo, isto é, o tempo necessário para realizar um roteiro completo de entregas (ou coletas), consideram-se adicionalmente as seguintes variáveis:

v_0 = velocidade média no percurso entre o depósito e a zona de entrega, e vice-versa (km/h)
v_z = velocidade média no percurso na zona de entrega (km/h);
t_p = tempo médio de parada em cada ponto visitado (minutos).

O tempo de ciclo, em horas, é dado por:

$$T_c = \frac{2 \times d_0}{v_0} + \frac{d_z}{v_z} + \frac{t_p}{60} \times q$$

No exemplo apresentado (distribuição urbana), tem-se:

v_0 = 30 km/h,
v_z = 7 km/h e
t_p = 7,5 minutos.

O tempo estimado de ciclo é dado então por:

$TC = (2 \rightarrow 11,3/30) + (10,4/27) + (7,5/60) \rightarrow 18,7 = 3,5$ horas

Estratégias para maior produtividade: acordos operacionais

Introdução

O transporte tem sido considerado um dos itens que agregam pesado ônus ao produto no Brasil. Para assegurar sua posição de liderança na disputa pela carga nacional e internacional, as operadoras rodoviárias estão buscando rapidamente adequar-se às exigências cada vez maiores dos embarcadores.

As novas técnicas de administração adotadas pela indústria e pelo comércio atacadista e varejista, visando à melhoria da qualidade de seus produtos e serviços, incluem a logística e o transporte como parte de seus negócios. Algumas transportadoras já trabalham tão integradas que prestam serviço também a fornecedores dos clientes. É uma verdadeira sinergia, envolvendo a mesma transportadora com diferentes usuários.

A produtividade do veículo e os acordos transportador – embarcador

A integração transportador – embarcador

Conforme colocado no item acima, a integração de diferentes clientes com diversos fornecedores de outros clientes é uma reengenharia montada pelos clientes em conjunto com a transportadora para otimizar seus equipamentos de transporte e eliminar a ociosidade.

Essa integração só é possível porque as empresas adotaram sistemas de comunicação com os clientes via computador, e seus caminhões começam a ser monitorados por satélite. Até uns anos atrás, operações como essas eram impensáveis porque a transportadora nem sequer tinha como localizar a carga do cliente no meio da viagem.

Acordos de horários para as operações de coleta/entrega

Bons parceiros e rotas adequadas significam, para muitos transportadores, dois fatores indispensáveis à qualidade final da prestação do serviço, não só do ponto de vista logístico, como também do comercial. Assim, algumas transportadoras resolveram contornar as dificuldades encontradas nos serviços de coleta/entrega nos horários de pico, buscando parceria com embarcadores (indústrias, estatais, empresas de serviços, bancos) e com clientes (supermercados, atacadistas, distribuidores, lojas comerciais).

A produtividade do veículo e os acordos transportador – transportador

Outro exemplo de acordo operacional é a união de tradicionais concorrentes em diversos setores empresariais a fim de solucionar problemas comuns. Muito mais do que luta pela sobrevivência, trata-se de uma questão de sensatez. Assim, da iniciativa de um pequeno grupo de empresas, criou-se o primeiro *pool* operacional no transporte de cargas. A partir daí, o sistema sofreu diversas transformações. As grandes vantagens desse sistema são exatamente as de manter um padrão de serviço, reduzir custos e extinguir a ociosidade. Assim, é possível fazer viagens diárias nas diversas rotas cobertas pelas empresas, coisa que seria totalmente inviável se cada empresa agisse sozinha.

EXEMPLO

Toda vez que há uma queda acentuada no volume de carga transportada, numa determinada região ou rota, as empresas participantes do *pool* se unem a fim de cumprir seus compromissos de entrega e racionalizar esse trabalho, minimizando os custos operacionais. O *pool* abrange hoje todo o país e destina-se, basicamente, ao transporte de carga seca fracionada, em operações de transferência e distribuição de mercadorias como peças, autopeças, eletroeletrônicos, remédios, roupas e tudo o que possa ser acondicionado em caixas de pequeno e médio porte com peso de até 70 quilos.

- No caso das operações de transferência – em que se transportam cargas de um ponto a outro – as rotas são sempre de longo percurso e visam atender regiões onde há deficiência no fluxo de cargas, como nos estados do Norte e do Nordeste. A distância média percorrida, nesses casos, é de 1.100 km. Nessas situações, a empresa que tem maior volume de carga se torna a administradora da viagem. As demais participantes enviam suas cargas para o terminal da administradora, que fica responsável pelo embarque de tudo em um ou mais veículos. Para tanto, utilizam-se sempre caminhões do tipo baú, nos quais a carga é criteriosamente acomodada, e sempre os produtos mais pesados ficam na parte de baixo, enquanto os mais leves são distribuídos sobre eles. Isso dá maior estabilidade ao veículo e, em caso de acidente, pode vir a amenizar os danos às mercadorias. Cada uma dessas empresas, porém, ainda que agindo em *pool*, responsabiliza-se pelo seguro de sua própria carga. Dessa forma, em caso de roubo ou acidente, ela deve ser ressarcida por sua respectiva seguradora.
- Terminada a operação de transferência, inicia-se a de distribuição. Essa etapa consiste na entrega das mercadorias aos seus destinatários. Nesses casos, o *pool* só é utilizado em operações específicas que envolvam clientes considerados especiais. São os casos, por exemplo, de entregas para grandes magazines, atacadistas, redes de padarias, supermercados e shopping centers. Esse tipo de operação costuma acontecer apenas nas capitais e é motivado pelo fato de esses clientes receberem um grande volume de carga. Isso torna o descarregamento complicado, já que toma muito tempo em um percurso de baixa quilometragem. A exemplo do que ocorre com a transferência, também nesses casos a empresa com maior volume de carga é que assume a distribuição.
- Terminada a viagem, seja ela de transferência, distribuição ou ambas as coisas, a empresa administradora apresenta um relatório com os custos da operação. Esse relatório é enviado então à coordenação nacional do *pool*, onde é feito o rateio dos valores proporcionalmente ao volume de carga embarcado por cada participante. Esses valores costumam variar de região para região e não incluem custos com manutenção e encargos salariais. De modo geral, os integrantes do *pool* só têm elogios a fazer ao sistema.

> Na parceria, uma regra é respeitada: o agregado tem a preferência de carregamento em relação à frota própria. É a contrapartida para que ele possa quitar seus compromissos. Outra regra: a preferência é por pessoas que já mantêm vínculos com a empresa. Parte dos agregados utiliza implementos da empresa mediante pagamento de uma taxa simbólica de aluguel e assumindo despesas com manutenção e pneus. Os frutos da parceria para a empresa são a fidelidade do agregado, e, em consequência disso, a confiabilidade dos serviços e o aumento da capacidade de transporte, sem que, para isso, tenha de assumir investimentos em ampliação da frota própria. Por outro lado, a empresa abre as portas para que os agregados consigam realizar o sonho de crescer no negócio dos transportes.

A produtividade do veículo e os acordos transportador – fabricantes de veículos

A busca pela redução de custos de transportes por meio de ganhos de produtividade tem aproximado os frotistas de grandes implementadoras e de grandes montadoras, em sua procura por veículos com dimensões maiores e pesos menores, e dotados de mais espaço para carga.

Uma questão colocada nesse tipo de parceria é: trabalhar com as portas abertas não poderia melindrar o desenvolvimento de algum segredo? A inovação dura pouco no mercado, pois ela é logo desvendada pela pesquisa técnica feita pelos próprios clientes. Por isso, até mesmo o segredo entre concorrentes não tem sentido na prática de parcerias. Isso porque, para a montadora, o interesse de empresas similares pelo produto desenvolvido ajudará a viabilizá-lo comercialmente. Trata-se, antes de tudo, de uma estratégia destinada a substituir os testes feitos com pedras sobre os caminhões pela experiência no próprio campo em que o veículo atuará.

Franchising

Não se pode dizer que a *franchising* acabou de chegar ao transporte rodoviário de cargas. Desde há muito tempo as transportadoras utilizam procedimentos próximos da franquia, como os relacionamentos com os agentes de carga, nomeados nas praças onde não tinham condições de prestar atendimento direto. Hoje, porém, o resgate do sistema por parte de algumas empresas vem revestido de roupagem nova, em que a profissionalização e o conceito de parceria dão o tom. Elas estão adotando a franquia de maneira definitiva, como solução para a expansão da atividade, inserindo-a no planejamento estratégico do negócio do transporte.

Sistema integrado de logística: centro de distribuição, terminais, armazéns

Os acordos de integração de diversos serviços, em locais estrategicamente localizados, por várias empresas fazem parte da tendência mundial e das respostas dos transportadores às pressões de redução de preços e custos impostas para a sobrevivência no mercado.

Em várias cidades surgem instalações com esse objetivo, por exemplo: o Porto Seco (em Porto Alegre – RS); o TIMS – Serra (município de Serra – ES); o Terminal Rodoferroviário de Campinas – SP; o Armazéns Gerais Columbia – SP; e o Terminal Intermodal de Cargas Leste (TIC LESTE) – SP.

Estratégias para maior produtividade – monitoramento eletrônico

O conceito de produtividade

A produtividade pode ser vista como a relação entre faturamento e custo. Otimiza-se a produtividade pela redução dos custos e/ou pelo aumento do faturamento. O veículo está diretamente ligado a esses dois parâmetros no caso do transporte rodoviário de cargas. Aumenta-se o faturamento aumentando o grau de satisfação do cliente; reduzem-se os custos operando o veículo de forma correta e otimizada.

Informações confiáveis são fundamentais para a tomada correta da decisão a fim de aumentar a produtividade no transporte rodoviário de cargas.

Sistemas existentes

Para a realização de monitoramento e controle eletrônico no transporte rodoviário de cargas, têm-se entre os principais sistemas disponíveis no mercado mundial os que operam com as seguintes tecnologias:

Identificadores eletrônicos
São dispositivos que fazem o papel de etiquetas, porém com maior robustez e segurança quanto a fraudes. Esses identificadores podem ser utilizados para controle de cargas ou rotas dos veículos.

Entre os principais identificadores eletrônicos disponíveis no mercado mundial têm-se:

Código de barra: números convertidos em barras impressas em etiquetas, geralmente utilizados para identificação de pequenas cargas. Pode ser copiado facilmente.

Cartão magnético: cartão plástico com tarja magnética, geralmente utilizado para identificação de funcionários. Perde dados na presença de campos magnéticos.

OpticalSmart card: cartão plástico com circuito eletrônico embutido. Geralmente utilizado para identificação ou dinheiro eletrônico. É quebrável e exige alinhamento perfeito para leitura, por possuir oito contatos elétricos.

Transponder: transmite dados por ondas de rádio. Geralmente utilizado para identificações. Não pode ser utilizado dentro de objetos metálicos.

Deggy button: circuito eletrônico encapsulado em aço. Leitura por contato em 0,05s. Possibilidade de falsificação praticamente zero. Utilizado para uma grande gama de aplicações envolvendo identificações e dinheiro eletrônico.

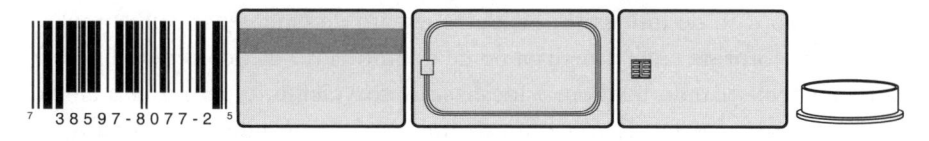

Figura 5.6 – Identificadores eletrônicos – código de barras, cartão magnético, *transponder*, *smart card* e *Deggy button*.

GPS

Global Position System é uma rede de satélites que informa aos veículos suas posições, com precisão entre 15 e 500 metros. Geralmente são associados a *links* de comunicação, compondo assim um sistema de rastreamento (traqueadores).

Os satélites do GPS são utilizados apenas para localização, não sendo possível sua utilização para transmissões de dados. O GPS opera com o seguinte princípio de funcionamento:

- o veículo possui uma antena e uma unidade de processamento das informações;
- o satélite GPS envia para o veículo a sua posição, em latitude e longitude;
- através da antena ligada à unidade de processamento, o veículo capta essa informação para que ela seja transmitida para uma Estação Central de Controle, no caso de rastreamento, ou registrada em seu computador de bordo ou outro sistema de armazenamento local de informações;
- qualquer dado registrado no veículo ou transmitido a uma central será acompanhado da informação cedida pelo GPS, permitindo assim que se tenha sempre a localização do veículo em todas as situações.

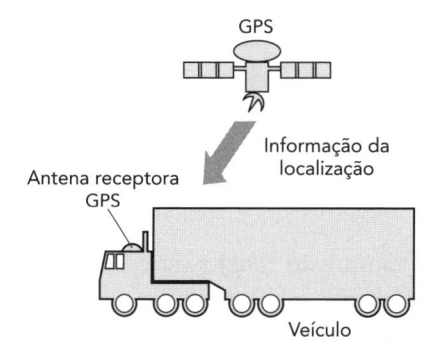

Figura 5.7 – Princípio de funcionamento do GPS.

Sistemas de comunicação integrados ao GPS

Os sistemas de rastreamento de veículos são compostos basicamente por receptores do GPS, que fornece a localização exata do veículo para que esse dado seja associado a qualquer informação ou comunicação com uma estação central, e transceptores, para que os dados sejam enviados do veículo para a central e vice-versa. Esse sistema permite que, por exemplo, no caso de um assalto ou outro evento de emergência, um simples botão acionado pelo motorista envie imediatamente a informação da ocorrência a uma estação central de controle, dando também a localização do veículo, e permitindo ainda que a central envie comandos ao veículo a fim de imobilizá-lo, acender os faróis, disparar buzina, controlar velocidade etc.

Por meio dos sistemas de rastreamento (GPS com *link* de comunicação), pode-se obter na central, a qualquer momento, dados de cada veículo como nível de gasolina e óleo, estado dos freios, velocidade, além de receber mensagens enviadas pelo motorista por meio de um terminal de bordo, situado na cabine do veículo e por sensores instalados no veículo, podendo informar a ocorrência de acidentes como colisão (sensor de impacto), incêndio (sensor de fumaça), capotamento (sensor de ângulo da antena), quebra de vidros etc.

Os sistemas de rastreamento podem ser compostos de duas formas:

- Localização por GPS e transmissão (*link*) para central via satélite. Permite rastreamento de um veículo em qualquer parte do planeta.

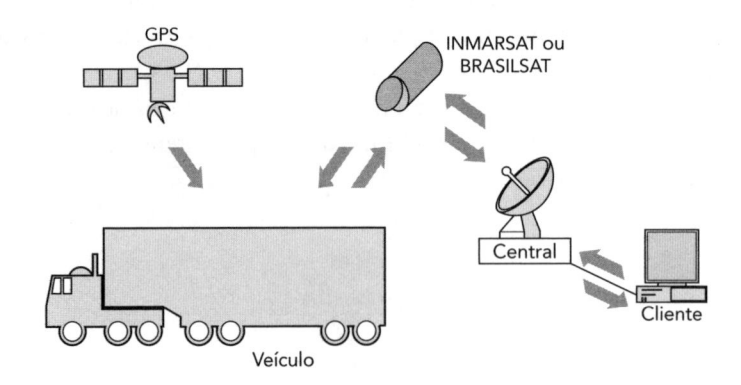

Figura 5.8 – Funcionamento do sistema de rastreamento por GPS com *link* via satélite.

- Localização por GPS e transmissão (*link*) para central via rádio. Permite rastrear um veículo apenas nas áreas urbanas, geralmente com um raio de alcance de 50 quilômetros das torres de transmissão e recepção.

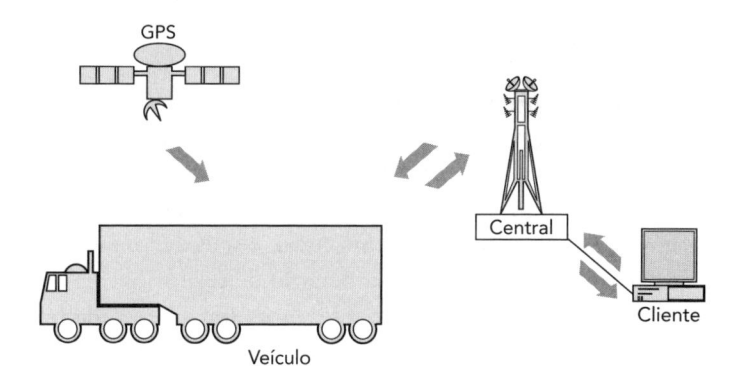

Figura 5.9 – Funcionamento do sistema de rastreamento por GPS com *link* via rádio.

Os fornecedores de sistemas de rastreamento geralmente referem-se a eles como sendo de operação em "tempo real", isto é, na ocorrência de um evento ou envio de qualquer mensagem, a transmissão seria tal que a informação chegaria imediatamente à central ou ao veículo.

Na prática, a transmissão de dados dos sistemas de rastreamento opera na forma "armazena e envia", que pode levar até sete minutos para concluir um envio de dados. Além disso, o veículo pode, em certos casos, estar em áreas de sombra, o que obriga o sistema a aguardar a disponibilidade do satélite (ou outro sistema de transmissão) para enviar a mensagem armazenada (esse tempo, portanto, não pode ser determinado).

Computador de bordo e caixa-preta
São dispositivos eletrônicos instalados nos veículos, com finalidade de coletar informações como velocidade, rpm, pressão de óleo, consumo etc. O computador de bordo possui teclado para que esses dados sejam solicitados pelo próprio motorista a qualquer instante. A caixa-preta não possui acesso, registrando apenas os dados críticos do veículo, isto é, excesso de velocidade, falta de óleo etc.

Software de otimização de rota
Auxilia na distribuição das rotas, apresentando opções de melhores trajetos, de acordo com o horário, a carga transportada etc. Um dos softwares mais utilizados pelas empresas brasileiras é o Trucks, desenvolvido pela Modus Logística, de São Paulo.

Vantagens do monitoramento eletrônico
As vantagens de se utilizar sistemas de monitoramento eletrônico e controle de rotas são várias, de acordo com o sistema e a aplicação adotados.

Apresentam-se a seguir dois exemplos, um de controle de rotas por identificador eletrônico (uma das soluções de menor custo) e um de rastreamento de veículos por GPS com *link* via satélite (a solução de maior custo).

1) Controle de rotas por *deggy button*

Implementação: associa-se *deggy buttons* a pontos de controle nos trajetos dos veículos. Os motoristas, por meio de um leitor portátil, fazem o contato no *deggy button* ao chegar em cada local, registrando, assim, na memória do leitor, a data e a hora de passagem pelo ponto. Ao retornar, o leitor é recolhido por um fiscal, e seus dados são descarregados em um software de gerenciamento para posterior geração de relatórios.

A implementação do *deggy button* garante que a rota seja obedecida nos horários determinados. Todos os dados ficam armazenados no software, informando onde cada motorista esteve, quando e por quanto tempo.

Essa forma de implementação, portanto, traz como principais benefícios:

- diminuição do consumo de combustível, pois não serão mais possíveis desvios de rota sem que esses fiquem registrados;
- redução do desgaste do veículo, pois ele não poderá seguir rotas opcionais para chegar a seu destino;
- a boa imagem da empresa perante o cliente, que terá a entrega de sua carga sempre no horário certo, sabendo também que sua transportadora está implementando avanços tecnológicos para atendê-lo com cada vez mais eficiência.

2) Rastreamento de rotas pelo GPS

Implementação: cada veículo possui um receptor de GPS e um transceptor via satélite para comunicação com uma central de controle.

Permite que, a qualquer momento, o veículo envie dados à central de controle, como informações (acidentes, assaltos etc.) ou estado do veículo (velocidade, freios, óleo etc.). Esse sistema permite também que a central envie mensagens ao veículo, informando rotas de menor movimento naquele horário, acidentes etc. Além de mensagens, a central tem a possibilidade de enviar comandos, podendo controlar a velocidade do veículo, disparar a buzina e até imobilizá-lo em caso de assalto.

Dentre as economias geradas, cabe ressaltar:

- redução no consumo de combustível, pois o veículo não pode sair da rota preestabelecida, e, caso o faça, o aviso na central é imediato;
- imagem da empresa perante o cliente, pois a carga chegará sempre no horário. Além disso, mesmo que a entrega aconteça fora do horário previsto, será possível avisar o cliente em tempo hábil, bem como informar o motivo do atraso (congestionamentos, por exemplo).

- aumento da produtividade, pois, com o controle da rota, o veículo fará mais viagens do que atualmente. Qualquer desvio de rota será informado em tempo real, impossibilitando que um veículo mude o trajeto estabelecido;
- segurança da carga, pois o motorista terá botões de acionamento para o caso de assalto, que será informado imediatamente à central; além de sensores no veículo, podendo informar uma colisão em tempo hábil para que se atenda a ocorrência antes que aconteça saques da carga.

REFERÊNCIAS

ADMINISTRAÇÃO de Transporte. Organização Nacional do Trabalho, 1981.

AGÊNCIA NACIONAL DE TRANSPORTES TERRESTRES. Registro Nacional de Transportadores Rodoviários de Cargas. Brasília, 2004. Disponível em: <www.antt.gov.br/carga/rodoviário/mtrc.asp>. Acesso em: 13 set. 2004.

_____. Transporte multimodal de cargas. Disponível em: <www.antt.gov.br/carga/rodoviário/rntrc. asp>. Acesso em: 13 set. 2004.

AZEVEDO Fº, M. A. N. de. *Procedimento para operação de frotas de veículos de distribuição*. Rio de Janeiro: Universidade Federal do Rio de Janeiro, 1985.

BALLOU, R. H. *Logística empresarial*. São Paulo: Atlas, 1993.

CAIXETA-FILHO, J. S.; GAMEIRO, A. H. *Sistema de gerenciamento de transportes*. São Paulo: Atlas, 2001.

_____; MARTINS, R. S. *Gestão logística do transporte de cargas*. São Paulo: Atlas, 2001.

CAMARGO, O. *Uma contribuição metodológica para o planejamento estratégico com cenários prospectivos em corredores de transporte de carga*. 2004. Tese (Doutorado) – Programa de Pós-Graduação em Engenharia de Produção, Universidade Federal de Santa Catarina. Florianópolis, 2004.

CAMPOS, V. B. G.; RIBEIRO, G. M. *Um procedimento para otimização da operação de coleta de carga fracionada em área urbana*. s. l.: s. n., 2002.

CET/SP – Companhia de Engenharia de Tráfego de São Paulo (1997). Veículo Urbano de Carga. São Paulo. Disponível em: <http://www.cetsp.com.br>. Acesso em: 29 nov. 2005.

CET/SP – Companhia de Engenharia de Tráfego de São Paulo (2003). Circulação de Cargas e Serviços em São Paulo. São Paulo. Disponível em: <http://www.cetsp.com.br>. Acesso em: 6 jan. 2006.

CONFEDERAÇÃO NACIONAL DO TRANSPORTE. Modal Rodoviário de Carga no Brasil. Brasília, 2004. Disponível em: <www.fipe.com.br/indices/idet_consulta.asp>. Acesso em: 13 set. 2004.

_____. Transporte de cargas no Brasil. Brasília, 2004. p. 27. Disponível em: <www.fipe.com.br/indices/idet_consulta.asp>. Acesso em: 13 set. 2004.

_____. Pesquisa Empresa de Cargas CNT 2002. Brasília, 2003. Disponível em: <www.cnt.org.br>. Acesso em: 20 abr. 2003.

DA CUNHA, C. Modelo matemático reduz custos. *Carga e Transporte*, 1995.

DETONI, M. M. L. Operadores logísticos. In: NOVAES, A. G. (ed.) *Logística e gerenciamento da cadeia de distribuição*: estratégia, operação e avaliação. Rio de Janeiro: Campus, 2001.

DIVISÃO DE CONSULTORIA DE TRANSPORTE. *Administração do transporte de carga*: distribuição e acomodação da carga. s. l.: Mercedes-Benz do Brasil S.A., 1998.

DUTRA, N. G. S. O enfoque de "city logistics" na distribuição urbana de encomendas. 2004, 229 p. Tese (Doutorado em Engenharia de Produção) – Curso de Pós-Graduação em Engenharia de Produção e Sistemas, Universidade Federal de Santa Catarina. Florianópolis, 2004.

DUTRA, N. G. S.; BADIN, N. T.; NOVAES, A. G.; LUNA M. M. M. Uma análise sobre os problemas enfrentados e as práticas adotadas no transporte urbano de cargas. In: CONGRESSO DE PESQUISA E ENSINO EM TRANSPORTES, 17, Rio de Janeiro. *Anais da ANPET*, 2003. v. 2, p. 1239-1250. Rio de Janeiro: ANPET 2003. v. 2, p. 1239-1250.

_____; NOGUEIRA, C. W.; ETGES, E. E. As plataformas logísticas e suas relações com os operadores logísticos. In: CONGRESSO DE PESQUISA E ENSINO EM TRANSPORTES, 15. Campinas: *Anais da ANPET*, 2003. v. 2, p. 1239-1250.

EMPRESA BRASILEIRA DE PLANEJAMENTO DE TRANSPORTES (GEIPOT). Anuário Estatístico de Transportes 2001. Brasília, 2004. Disponível em: <www.geipot.gov.br/anuario2001/rodoviário>. Acesso em: 11 out. 2004.

ESTUDO de viabilidade técnico-econômica do Porto Seco. Porto Alegre, 1979.

FLEURY, P. F.; RIBEIRO, A. F. M. *A indústria de operadores logísticos no Brasil*: uma análise dos principais operadores. Rio de Janeiro: Centro de Estudos em Logística. COPPEAD. UFRJ. Disponível em: <www.cel.coppead.ufrj.br>. Acesso em: 14 maio 2003.

FENABRAVE. São Paulo, 2004. Disponível em: <www.sindipecas.org.br/noticias/informativo.asp>. Acesso em: 19 jul. 2004.

GAMEIRO, A. H. A demanda por seguro e o roubo de cargas no transporte rodoviário brasileiro. *Caderno de Seguros*, Rio de Janeiro, Funenseg, 1999, p. 13.

GAZETA MERCANTIL. *Análise setorial*: o futuro do transporte rodoviário de cargas. São Paulo, dez. 2000, 2 v. (Panorama setorial).

GORDINHO, M. C. *Transportes no Brasil*. São Paulo: Nobel, 2006. p. 155.

JUNQUEIRA, L. Carga, serviços e logística urbana: como ajudar a diminuir o custo, 2004. ANTP – Associação Nacional de Transportes Públicos. Disponível em: <www.antp.org.br>. Acesso em: 23 nov. 2005.

KATO, J. M. *Cenários estratégicos para o transporte rodoviário de cargas no Brasil*. Tese (Doutorado) – Programa de Pós-Graduação em Engenharia de Produção, Universidade Federal de Santa Catarina. Florianópolis, 2005.

KOMAROVA, A. D. H. *Transporte multimodal de cargas*: análise de alternativas. 2000. 165 p. Dissertação (Mestrado) – Instituto Militar de Engenharia. Rio de Janeiro, 2000.

LEITE, J. G. M. *Logística de transporte de cargas*. Apostila Técnica. Universidade Federal do Paraná, 1993.

LEITE, A. O.; BARROS, E. M.; MISQUIATI, D. L. Gestão sobre a circulação de mercadorias como elemento de ordenação do tráfego urbano – o caso do rodoanel metropolitano de São Paulo. In: CONGRESSO BRASILEIRO DE TRANSPORTE E TRÂNSITO, 12, ANTP, 1999.

LIMA JR., O. F. *A carga na cidade*: hoje e amanhã. 2003. Disponível em: <www.fec.unicamp.br/~lat/artigo01.htm>. Acesso em: 29 nov. 2005.

LIMA, M. P. *O custeio do transporte rodoviário*. Rio de Janeiro: CEL-COPPEAD. UFRJ. P.1. Disponível em: <http://www.cel.coppead.ufrj.br?fr-custeio.htm>. Acesso em: 14 maio. 2003.

MADEIRA, E. M. F. *Movimentação urbana de cargas*, 2000. ANTP – Associação Nacional de Transportes Públicos. Disponível em: <www.antp.org.br>. Acesso em: 29 nov. 2005.

MERCEDES BENZ. Administração do transporte de carga: distribuição e acomodação da carga.

_____. Administração do transporte de cargas – planilhas e informações. Gerência de Marketing, 1988.

_____. Administração do transporte de carga – planejamento e racionalização.

MIC/STI – SICCT – IPT – SENAI. *Programa adequação*: embalagem e acondicionamento para transporte e exportação. Ministério da Indústria e Comércio, 1984.

MIC/STI/IPT. *Embalagem de transporte*: guia de uso. Ministério da Indústria e Comércio, 1975.

NOVAES, A. G. *Logística e gerenciamento da cadeia de distribuição*: estratégia, operação e avaliação. Rio de Janeiro: Campus, 2001.

N_____. *Sistemas logísticos*. São Paulo: Edgar Blucher, 1989.

NOVAES, A. G.; ALVARENGA, A. C. *Logística aplicada*. São Paulo: Pioneira, 1994.

NUNEZ, A.; SOUSA, F. B. B.; MICHEL, F. D. Os GAP'S da qualidade no transporte multimodal de carga. In: TRANSPORTE EM TRANSFORMAÇÃO, 7; Confederação Nacional do Transporte, 2002, Brasília. Trabalhos vencedores do prêmio CNT Produção Acadêmica 2002. Brasília: LGE, 2003. p. 129-144.

PEÇANHA, F. E. B. Os atuais caminhos da indústria do transporte no Brasil. *Revista do IRB*. Rio de Janeiro, n. 288 p. 10, abr./jun. 2002.

REVISTA *Brasil Transportes*, vários números.

REVISTA *Carga e Transporte*, vários números.

REVISTA *Movimentação e Armazenagem*, vários números.

REVISTA *Transporte Moderno*, vários números.

SEMINÁRIO de Manutenção & Lucratividade. Editora TM Ltda., 1991.

SIMEFRE. Desempenho do setor de implementos rodoviários. São Paulo, 2003. Disponível em: <www.simefre.org.br>. Acesso em: 1 jul. 2003.

SCHLUTER, M. R. A estrutura de decisão do operador de transporte de cargas pelo usuário varejista de pequeno porte. 1984, 122 p. Dissertação (Mestrado em Engenharia de Produção) – Programa de Pós--Graduação em Engenharia de Produção, Universidade Federal do Rio Grande do Sul. Porto Alegre, 1984.

_____; SCHLUTER, G. H. *Gestão da empresa de transporte de carga e logística*. s. l.: Editora Horst, 2006.

TERMINAL Intermodal de Carga Leste. DERSA, 1986.

UELZE, R. *Logística empresarial*. São Paulo: Pioneira, 1974.

_____. *Transporte & frotas*. São Paulo: Pioneira, 1978.

VALENTE, A.; PASSAGLIA, E.; NOVAES, A. G. *Gerenciamento de transporte e frotas*. São Paulo: Pioneira Thomson Learning, 2001.

VALENTE, A. M. Um sistema de apoio à decisão para o planejamento de fretes e programação de frotas no transporte rodoviário de cargas, 1994. Tese (Doutorado) – Universidade Federal de Santa Catarina. Florianópolis, 1994.

VASCONCELLOS, E. A. *Transporte urbano nos países em desenvolvimento* – reflexões e propostas. 3. ed. São Paulo: Annablume, 2000.

VIANNA, G. Nova Imigrantes proibida para caminhões. *Transporte Mundial*, São Paulo, n. 8, p. 10, fev./mar. 2003.

_____. Transporte de cargas quer regras para atrair investimentos. *Transporte Mundial*, São Paulo, n. 4, p. 10, jun./jul. 2002.

CAPÍTULO 6

Transporte Aéreo

José Carlos Mello

Introdução

Como qualquer outro sistema de transportes, o aéreo, seja de cargas, seja passageiros, tem por finalidade unir mercados produtores e consumidores.

Essa observação é importante porque durante décadas ele se revestiu de certo *glamour*, que fez que a maioria das empresas o encareça como um fim em si mesmo.

Por um longo período não houve atividade comercial mais elitista que a aviação comercial, o próprio ato de viajar ou trabalhar nela já conferia *status* às pessoas.

Como o sentido empresarial ficava em segundo plano, as empresas eram pouco lucrativas ou mesmo deficitárias. Transmitiam ao público a imagem de um setor de difícil gestão, com baixa lucratividade. Buscavam a proteção dos poderes competentes, pediam monopólios e organizavam-se em cartéis abençoados pelas autoridades que deveriam combatê-los.

O usuário, alvo de todo aquele que pretende vender um produto ou serviço, ficava numa posição inferior, era apenas um mal necessário. A publicidade focava somente a paradisíaca primeira classe, onde o passageiro era realmente bem-vindo.

Um grande número de empresas era estatal, sempre deficitário e subsidiado por contribuintes que jamais entrariam em um avião, talvez, nem mesmo em um aeroporto.

A concorrência inexistia, o mercado era harmonicamente fracionado para que não houvesse competição. Não havia sequer estímulo para atrair mais passageiros. A receita total era otimizada com poucos compradores e tarifas elevadas. "Reduzir tarifas e aumentar o número de usuários? Nem pensar... Por que aumentar a quantidade daqueles que não passavam de um mal necessário?"

A ideia da inviabilidade do negócio fazia que mesmo os mais prejudicados, os usuários, a apoiassem. Afinal, era assim ou não haveria aviação comercial.

Outros vendiam a imagem de atividade estratégica, uma espécie de reserva para conflitos bélicos; portanto, a aviação precisaria ser protegida para que empresas não quebrassem, e a mobilização nacional não fosse prejudicada.

Criatividade, aumento de produtividade, organização de malhas, redução do absurdo número de empregados ou de lojas espalhadas por locais onde as empresas não voavam e onde ninguém sabia de sua existência não eram assuntos tratados por seus dirigentes. Afinal, os poderes concedentes sempre aceitavam seus argumentos sobre a dificuldade em manter seus equilíbrios econômicos e financeiros, e permitiam o aumento das tarifas ou as subsidiavam. Naturalmente as relações entre os fiscalizados e os fiscalizadores não eram as mais transparentes, nem visavam proteger os usuários, que ficavam à mercê de *over booking*, de serem preteridos por apaniguados no momento do embarque e de pagarem tarifas absurdamente caras.

Esse era o quadro geral em quase todos os países. A Europa, com suas empresas estatais, e a América Latina, com estatais e empresas privadas protegidas pelo Estado, viviam as piores situações. As norte-americanas tinham menos proteção, mas a competição era limitada.

É claro que essa situação não poderia se eternizar, uma mera atividade meio em algum momento sofreria críticas e pressões daqueles a quem ela deveria servir.

A reação veio dos Estados Unidos. Em outubro de 1978 foi aprovada uma nova legislação para a aviação comercial, chamada "The Airline Deregulation Act". Seu principal objetivo era estimular a competição entre as empresas. As principais metas dessa legislação foram:

- Estimular a concorrência, evitar práticas concorrenciais desleais e manter o atendimento a pequenas localidades;
- Focalizar as atenções do CAB (Civil Aeronautics Board), órgão regulador na segurança do voo e na fiscalização da manutenção das aeronaves;
- Aquisições, fusões, operações conjuntas deveriam ser aprovadas previamente pelo CAB;
- Permitir a liberdade tarifária, fiscalizando as práticas predatórias;
- Facilitar a entrada de novas empresas no mercado e em rotas já exploradas;
- A partir de 1983 o CAB não interferia mais em questões tarifárias, aquisições e fusões. O CAB deveria ser extinto em 1985.

O impacto da lei foi altamente positivo para o mercado. Por exemplo:

- Entre 1979 e 1988, o número de cidades atendidas pelo transporte aéreo aumentou 20%;
- No mesmo período, o número de passageiros cresceu 40%;

- Aumento na segurança: em 1970 houve 300 acidentes; em 1987 o número baixou para 180;
- Redução das tarifas em 21%;
- Crescimento do número de novos passageiros: 25%;
- De 1979 a 1983 foram criadas 49 novas companhias.

O mercado se reogarnizou. As principais vítimas foram algumas grandes companhias, que não estavam preparadas para atuar em mercados competitivos. A maior e mais emblemática empresa aérea do mundo, a Pan American Airways, faliu em dezembro de 1990, após mais de uma década de dificuldades pela sua incapacidade de se adaptar às novas características do mercado. Em compensação, novas companhias surgiram e outras cresceram. Os passageiros e as atividades mais dependentes da aviação, como o turismo e os negócios em geral, ganharam novas opções de voos e tarifas.

Ficou demonstrado que a mão pesada do Estado reduz a competição, a criatividade empresarial, e estabelece relações que não poderiam existir entre reguladores e regulados; quando a intervenção do Estado é retirada, as novas empresas, sem os vícios anteriores, crescem e as velhas sofrem por não saber viver sem a proteção do poder público.

Alguns anos mais tarde, os ventos liberalizantes chegaram à Grã-Bretanha. Foram liberadas tarifas e rotas. A British Airways e os aeroportos foram privatizados. No Canadá a desregulamentação ocorreu em 1980 e na Austrália, em 1990. Na América Latina, o Chile foi o primeiro país a seguir a nova tendência.

O efeito positivo foi rápido: novas empresas surgiram, as tarifas ficaram mais baratas e mais pessoas puderam voar.

Pouco a pouco outros países foram aderindo à nova maneira de encarar e regular a aviação comercial, dando mais ênfase à segurança dos voos e ao tráfego aéreo e se preocupando menos com a concorrência, que deve sempre ficar a cargo das forças do mercado e de organismos governamentais, cuja missão é fiscalizar práticas anticoncorrenciais e proteger o consumidor.

As empresas aéreas estatais, sempre deficitárias, foram sendo privatizadas. Atualmente poucos países as operam, muitas sobrevivem em nome da tradição, outras por antiquados conceitos de segurança nacional, e a maioria por força do corporativismo de seus empregados. Seja qual for a razão, elas têm em comum os prejuízos ao contribuinte.

A concorrência permitiu que arrojo e criatividade tomassem conta do mercado. Novos modelos operacionais sugiram, dos quais se devem destacar as chamadas empresas *"low cost, low fare"*, baixo custo com baixa tarifa. Elas, juntamente com os voos fretados (*charters*), popularizaram o transporte aéreo, tornaram-no acessível às pessoas que no período anterior nem poderiam sonhar em entrar em um avião. Atualmente na Europa e nos Estados Unidos os *charters* respondem por mais de 50% do mercado.

Aspecto internacional da regulamentação

Entre os sistemas de transporte, o aéreo é o mais integrado internacionalmente, para isso ele necessita de regras que sejam obedecidas por todos os organismos voltados à regulação, à concessão, ao controle do tráfego, à segurança e ao projeto dos aeroportos – e até mesmo pelos fabricantes de aeronaves.

O órgão normativo internacional é a ICAO (Internacional Civil Aviation Organization).

Trata-se de uma agência da ONU fundada em 1947 e sediada em Montreal, no Canadá. Sua missão é padronizar as práticas da navegação, da segurança da aviação comercial no mundo e tudo mais que seja relacionado a isso, como normas para tripulantes, cartas aeronáuticas, meteorologia, operação das aeronaves, telecomunicações, aeroportos, informações, meio ambiente e transporte de produtos perigosos.

Possui nove escritórios regionais. O da América do Sul fica em Lima, Peru. Atualmente são 190 os países-membros; quando foi assinada a Convenção de Chicago, em 1944, que deu origem a ICAO, foram apenas 52 os países signatários.

O seu Plano Estratégico para os anos 2005 a 2007 estabeleceu os seguintes objetivos:

- Aumentar a segurança da aviação civil em geral;
- Proteger o meio ambiente;
- Melhorar a eficiência operacional;
- Manter a continuidade das operações;
- Fortalecer a regulamentação internacional.

O seu orçamento para o mesmo período foi de US$ 197 milhões.

Na reunião de Chicago, em 1944, ficou estabelecido que as liberdades fundamentais para o transporte aéreo seriam:

1ª) Direito de sobrevoo pelo espaço aéreo de um país;
2ª) Direito a pouso técnico;
3ª) Direito de levar passageiros de uma origem a um destino determinado;
4ª) Direito inverso, de trazer o passageiro de determinado destino à sua origem;
5ª) Direito de trazer e levar passageiros entre pontos intermediários;
6ª) Trazer passageiro de um país passando por outro;
7ª) Direito de operar entre dois países sem passar pelo país da bandeira da empresa;
8ª) Direito de atuar no tráfego doméstico em dois pontos: cabotagem consecutiva;
9ª) Direito de operar dentro de outro país: cabotagem pura.

O Brasil é signatário de 31 atos referentes à aviação civil. O primeiro (Convenção de Varsóvia) foi assinado em 1929 e estabelecia obrigações e direitos de transportadores e transportados. Posteriormente, sem ter sua essência alterada, foi modificado pelos protocolos de Haia (1995) e de Montreal (1977).

Um fato curioso é que em 1910, em Paris, logo após o surgimento do avião, houve uma reunião com a participação de 18 países europeus, para discutir uma regulamentação supranacional para o novo modelo de transporte, uma vez que ele não se limitaria a ser utilizado dentro das fronteiras nacionais. Em 1917, em plena Primeira Guerra Mundial foi criada a Inter – Allied Aviation Commitee. Em 1919, na Conferência de Paz realizada em Paris, o tema voltou a ser tratado.

A partir de 1919 começou a funcionar uma entidade, a "velha Iata", cujos membros eram apenas companhias europeias. Em 1939 a Pan American tornou-se o primeiro sócio de fora do velho continente.

Outra importante organização é a Iata (International Air Transport Association), responsável por estabelecer normas comerciais que atendam uma atividade multinacional inteiramente global. Foi criada em 1945 e hoje possui 250 associados entre empresas aéreas, agentes de viagem e atividades de apoio. Na fundação eram apenas 57. Seus membros representam 94% do tráfego aéreo internacional. Sua sede fica em Montreal (Canadá) com um escritório executivo em Genebra, na Suíça.

Em 1979 a Iata passou a contar com duas divisões com finalidades complementares, porém distintas:

- *Trade Association*, para lidar com aspectos técnicos, financeiros e serviços;
- *Tariff Coordination*, responsável por todos os aspectos ligados às tarifas de passageiros e cargas. Dessa coordenação participam aproximadamente 100 empresas aéreas, funciona como uma câmara de compensação tarifária.

Uma importante organização internacional de apoio à aviação é a Sita, Sociedade Internacional de Telecomunication Aeronautique, que provê soluções nas áreas de informática e telecomunicações à indústria de transporte aéreo. São associados à Sita mais de 600 membros com um total de 1.800 clientes em todo o mundo. Em 2006 a sua receita foi de $ 1,40 bilhão de dólares. A sede fica em Genebra, e a organização possui escritórios regionais em várias partes do mundo, inclusive no Brasil.

Cada país possui seus órgãos voltados à regulação, segurança de voo e controle do tráfego aéreo. No Brasil, a regulação, a concessão de linhas e serviços é feita pela Agência Nacional de Aviação Civil (Anac), que em 2006 substituiu o Departamento de Aviação Civil (DAC). O controle do tráfego está sob a responsabilidade do Comando da Aeronáutica e a segurança é compartilhada entre esse Comando e a Anac. A investigação dos acidentes aéreos é realizada pelo Centro de Investigação e Prevenção de Acidentes Aeronáuticos (Cenipa), subordinado ao Comando da Aeronáutica. Normalmente essas investigações são acompanhadas pela Icao, pelas agências norte-americanas FAA e NTSB, pelos fabricantes e por autoridades aeronáuticas do país no qual foi produzido o avião acidentado.

A autoridade maior na definição da política para a aviação civil brasileira é o Conselho Nacional de Aviação Civil (Conac), instituído por decreto de agosto de 2000. É presidido pelo ministro da Defesa.

O Sistema de Controle do Espaço Aéreo Brasileiro (Sisceab) tem como órgão central o Departamento de Controle do Espaço Aéreo (DCEA), a ele está subordinado o Sistema de Defesa Aérea e Controle de Tráfego Aéreo (Sisdacta), composto por quatro Cindactas localizados em Brasília, Curitiba, Recife e Manaus, que são responsáveis pelo monitoramento dos voos. Esse sistema possui 174 radares.

A partir de 2010 entrou em funcionamento um novo método de controle do tráfego aéreo. O Sistema CNS/ATM – Sistema de Comunicações, Navegação, Vigilância e Gerenciamento do Espaço Aéreo, constituído por uma rede de satélites, trabalha diretamente com as aeronaves, complementando e tornando mais segura a função antes exercida pelos controladores de tráfego.

O controle do tráfego aéreo civil em outros países é feito por entidades públicas, privadas ou mistas, raramente por organizações militares como ocorre no Brasil.

O transporte aéreo no Brasil é regulamentado pelo Código Brasileiro de Aeronáutica aprovado pela Lei 7.565 de 19.12.1986. Esse código foi ultrapassado pela modernização ocorrida na aviação comercial a partir de 1990, pois era válido para um mercado que não existia mais.

O tráfego aéreo entre diferentes países é estabelecido em acordos bilaterais, que definem o número de frequências e de companhias que podem viajar entre eles, em raros casos o limite não é dado por voo, mas por assentos. Alguns países são mais liberais, entendem que, quanto mais voos, melhor para o mercado, outros limitam o número de viagens a pretexto de proteger companhias locais. Essa prática não tem se mostrado a melhor, pois restringe o acesso a mercados e não tem sido capaz de modernizar as empresas tuteladas pelo Estado.

A tendência é tornar os mercados mais abertos, chegando em algum momento aos chamados "céus abertos", nos quais uma companhia pode voar para outro país sem as habituais limitações dos acordos bilaterais, como já ocorre na União Europeia (UE). Em 2008, o acordo passou a abranger os voos intercontinentais entre a UE e os Estados Unidos.

Outra forma de proteger empresas é a chamada monodesignação, ela ocorre quando um país determina apenas uma empresa para realizar os voos previstos nos acordos bilaterais; é o monopólio da bandeira nacional.

Essa prática foi predominante durante décadas. Não passava de um favorecimento político a empresas poderosas ou estatais. A história provou que nenhuma das beneficiadas pela monodesignação pôde ser considerada moderna, competitiva ou lucrativa. Muitas faliram tão logo perderam o privilégio. Entre os muitos exemplos estão a norte-americana Pan Am e a nacional Varig.

Restrições de acesso ao mercado, monodesignação, acordos bilaterais restritivos, limitações à participação de capital estrangeiro em companhias nacionais não se mostram eficientes para prover boas gestões empresariais, nem para beneficiar os usuários; ao contrário, eles são os mais prejudicados com essas práticas protecionistas. As empresas se tornam ineficientes e simplesmente transferem seus custos aos passageiros. Nos países onde esses procedimentos são adotados, a demanda cresce sempre abaixo do potencial, fica reprimida; quando essas regras impeditivas da concorrência acabam, a demanda cresce a taxas elevadas. Isso tem ocorrido em todo o mundo.

O transporte aéreo no Brasil

Precedida por seis autorizações concedidas pelo governo federal entre 1918 e 1919, para o funcionamento de empresas aéreas que nunca decolaram, a Varig começou a voar em 1927 entre Porto Alegre e Pelotas, sobre a lagoa dos Patos, com um avião *Dornier*, o Atlântico, cedido pela empresa alemã Condor Syndikat.

Ainda em 1927, foi criada no Rio de Janeiro uma empresa brasileira controlada por acionistas alemães, Condor Syndikat. Ela iniciou suas operações com um avião *Junker* na linha Porto Alegre-Rio de Janeiro, com um voo a cada duas semanas. A viagem de ida e volta durava quatro dias. Em 1942, sob os efeitos da Segunda Grande Guerra, a empresa foi nacionalizada e passou a chamar-se Cruzeiro do Sul.

Em 1933 foi fundada a Viação Aérea São Paulo (Vasp) com dois aviões de fabricação inglesa, o Monospar, que foram utilizados inicialmente entre São Paulo, Ribeirão Preto, São Carlos e Uberaba. A empresa, que começou privada, enfrentou dificuldades financeiras desde o início e acabou estatizada em 1935, inicialmente tendo como acionistas o Estado e a cidade de São Paulo. Mais tarde o município abriu mão de sua participação.

A falta de rodovias, a precariedade dos transportes aquaviário e ferroviário de passageiros constituíram enorme estímulo para o crescimento do transporte aéreo. A partir do fim da Segunda Guerra até o final dos anos 1950 operaram mais de 30 empresas nacionais.

Além dos fatores de estímulo apontados, ao término do conflito o Brasil havia acumulado divisas e o mercado tinha disponíveis milhares de aviões e peças excedentes de guerra. Notadamente o DC-3, avião robusto e capaz de operar em pistas de terra e curtas. Esses aviões eram vendidos por 10% de seu valor original, o que facilitou sobremaneira constituir uma empresa de aviação.

Antes, nos anos 1920 e 1930, empresas de outros países voaram no Brasil, tanto no transporte de passageiro quanto no de malas postais.

A mais importante delas, pelo menos a que deixou mais lembranças na história da aviação comercial brasileira, foi a francesa Latécoére, que anos mais tarde daria origem à Air France.

Em 1928 a Latécoére inaugurou um voo postal entre a França e a América do Sul, que foi imortalizado em *O Correio do Sul*, obra de um de seus pilotos, Antoine de Saint-Exupéry. Eram os tempos românticos e heroicos da aviação.

No mesmo ano a Latécoére iniciou um voo noturno entre Rio de Janeiro e Buenos Aires.

As operações da empresa francesa foram antecedidas por uma equipe técnica, que chegou ao Brasil em 1924. Dentre seus feitos está a abertura de um grande número de pistas de pousos de Natal a Porto Alegre.

No início da década de 1930 a Pan American criou uma subsidiária brasileira, a Panair do Brasil, que chegou a ser a mais importante empresa nacional. Na década de 1950 ela voava para Europa, Oriente Médio e Estados Unidos. Em 1964 foi decretada a sua falência. Suas linhas, seus aviões e seu acervo técnico foram, por decreto, passados à Varig.

A alemã Condor Syndikat realizou voos domésticos no Brasil entre fevereiro e junho de 1927. Com o lançamento da Varig, que ela ajudou a criar, foram encerradas aquelas operações.

Em 1931 foi realizado o primeiro voo de Correio Aéreo Militar (CAM) entre Rio de Janeiro e São Paulo. Ao longo daquela década o serviço foi estendido a todo o país, transportando malas postais e prestando atendimento às populações mais isoladas.

Em 1934 foi iniciado outro serviço aeropostal militar, dessa vez pela Aviação Naval. O primeiro voo partiu do Rio de Janeiro em direção a Florianópolis, com várias escalas ao longo do litoral.

Com a criação da Força Aérea Brasileira em 1941, os dois serviços foram fundidos, criando-se o Correio Aéreo Nacional (CAN), que prestou relevantes serviços à integração nacional, principalmente na Amazônia, em um período em que o transporte comercial era incipiente e a infraestrutura, praticamente inexistente.

Desde seus primórdios até 1964, o Brasil contou com uma aviação dinâmica e competitiva. Havia liberdade tarifária ao ingresso de novas empresas e não existia a monodesignação da bandeira brasileira nos voos para o exterior.

O mercado competitivo, no qual empresas ineficientes desaparecem e outras surgem, teve seu fim decretado em 1964. Iniciou-se um longo período de políticas setoriais equivocadas, que o tempo se encarregou de provar o quanto elas foram maléficas para a economia brasileira, na medida em que inibiram o crescimento de outros setores, como o turismo, e reprimiram a demanda.

A partir de 1965 o número de companhias ficou reduzido a apenas quatro, que depois tornaram-se três. O próprio poder concedente estimulou o cartel entre elas e designou apenas uma empresa, a Varig, para voar ao exterior.

O Decreto 72.898 de outubro de 1973 impôs uma série de restrições à criação de novas empresas aéreas e só foi revogado em novembro de 1990.

Não é difícil imaginar o que aconteceu. Cartéis e monopólio são as maneiras mais fáceis de acomodar a administração empresarial e prejudicar os usuários.

Em que pesem as três empresas prestarem serviços diferenciados, com frotas e custos distintos, as tarifas eram praticamente as mesmas, como exemplificado no Quadro 6.1.

Quadro 6.1 – Tarifas

Origem/Destino	Transbrasil	Vasp	Varig
S. Paulo-P. Alegre	215	218	217
Rio-Brasília	220	226	224
Curitiba-Florianópolis	100	105	105
S. Paulo-Belém	425	427	426
B. Horizonte-Salvador	235	237	236
P. Alegre-Fortaleza	505	509	507
Ponte aérea (Rio-São Paulo)	130	130	130

Qualquer ideia nova no longo período em que essa absurda prática perdurou, de 1965 a 2000, era mal recebida. As direções dessas empresas não queriam nada que lhes pudesse tirar da cômoda posição em que se encontravam, protegidas e simplesmente transferindo todas as suas ineficiências para o preço das passagens, que chegaram a ser as mais caras do mundo.

As empresas não planejavam as próprias atividades, não havia introdução de novas tecnologias nem de estudos para a aquisição de aviões, as malhas aéreas eram desenhadas de modo empírico, o número de funcionários era excessivo e as relações com o órgão regulador não eram as mais apropriadas. Não havia transparência nem regras claras. O poder concedente fazia de conta que mandava, quando na realidade apenas cumpria ordens das três empresas, que, por sua vez, organizavam um exército de lobistas entre políticos e formadores de opinião para defender seus interesses e impedir a entrada de novos concorrentes. O pensamento era manter esta situação para todo o sempre.

Esqueceram-se de que os aviões têm uma vida útil, não duram eternamente, que os novos serviços e tecnologias exigem espaço e, por fim, que no mundo globalizado é muito fácil comparar com o resto do mundo o que se passa em apenas um lugar.

A incompetência, como a competência, fica mais ressaltada que em tempos nos quais as trocas de informação não eram tão intensas e instantâneas.

O pensamento era realmente retrógrado. Em 1961 e 1963 foram realizadas duas importantes conferências voltadas ao transporte aéreo, a Conferência de Petrópolis e a do Hotel Glória, no Rio de Janeiro. Na primeira, a ideia central foi restringir a oferta, e, na segunda, controlar a concorrência.

Estavam lançadas as sementes para o terreno fértil do pós-1964, no qual a segurança nacional era associada à tutela a empresas dos mais diferentes setores. Nesse período as economias de escala eram objetos praticamente exclusivos das grandes empresas. Como a melhor escala de produção é algo que só pode ser definido pelo dono do negócio, e não por burocratas e teóricos, é claro que algo daria errado. O curioso é que essa ideia de escala ótima de produção associada ao grandioso foi predominante na União Soviética, e o resultado dessa política econômica foi o aparecimento de macroindústrias sem controle efetivo, imensas plantações agrícolas, nas quais a produção apodrecia antes da colheita. No transporte aéreo predominava o monopólio da Aeroflot com seus cinco mil aviões e helicópteros, enquanto as maiores empresas do mundo capitalista tinham apenas 10% da frota da congênere soviética.

Atualmente, as tarifas cobradas pelas empresas variam conforme o dia, a hora, a baixa ou a alta estação, além de descontos promocionais e voos noturnos mais baratos. O objetivo das tarifas diferenciadas é melhorar a ocupação das aeronaves em horários e dias de baixo movimento e, ao mesmo tempo, criar novas opções aos usuários, o que não era necessário nos tempos do cartel.

Naquele período, mais de 85% dos passageiros tinham a sua viagem paga por uma pessoa jurídica.

Nessa época foi publicado nos Estados Unidos um livro sobre negócios intitulados *Small is beatiful*. Aqui no Brasil, como entre os russos, ocorreu o contrário: *Only big is beautiful*. Pode ser, mas no caso da aviação brasileira, viu-se o contrário.

O número de passageiros era ínfimo, bem aquém do que permitia a nossa economia. Não havia correlação entre o número de usuários e o PIB.

Em 1978, foram transportados apenas 9,2 milhões de passageiros em voos domésticos e internacionais, em 1988, 17,5 milhões. Números ridículos para a época. Indicativos de que alguma coisa estava muito errada.

A partir de 1990 os ventos liberalizantes chegaram ao Brasil, como sempre com grande atraso em relação aos países desenvolvidos.

O ambiente começou a mudar, passou-se a falar em livre concorrência, proteção ao consumidor, liberdade tarifária e abertura do mercado para novas empresas e serviços.

O modelo protecionista mostrava-se esgotado. As empresas aéreas protegidas nos últimos 25 anos apresentavam prejuízos ano após ano, as tarifas eram cada vez mais altas e as frotas envelheciam. O protecionismo estava inteiramente na contramão daquilo que se passava nos países mais desenvolvidos. No próprio Brasil começava haver a percepção de que o Estado era o principal fator de atraso e principal produtor de inflação por causa de seus crônicos *deficit* públicos.

A década de 1990 começou com a redução do tamanho do Estado, com as privatizações, abertura da economia ao comércio exterior, fim das prejudiciais reservas de mercado e dos monopólios estatais. Estas duas últimas provocaram imensos atrasos, principalmente nas telecomunicações e informática.

A exaustão do modelo aéreo, em que pesem os *lobbies* poderosíssimos para mantê-lo, exigia novos rumos, que acabaram por ser adotados, ainda que tardiamente, como é normal num país que persiste em reinventar a roda, no qual os que querem a modernidade são chamados de "conservadores" e os que preferem o atraso, que desconhecem os benefícios da abertura da economia ou o *deficit* público como a principal causa da inflação recebem o rótulo de "progressistas".

As autoridades aeronáuticas perceberam que não podiam colocar um biombo e fingir que não viam o que se passava ao seu redor, por isso adotaram as seguintes providências:

1990 – Privatização da Vasp;
1991 – 5ª Conferência Nacional de Aviação Comercial, recomendando gradual e progressiva desregulamentação. Tarifas mais livres, porém monitoradas. Fim dos limites geográficos, monopolistas e de atuação das empresas regionais. Permissão de voos fretados (*charters*), ainda que com muitas limitações;
1991 – Fim da monodesignação da bandeira brasileira nos voos internacionais;
1992 – Fim do *pool* na ponte aérea Rio-São Paulo, o cartel dos cartéis;
1996 – A Tam deixa de ser empresa regional e passa a realizar voos domésticos;
1998 – Mais liberdade tarifária e na competição;
2001 – Início das atividades da primeira *"low cost"* brasileira: a Gol Linhas Aéreas Inteligentes.

O ingresso da Gol seria o ato final do período de fechamento do mercado. Até 1998 havia restrições à entrada de empresas e a partir daí novas companhias foram autorizadas a voar. A maioria planejada, se é que o termo pode ser usado, com base nos princípios que estavam levando à morte a velha aviação brasileira. É claro que teriam vida curta.

A exceção foi a Gol. Ela foi planejada em seus mínimos detalhes para os dez anos seguintes à sua criação, tendo como premissas:

- O mercado seria cada vez mais livre e competitivo;
- Deveria haver emprego intensivo dos recursos da informática na gestão empresarial, venda de passagens e manutenção de aeronaves;
- Seriam utilizados apenas aviões de última geração e um único modelo. Os avanços tecnológicos recentes tinham tornado obsoletos modelos que poderiam ser considerados novos, mas que apresentavam elevado consumo de combustível e custos de manutenção altos;
- As tarifas baratearian e a demanda cresceria. A entrada das *"low cost"* na Europa, nos Estados Unidos e na Austrália mostrava que esse seria o efeito esperado sobre o mercado;
- Uso intensivo das aeronaves, o que só seria possível com os novos modelos e as novas turbinas. Esse é um fator fundamental para a redução de custos. No começo, foi estabelecido que cada avião da Gol seria utilizado durante 11,30 horas/dia, mas, em pouco tempo, esse número subiu para até 16 horas por dia. Nas empresas nacionais a média de uso diário das aeronaves era inferior a 7 horas nos voos domésticos e a 9 horas na aviação de longo curso;

- Maior produtividade da mão de obra. A Gol começou operando com 93 empregados por aeronave, número que subiu para 120 à medida que aumentavam as horas voadas e diversificaram-se os serviços. Números bastante distantes dos 220 a 350 funcionários por avião das empresas brasileiras;
- Cultura voltada à segurança dos voos e atendimento aos passageiros.

Quando se fala em empresa aérea "*low cost*", deve-se esclarecer que o "baixo custo" refere-se à operação, e não aos investimentos necessários à montagem da empresa.

Os investimentos iniciais são bastante elevados diante dos requisitos necessários à redução dos gastos com operação das aeronaves, manutenção e administração. Alguns desses requisitos são:

- Iniciar as operações com uma malha aérea mínima, com pelo menos cinco aviões;
- Utilizar aviões de última geração. A cada novo modelo os aviões se tornam mais leves e com turbinas mais eficientes, o que reduz o consumo de combustível, principal item da planilha de custos da aviação;
- Uso intensivo das aeronaves de modo a diluir os custos fixos, o que só é possível com modelos mais modernos;
- Informatização completa de todos os setores da empresa;
- Relacionamento com usuários pela internet, evitando o uso de lojas;
- Processos de manutenção que permitam mais agilidade e segurança nos procedimentos;
- Redução dos gastos com intermediação de vendas de passagens;
- Atualização tecnológica permanente;
- Utilização do conceito de "manutenção faseada", processo que reduz o tempo gasto na manutenção das aeronaves e aumenta a confiabilidade desse serviço.

A abertura do mercado mostrou o que se passava e indicou claramente o que viria acontecer.

Em 15 de janeiro de 2001, quando a Gol iniciou suas operações com apenas seis aviões, o antigo DAC auditou os custos de todas as empresas, já que havia acusações de prática de concorrência predatória por parte da primeira "*low cost*" nacional. O resultado dessa auditoria foi o seguinte:

Índice	EMPRESA					
	Gol	Nordeste	Rio-Sul	Tam	Varig	Vasp
Custo (ass. km)	0,12	0,15	0,18	0,12	0,15	0,12
Receita (pass. km)	0,19	0,28	0,31	0,24	0,26	0,22

Fonte: DAC (2001).

Observe-se que o custo assento.km da Gol era de R$ 0,12 e a tarifa cobrada era de R$ 0,19, um ganho de R$ 0,07 por passageiro, 58% acima de seu custo. Na Rio-Sul, a diferença era de 0,13, ou seja, 72%, na TAM era 100%; na Varig, 73%; e na Vasp, 83%. O baixo custo da Vasp foi devido ao não pagamento de várias obrigações e à utilização de uma envelhecida frota própria, ou seja, não havia despesas com *leasing* de aeronaves.

Sempre existirão serviços diferenciados. Os clientes diferem entre si em seus hábitos, desejos, padrões de renda e prioridades. Essa diversidade sempre haverá, obrigando as empresas aéreas a oferecerem serviços que vão do extremo luxo à extrema simplicidade.

No entanto, para a enorme maioria dos usuários o fator que mais influencia a escolha da empresa aérea é a tarifa. Levando a crer que o crescimento do número de empresas "*low cost/low fare*" será a tendência em todo o mundo.

Nos Estados Unidos, onde elas surgiram, antes da desregulamentação de 1978 havia apenas uma empresa dessa natureza, a Southwest Airlines, no Texas, que foi a criadora do conceito. A partir do ano da liberação do mercado o número de empresas do gênero tem aumentado ano após ano.

Em 1995 representavam 12% da receita medida em passageiros.km. Em 2005 atingiram o índice de 27%. A projeção para 2010 foi de 37%.

De 2000 a 2005 as "*low cost*" cresceram 128% no mercado norte-americano.

No Brasil a Gol Linhas Aéreas Inteligentes iniciou suas operações em 2001, seis anos depois já detinha 40% do mercado. Quanto menor a renda média dos usuários, maior será a presença de empresas "*low cost*" no mercado.

Na Europa, a terceira maior empresa aérea é a irlandesa de "baixo custo" Ryanair, com 35 milhões de passageiros transportados em 2005. Na Inglaterra destaca-se a *rasy jet* (nome oficial: EasyJet Airline Company Limited). Em todo o continente europeu essas empresas crescem, forçando as tradicionais a reduzir suas tarifas ou a criar subsidiárias com as características das concorrentes mais baratas.

Em 2007, o número dessas empresas em operação, em todo o mundo, era o seguinte:

Europa	60
EUA e Canadá	12
América Latina	12
Ásia e Austrália	27
África	6

Já existem cinco delas fazendo voos intercontinentais.

Por outro lado, para atender um público mais exigente em conforto e menos preocupado com o preço das passagens, estão em operação seis empresas, conhecidas como "*business class, low cost*", que oferecem apenas passagens em classe executiva. As suas tarifas são inferiores às das empresas tradicionais na mesma classe.

O crescimento desse tipo de empresa está revolucionando o transporte aéreo, criando condições para que mais pessoas viajem e forçando as empresas tradicionais a se modernizarem, sob pena de algum dia serem obrigadas a sair do mercado por falta de passageiros. Até mesmo as poucas estatais que ainda restam, principalmente na Europa, terão que se adaptar, pois o contribuinte em algum momento se recusará a cobrir seus prejuízos.

Nos Estados Unidos, a concorrência com as *"low cost"* obrigou as grandes companhias a reduzirem seus custos. Em 2005, as sete maiores transportadoras norte-americanas fizeram uma economia de $ 15 bilhões de dólares em relação à situação anterior, com cortes adicionais de custos essa redução poderá chegar a $ 25 bilhões de dólares em seis anos. Dentre outras providências elas redesenharam suas malhas de modo a melhorar a ocupação das aeronaves, para isso introduziram novos *"hubs"*, aumentaram a utilização das aeronaves, adotaram E-ticket, reduziram a comissão dos agentes de viagem, passaram a terceirizar a manutenção das aeronaves e eliminaram ociosidades. Enfim, seguiram, no que foi possível, o que as *"low cost"* já vinham fazendo há alguns anos.

As principais despesas com os aviões são gastos financeiros, manutenção e combustível, variam em razão do modelo, da idade da aeronave e do número de horas ou milhas voadas.

Por exemplo, considerando o uso em voos de longa distância (3.500 milhas), o novo Boeing 787-8 tem um custo total de manutenção de $ 855 por hora voada, no Boeing 767-300 ER essa despesa é de $ 940. O preço dos novos modelos é maior, mas seus custos operacionais e de manutenção são menores que os das aeronaves mais antigas.

Em que pesem as tarifas superarem em muito os custos, as antigas empresas nacionais eram deficitárias. Os absurdos níveis de endividamentos, os baixos índices de produtividade, elevados gastos em manutenção de frotas obsoletas ou excessivamente diversificadas, explicam seus prejuízos permanentes.

O Quadro 6.2 mostra a redução das tarifas do transporte aéreo entre os anos 2001 e 2006. As tarifas foram reduzidas à medida que o mercado tornava-se mais competitivo, o número de passageiros aumentava e a receita total crescia.

Quadro 6.2 – Receita Unitária (pass. km)* – R$

Empresa/ano	2001	2002	2003	2004	2005	2006
Gol	0,268	0,258	0,332	0,329	0,268	0,256
TAM	0,370	0,357	0,392	0,346	0,286	0,273
Varig	0,408	0,361	0,419	0,318	0,269	0,257
Indústria	0,385	0,358	0,393	0,354	0,295	0,283

* Valor corrigido CASK (Custo Total/ass. km – oferecidos).

Em 2003, as tarifas voltaram a subir, as promoções e voos noturnos mais baratos foram proibidas. É claro que quem pagou a conta foi o usuário; além de pagar mais pela passagem, 5,1 bilhões de passageiros viajaram menos que no ano anterior. No ano seguinte, quando as medidas retrógradas impostas pelo DAC foram corrigidas, a demanda retomou sua trajetória de crescimento continuado, foram 6,8 milhões de viagens realizadas a mais em 2003.

Tudo foi feito em nome da segurança nacional e da desesperada tentativa de salvar empresas sem salvação. Como o velho modo de pensar voltou à tona, o passageiro foi esquecido naquela bizarra tentativa de retorno ao passado.

Os resultados da primeira *"low cost"* foram além da Gol, atingiram todo o mercado, com reflexos negativos para as empresas antigas e positivos para os usuários. As antigas tiveram todo o tempo do mundo para se modernizar, não o fizeram, morreram sem sequer descobrir os benefícios da internet.

Deve-se ressaltar que elas fizeram de tudo para que a Gol não vingasse. Inicialmente, com pedidos às autoridades para proibir a criação da empresa e, por fim, na mudança de governo com ações para impedir o seu crescimento.

Em fevereiro de 2003, a Gol, com uma frota de apenas 14 aviões (o grupo Varig tinha 145), havia comprado três novos aviões, o DAC tentou impedir a entrada das aeronaves no Brasil, mas não conseguiu, pois o próprio órgão já tinha autorizado o ingresso desses aviões. Em março, o governo baixou uma portaria proibindo a importação de novos aviões, medida que só atingiria a Gol.

O DAC proibiu os descontos nas passagens, determinou o aumento de tarifas e proibiu os voos de madrugada com preços equivalentes ao das passagens de ônibus. O clima tornou-se hostil. A principal preocupação do governo eram "as empresas insalváveis" e a mobilização militar para uma hipotética guerra na qual as tropas pudessem ser transportadas por aviões obsoletos.

A pouca inteligência de muitas autoridades, congressistas e lobistas, foi exposta sem constrangimentos. Os argumentos para manter o *status quo* eram frágeis.

Finalmente, quando outras áreas do governo, principalmente as voltadas para a fiscalização da concorrência, perceberam que tudo estava errado, o atraso foi contido e a modernização do sistema prosseguiu. Eram os *"stops and go"* tão ao gosto de nossos governantes, e que prejudicam tanto nosso desenvolvimento.

A Gol voltou a crescer, a TAM percebeu que não adiantava se apegar a um passado que não lhe pertencia, as tarifas, os descontos e as promoções foram liberados, as empresas antigas pararam de operar e o mercado passou a ter um crescimento sem paralelo.

Observa-se a queda da demanda em 2003, resultados da tentativa de retorno às políticas que haviam fracassado no passado e que já tinham sido abandonadas.

Antes da abertura do mercado, a prática em estudos de demanda era admitir o crescimento do mercado apenas 0,5% além do PIB. Após o fim do cartel, a demanda tem aumentado entre 3,0 e 4,0 vezes o valor do PIB a cada ano. No pior semestre da aviação brasileira, o primeiro de 2007, marcado por uma prolongada greve de controladores de voo, a demanda cresceu 13,6% em relação ao mesmo período do ano anterior. A seguir, enquanto o Quadro 6.3a mostra o aumento da demanda total de passageiros entre os anos 1980 e 2006, o Quadro 6.3b indica a evolução da quantidade de passageiros pagos entre 2004 e 2013. Os dados levam a projeções com forte tendência de crescimento.

Quadro 6.3a – Comportamento da demanda

Ano	Doméstico	Internacional	Total
1980	22,2	3,4	25,6
1990	31,1	4,3	35,4
1995	36,3	6,5	42,8
1999	57,5	8,9	63,5
2000	58,0	10,0	68,0
2001	62,2	9,6	71,8
2002	63,0	9,0	72,0
2003	58,0	8,8	66,8
2004	63,5	10,1	73,6
2005	77,4	11,6	89,0
2006	–	–	102,2

Fonte: DAC/Anac (milhões de pass./ano).

Com a abertura do mercado, as empresas cartelizadas foram deixando de operar. A primeira a sair de cena foi a Transbrasil em 2001, encerrando uma existência de 50 anos sem lucro, a longa sobrevivência só foi possível graças a duas grandes ajudas dadas pelo governo, uma na década de 1970 e outra na de 1980. A seguinte foi a Vasp, atolada em dívidas, sem lucratividade tanto no período em que era uma empresa pública quanto no que era privada. Por fim acabou o grupo Varig, que operava a Varig, a Rio Sul, a Nordeste e a Varig Log.

A Varig, a partir de 1964, gozou de privilégios impensáveis em uma economia de mercado, além de uma influência política incomum a empresas privadas. Essas práticas a condenaram a ser uma empresa privada com todo o peso habitual às empresas estatais, as quais não resistiriam a menor abertura do mercado, o que aconteceria mais cedo ou mais tarde. Em meados de 2006, quando a Varig cessou suas operações, suas dívidas superavam 9,0 bilhões de reais. A empresa passou seus últimos 23 anos sem lucro, vivendo do não pagamento de impostos, taxas e fornecedores, tudo apoiado em seu eficiente *lobby* político.

As empresas que continuaram operando passaram a dar lucro todos os anos.

Nos três primeiros trimestres de 2006, por exemplo, o lucro líquido da TAM foi de 414,8 milhões de reais e o da Gol foi de 491,0 milhões de reais. Nada mal para um setor no qual os dirigentes das empresas procuravam comover o governo afirmando que era impossível ter ganhos, e se não fossem subsidiados quebrariam e não haveria mais aviação no Brasil. O grave é que muitos caíram nessa conversa, o que explica o retrocesso de 2003. Nada substitui o mercado na correção de erros.

A partir de sua popularização, o transporte aéreo passou a ter uma importância crescente na economia. Em 2003, a sua participação na formação do PIB era de 0,63%, em 2006 passou a 0,86%, um aumento de 36% em apenas três anos. O efeito multiplicador sobre toda a economia é marcante. Para cada mil reais gerados pelo setor aéreo, são produzidos os seguintes ganhos pelos demais setores:

Setor	R$
Ind. química	258
Comércio	78
Peças/veículos	58
Ext. mineral	53
Setor financeiro	51
Agentes de viagens	36
Tr. rodov. de cargas	28

Fonte: Centro de Excelência em Turismo (UNB).

Utilizando a recém-aprovada Lei de Recuperação de Empresas – estabelecida em 2006 em substituição à antiga Lei de Falências –, que acabou com a concordata e criou possibilidades mais amplas para salvar empresas em dificuldades, a Varig teve alguns de seus ativos vendidos para diferentes investidores. A Varig Engenharia e Manutenção (VEM) foi adquirida pela portuguesa TAP, a cargueira Varig Log foi comprada por investidores brasileiros e norte-americanos, e, por fim, a empresa aérea que dava nome ao grupo foi vendida à Gol.

Quadro 6.3b – Evolução da quantidade de passageiros embarcados

Ano	Doméstico	Internacional	Total
2004	32,1	9,1	41,2
2005	38,7	10,4	49,1
2006	43,2	10,8	54,0
2007	47,4	12,3	59,7
2008	50,1	13,4	63,5
2009	57,1	12,6	69,7
2010	70,1	15,3	85,4
2011	82,1	17,9	100,0
2012	88,7	18,6	107,3
2013	90,0	19,2	109,2

Fonte: Anac (milhões passageiros/ano).

O explosivo crescimento da demanda, com reflexos positivos em todos os setores da economia e para a população, não encontrou contrapartida na infraestrutura sob a responsabilidade do governo. Os sistemas de controle do tráfego aéreo demonstram deficiências inimagináveis, tais como falta de profissionais, desconhecimento da língua inglesa, falta de manutenção de equipamentos e gesto deficiente. Mas o pior foi o que se passou na área aeroportuária.

A estatal Infraero, que detém o monopólio dos principais aeroportos brasileiros, se mostrou incapaz de perceber as profundas mudanças que estavam ocorrendo. Se essa percepção tivesse acontecido, ela teria se tornado mais ágil. Porém, continuou equivocada em muitas decisões, lenta, vivendo em seu mundo burocrático, ignorando o que se passava do outro lado de seus limites. Andou no sentido contrário da modernização pela qual passavam as empresas aéreas, ignorando que, pelos novos padrões, a demanda em seus aeroportos dobrará a cada sete anos, e que as decisões, processos licitatórios, obras e serviços deverão ser mais ágeis. Talvez uma agilidade impossível para um ente estatal.

Concessões onerosas resultam em receita para o poder público, com a qual o governo terá recursos para investir não apenas nos aeroportos deficitários sob responsabilidade da estatal aeroportuária, mas em todo o sistema. Promover efetivamente políticas públicas e não política de interesse de apenas uma empresa estatal. A administração dessa receita ficaria a cargo da agência reguladora, que a faria dentro de prioridades estabelecidas pelo governo, expressadas através do Conac.

O Brasil possui 308 aeroportos com pista pavimentada, cada uma possui 1.200 metros de extensão ou mais e sinalização. Há ainda um grande número de pistas pavimentadas com extensão inferior. São ao todo 2.014 aeroportos civis, sendo 703 aeroportos públicos.

À Infraero pertencem 67 aeroportos, a maioria dos demais é estadual ou municipal e 30 são administrados por empresas privadas.

A procura por mais passageiros, menos custos e mais eficiência operacional criou um novo conceito para alguns aeroportos, o *"hub"*, que é um local apropriado à conexão de voos. Para que um aeroporto atenda as condições para ser utilizado como *"hub"*, ele deve ter um posicionamento que facilite a passagem de um voo para outro sem aumentar o percurso entre a origem e o destino da viagem, deve ter bons níveis de utilização e possuir instalações e equipamentos que facilitem as conexões com a maior rapidez possível. O *"hub"* não é definido pelas autoridades aeronáuticas, mas por essas condições. A observação é necessária porque está se tornando comum no Brasil autoridades e pessoas ligadas ao mundo acadêmico sugerirem *"hubs"* em aeroportos sem os requisitos citados. Os mais apropriados são os terminais de Guarulhos (São Paulo) e Brasília. O aumento da demanda estimulará o surgimento de outros.

Um organismo do Comando da Aeronáutica, a Comara – Comissão de Aeroportos da Região Amazônica –, tem um papel relevante na construção de aeroportos naquela região. A Amazônia possui atualmente 53 aeroportos.

Entre os 67 aeroportos administrados pela Infraero estão os mais importantes do país, eles recebem 97% do tráfego doméstico e internacional de passageiros. Alguns desses aeroportos têm interesse puramente local ou regional e estariam mais bem posicionados se fossem estadualizados, municipalizados ou entregues à gestão privada, como os mais de 300 aeroportos com pista pavimentada existentes no país e que não estão sob o controle da Infraero.

O novo modelo de exploração do transporte aéreo, o crescimento da renda e o aumento da população implicarão continuado crescimento da demanda, acarretando dificuldades crescentes ao governo para acompanhá-la, quer em termos de capacidade para tomar decisões e implantá-las, quer em termos de capacidade financeira.

O sistema aeroportuário só não estrangulará o acesso de mais passageiros ao transporte aéreo se no todo, ou em parte, for passado à iniciativa privada.

Alguns países já privatizaram seus principais aeroportos, ou por meio de concessão ou por transferência da propriedade; outros países há muitos anos arrendam áreas para que empresas construam seus terminais e hangares.

Os principais modelos de concessão são:

BOT — Concessão por certo número de anos durante o qual o concessionário é responsável por todos os investimentos e pela operação;
BOO — O poder público transfere a propriedade total dos bens;
BOOT — A propriedade é transferida ao investidor que a revende ao poder público ao fim de um prazo contratual.

No Brasil as concessões rodoviárias seguiram o modelo BOT. As ferroviárias adotaram algo diferente. Foram concedidos os bens operacionais, como locomotivas, vagões, o uso das vias e dos prédios necessários à administração e operação. Em ambos os casos as concessões são onerosas. No ferroviário o poder público ficou com a responsabilidade de investir na infraestrutura, porém, passados dez anos da privatização, o Estado não cumpriu a sua parte, não investiu absolutamente nada, apesar de as concessionárias estarem em dia com suas obrigações contratuais. Desde a privatização a demanda cresceu 80%, lembrando-se que as antigas estradas de ferro estatais caminhavam para a total degradação por falta de investimentos e de gestão competente.

Em alguns aeroportos a privatização deu certo, em outros não. Nestes últimos as dificuldades aconteceram por causa de regras e editais de licitação mal formulados.

Um bom exemplo são os aeroportos britânicos, privatizados em 1986. Eles mudaram de dono por meio de venda de ações e por transferência a autoridades locais.

O governo mantém uma autoridade aeroportuária responsável pela fiscalização, planejamento e desenvolvimento do sistema.

No Canadá, na década de 1990, os principais aeroportos foram concedidos à iniciativa privada, permanecendo sob responsabilidade do governo federal os situados em localidades remotas, sem possibilidade de serem rentáveis. Os aeroportos de interesse puramente local foram entregues às autoridades das áreas nas quais eles operavam.

Há aeroportos privados em um grande número de países, dentre os quais Argentina, México, Austrália, Nova Zelândia, Estados Unidos, África do Sul, Alemanha, Grécia, Holanda, Itália, China e Malásia.

A concessão sendo onerosa dará à autoridade aeroportuária recursos para promover operação, manutenção e construção de pequenos aeroportos, mas importantes dentro de uma visão estratégica.

A Infraero, apesar de administrar os melhores e mais movimentados aeroportos do país, não possui recursos para realizar todos os investimentos necessários, mesmo que parte deles não fosse contigênciada pelo governo. A soma da despesa operacional com a de pessoal supera os gastos em investimentos. Em 2006, por exemplo, o total de investimentos somou 890 milhões de reais e as despesas com operação e pessoal totalizaram 1,025 bilhão de reais.

A participação do Estado brasileiro na formação bruta de capital tem sido muito aquém das necessidades, não passando de 1% do PIB contra 20% do setor privado. Para um país em desenvolvimento, o percentual de origem pública deveria ser no mínimo de 10%. Não se trata de um problema passageiro, ele foi originado pela Constituição de 1988, que criou vinculações orçamentárias e novas despesas que impedem o país de investir em infraestrutura. Privatizando aeroportos sobrarão recursos para outros investimentos.

No Brasil estão em operação 20 empresas regulares, que transportam mais de 80 milhões de passageiros por ano (77,2 milhões em 2010) em voos domésticos e internacionais.

Em fevereiro de 2015, a demanda doméstica (em passageiros-quilômetros pagos transportados – RPK) completou 17 meses consecutivos de crescimento, e alcançou o seu maior nível nos últimos dez anos para o mês. Já a oferta doméstica apresentou o sexto mês consecutivo de crescimento. Entre as principais empresas aéreas brasileiras, Avianca e Azul destacaram-se com as maiores taxas de crescimento da demanda doméstica, quando comparadas com o mesmo período de 2014 (13,4% e 8,5%, respectivamente). Em termos globais, as empresas Tam e Gol lideraram o mercado doméstico em fevereiro de 2015 com participação (em RPK) de 36,6% e de 36,1%, respectivamente.

No Brasil, a participação dos modais aéreo e rodoviário no transporte interestadual de passageiros de longa distância inverteu-se desde 2004, quando o transporte rodoviário era responsável por 69,2% dos passageiros e o modal aéreo por 30,8%. No período de janeiro a setembro de 2014, as empresas aéreas transportaram 62,6% dos passageiros neste mercado e as de transporte rodoviário 37,4%.

Em que pese a predominância da Tam e da Gol, nada impede que as demais cresçam ou que novas empresas entrem no mercado. Isso configura uma situação completamente distinta da vivenciada na época anterior aos anos 1990, quando era proibido criar, ou mesmo ampliar, empresas aéreas.

A aviação regional, até recentemente, era subsidiada, hoje ela caminha pelas suas próprias pernas, sem ajuda governamental. Isso não significa que não devam existir subsídios a esta atividade. Caso o governo queira que empresas aéreas cheguem a lugares remotos, atendendo ditames de integração nacional, assistência social ou mesmo à incorporação daquelas localidades ao mercado, ele pode adotar subsídios, evitando, no entanto, exercer o mesmo papel do passado, com subvenções indiscriminadas e pagas pelo passageiro dos voos domésticos regulares.

Indústria aeronáutica brasileira

A primeira fábrica brasileira de aviões foi construída no fim da década de 1920 pelo empreendedor Henrique Lage, e ficava na Ilha do Viana, no Rio de Janeiro. Lá foi produzido o avião Muniz 7, totalmente projetado no Brasil, com exceção do motor, que era inglês. Era um avião militar para dois tripulantes. Até 1941, quando foi descontinuada a produção, foram construídas 28 unidades, e uma voou até 1967.

Em 1936 o Ministério da Marinha inaugurou a fábrica do Galeão, no Rio de Janeiro; em 1941 a fábrica passou ao recém-criado Ministério da Aeronáutica e produziu, sob licença da norte-americana Fairchild, 402 aviões de treinamento, com dois lugares, que foram utilizados pela Força Aérea Brasileira e por aeroclubes.

Em 1937 a fábrica montou 20 aviões Foker Wulf, modelo que no Brasil foi chamado de 1 AVN. Em 1938 foram montados 20 "Pintassilgos", monomotor com dois lugares e motor alemão. De 1938 a 1942 foram montados mais 25 aviões alemães. Nessa fase podia ser considerado elevado o índice de nacionalização dos modelos montados, já eram produzidos aqui hélices, pneus, freios, materiais da estrutura e revestimento.

Em 1938 a Escola Politécnica de São Paulo projetou e construiu quatro protótipos de uma aeronave com estrutura de madeira para um tripulante. Esse modelo foi aperfeiçoado pelo Instituto de Pesquisas Tecnológicas de São Paulo – IPT, que construiu três aparelhos. O IPT fabricou ainda planadores e projetou o "Paulistinha" a partir de um modelo norte-americano. Até 1960, antes de encerrar suas atividades no campo da indústria aeronáutica, foram projetados e construídos protótipos de outras aeronaves.

O grupo industrial paulista Pignatari produziu 50 planadores entre 1941 e 1942. Em 1942 fundou a Companhia Aeronáutica Paulista – CAP, dedicada à construção de planadores e aviões, a fábrica ficava em Utinga (SP). Lá, em 1943, foi produzido o primeiro Paulistinha, a partir de modelos desenvolvidos pelo IPT. Foram fabricados poucos modelos em série e, diante dos prejuízos financeiros, a fábrica foi fechada em 1945.

Entre 1952 e 1953 foram produzidos 68 aviões de treinamento 5 FG, projetado pelo engenheiro brasileiro Marc Niess.

Em 1953 a fábrica foi arrendada à holandesa Fokker, que produziu 150 aviões de treinamento utilizados inicialmente pela FAB e depois por vários aeroclubes. Em 1962 cessaram as atividades da Fokker brasileira, suas instalações foram transformadas no Parque de Aeronáutica do Galeão, dedicado à manutenção de aviões da FAB.

A Indústria Aeronáutica Neiva, localizada em Botucatu (SP), iniciou sua produção em 1945 com planadores e o avião Paulistinha, que durante décadas foi o avião mais utilizado para o treinamento inicial de pilotos. A partir de 1974 começou a montar aviões sob licença da norte-americana Piper. Em 1980 foi adquirida pela Embraer. Continua em plena produção. Seus modelos atuais são o avião agrícola Ipanema e o de treinamento primário Universal.

A AEROMOT, fundada em 1967 em Porto Alegre, dedica-se à produção de planadores e motoplanadores que são exportados para vários países, aviônicos e poltronas para modelos de médio e grande porte.

Em 1969 foi fundada a Embraer, empresa estatal vinculada ao Ministério da Aeronáutica. Seu primeiro avião foi o Bandeirante, que teve enorme acolhida no mercado da aviação regional, tanto no Brasil quanto no exterior, principalmente nos Estados Unidos. Desde o término da era do DC-3 inúmeros aeroportos foram abandonados pela aviação regular, o principal motivo era a falta de um avião que se adaptasse às características da demanda e das precárias pistas existentes do interior do país.

A Embraer aproveitou a capacidade tecnológica do Centro Técnico Aeroespacial – CTA e a excelente mão de obra formada pelo Instituto Tecnológico de Aeronáutica – ITA. Foi privatizada em 1994. Transformou-se na quarta maior fabricante de aviões de passageiros do mundo. Sua gama de produtos é ampla: aviões executivos, regionais e de médio porte para 120 passageiros. Destaca-se, ainda, na fabricação de aviões de treinamento avançado e militares, como o Tucano, o caça-bombardeiro subsônico AMX, aviões de patrulha e radares. É, ainda, uma das principais exportadoras nacionais. Em 2009, com quase 17 mil funcionários e voando em mais de 60 países, a Embraer tornou-se a terceira maior fabricante de aviões comerciais do mundo, tendo produzido desde sua fundação mais de quatro mil aeronaves. Entre 2002 e 2005 foi a segunda maior exportadora brasileira, e permanece hoje em posição de destaque no comércio internacional do país.

A Embraer possui clientes em 58 países, assistência técnica em vários deles e uma *joint venture* na China.

O CTA, o ITA e a Embraer criaram condições para o surgimento de um vigoroso polo industrial ligado às indústrias aeronáutica e aeroespacial em torno de São José dos Campos.

Mesmo as tentativas que não deram certo foram responsáveis por formar uma mentalidade aeronáutica e, por isso, o Brasil tem hoje uma indústria consolidada.

Aeroportos

A boa localização de um aeroporto exige enorme disponibilidade de terras para a construção de pistas, estacionamento de aeronaves (pátios), áreas para passageiros, manuseio de cargas e bagagens, sistemas de aproximação das aeronaves, espaços livres nas proximidades das pistas para aumentar a segurança em pousos e decolagens, áreas para futuras ampliações e para o funcionamento de todas as atividades de apoio, sem as quais o transporte aéreo não pode funcionar.

Os atuais aeroportos centrais, ou muito próximos dos centros urbanos, algum dia foram construídos em áreas isoladas, a maioria nos anos 1930 e 1940. Sua existência criou novas acessibilidades estimulando o surgimento de construções nas suas proximidades, que poderiam ser contidas por leis de uso do solo e códigos municipais de posturas, mas não foi o que aconteceu na maioria das situações.

Esses aeroportos passaram a fazer parte de um espaço urbano contínuo, com influências negativas à qualidade de vida daqueles que vivem em suas proximidades e para o bom funcionamento dos próprios aeroportos, impedidos de crescer, de aumentar sua segurança ou incorporar tecnologias que melhorem o seu desempenho. Esses aeroportos são importantes à economia, aos usuários e às empresas aéreas. Eliminá-los simplesmente é difícil ou mesmo impossível, pois são instalações que receberam enormes investimentos ao longo de décadas e que representam papel fundamental nas malhas aéreas e no atendimento aos usuários.

Há como minimizar os incômodos provocados por eles na população. Medidas como restringir seu uso em período noturno, emprego de aviões mais silenciosos, proibição da existência de oficinas e realização de testes de motores, construção de áreas de escape para quando ocorrer problemas em pousos e decolagens, e aprimoramento dos controles de aproximação.

Os aeroportos mais modernos são construídos em áreas distantes dos centros urbanos, prevendo futuras expansões e a segurança das operações, integrados ao uso do solo e obedecendo às normas municipais, sempre com facilidades de acesso por trens expressos, metrôs, serviços de ônibus e rodovias que permitam chegar a eles rapidamente, sem congestionamento que tornem imprevisível o tempo que gastará um passageiro para chegar até ele. O acesso terrestre é de fundamental importância para a boa utilização de um terminal aéreo localizado distante do centro urbano.

Os aeroportos podem ser de cargas ou de passageiros, a maioria possui uso misto. O tipo de uso definirá utilização das áreas e a natureza de seus equipamentos.

Os elementos mais importantes no planejamento dos aeroportos, tendo sua localização já definida e atendendo todos os requisitos necessários à sua construção e futuras expansões, são os sistemas operacionais, incluindo aproximação das aeronaves, pistas de pouso e decolagem, pistas de táxi, as conexões entre essas duas pistas e locais para o estacionamento das aeronaves.

Os dados básicos para a elaboração desses projetos são fornecidos pela destinação do aeródromo, a demanda atual e futura, a etapa crítica dos voos, tipo e peso das aeronaves.

O projeto deve ser precedido de um plano diretor, que, dentre outros itens, englobará:

- Estudo do uso do solo;
- Relação com a população nas proximidades;

- Meio ambiente;
- Acesso terrestre;
- Pistas, aproximação em segurança e controle do tráfego;
- Prédios e demais instalações;
- Planos de expansão;
- Cronogramas de execução;
- Processo de exploração: público, privado ou misto. Tipo de concessão;
- Financiamento;
- Integração operacional com outros aeroportos próximos;
- Licitações, contratos, fiscalização e gerenciamento das obras.

Concluída essa primeira etapa, alguns itens deverão ser submetidos a audiências públicas, notadamente os que envolvem questões ambientais e de relacionamento com a comunidade. É importante que esses tópicos sejam estudados com muito cuidado para evitar questionamentos judiciais futuros e atrasos nas obras de implantação. Em São Paulo as obras de modernização e ampliação do aeroporto de Congonhas atrasaram alguns anos em razão de conflitos com a população que habitava o seu entorno.

Nos dias atuais nenhuma comunidade aceitará pacificamente a construção de um aeroporto que lhes afete a qualidade de vida, o valor de suas propriedades, e, mesmo que remotamente, a sua segurança. Os novos aeroportos de Frankfurt (Alemanha) e Narita (Japão) tiveram grande dificuldade para entrar em operação depois de concluídos devido a protestos da população.

O projeto das pistas e pátios envolve todos os elementos de uma rodovia: ensaios de solo, drenagem, pavimentação e geometria.

No caso da infraestrutura operacional o projeto é regido por normas nacionais, baseadas nas da ICAO ou nas norte-americanas, pela enorme experiência que os Estados Unidos possui nesse campo.

A ICAO normatiza e classifica os aeroportos, em razão da extensão de suas pistas:

Aeródromo	Extensão (m)
1	< 800
2	800 – 1200
3	1200 – 1800
4	> 1800

A localização das pistas deve levar em consideração os ventos dominantes, já que os pousos e as decolagens devem sempre ser contra a direção do vento.

No projeto geométrico são seguidas normas da ICAO e FAA.

A extensão da pista é determinada por altitude, temperatura, declividade do terreno, tipo de aeronave, peso máximo de decolagem e etapa crítica.

As extensões necessárias em razão do peso máximo de decolagem e extensão da etapa crítica a ser cumprida são as seguintes:

Aeronaves	Extensão (m)
Pequenas	800 – 1.200
Grandes (até 60.000 lbs)	1.600 – 2.400
Grandes (mais de lbs)	
1.000 milhas	1.800
6.000 milhas	4.000

A largura da pista será determinada em razão da importância do aeródromo, das características das aeronaves, da existência ou não de obstáculos nas suas proximidades e se é ou não operada por instrumentos, variando de 18 a 45 metros. Suas medidas de acostamentos podem ter de 3 a 15 metros.

Outras extensões e larguras são determinadas por níveis de ruído, segurança, obstáculos e áreas que deverão permanecer livres.

As pistas devem ter excelente drenagem profunda e superficial, esta última dada por leve declividade lateral a partir do eixo central e por ranhuras no pavimento (*grooving*).

Os pavimentos podem ser rígidos (concreto) ou flexíveis; nesse caso, além da superfície de rolamento, deve constar de seu projeto uma base, uma sub-base e a preparação do subgrade, terreno natural. A espessura da capa asfáltica varia de 1,0 a 4,0 cm ou mais.

Os pavimentos rígidos são constituídos por placas de concreto armado ou protendido com espessuras de 2,5 a 8,0 cm.

Esses pavimentos são projetados seguindo as mesmas normas dos projetos rodoviários, adaptados às condições específicas originadas nos pousos e decolagens, como peso máximo de decolagem e pressão dos pneus, normalmente são utilizadas as detalhadas normas da FAA e da ICAO, ricas em tabelas que ajudam o trabalho dos projetistas.

É comum a construção de pistas de asfalto com cabeceiras de concreto, onde os aviões ficam na posição que precede a decolagem. Quando são acionadas as turbinas elas expelem gases a altas temperaturas que caem sobre o pavimento podendo dissolver o asfalto.

O peso dos aviões afeta mais os pátios, que recebem cargas estáticas; às pistas de rolamento são aplicadas cargas em movimento lento, e às pistas principais, cargas em velocidade.

As laterais das pistas devem ser gramadas e limpas para evitar que impurezas sejam sugadas pelas turbinas e as danifiquem.

O projeto das pistas é completado com a sinalização por pinturas e luzes indicativas das áreas de pouso, taxiamento e estacionamento.

Um aspecto muito importante tanto para o dimensionamento das pistas e instalações aeroportuárias como para a elaboração de estudos econômicos e planos de negócios das empresas aéreas é o peso das aeronaves. Ele é dividido em:

- peso vazio de operação;
- *payload* (carga paga);
- reserva de combustível;
- combustível para a etapa.

A receita de uma empresa aérea é obtida com os recursos oriundos do que pode ser vendido, do *payload*, que é a menor das quatro parcelas.

O esforço dos fabricantes tem sido na redução das demais parcelas para aumentar o *payload*, tornando os serviços mais baratos e as empresas mais lucrativas.

A redução do peso dos aviões tem evoluído lentamente à medida que vão sendo desenvolvidos novos materiais.

Desde o início da aviação comercial, a partir da entrada em tráfego do DC-3, materiais mais pesados, como aço e alumínio, foram paulatinamente substituídos por tungstênio, placas de plástico e fibra de carbono.

Alguns exemplos de *payload*:

Avião	*Payload* médio (toneladas)
DC-3	2,2
Costellation	8,2
Boeing 707	16,2
Boeing 737-200	18,3
Boeing 757-200	29,5
Airbus 310	36,1
Boeing 747-SP	42,2
Boeing 767-300	42,2
Airbus 330	50,1
Boeing 777	60,3
Boeing 747-100	84,3
Boeing 747-8	90
Airbus 380	91

Aviões maiores e mais leves possibilitam tarifas mais baratas, lucro maior à industria, características de um ciclo virtuoso que deverá avançar de modo cada vez mais rápido, associado ao aumento da carga paga.

No fim dos anos 1960, o *payload* de um avião a jato de grande raio de ação, tipo B 707 ou DC 8, representava em torno de 14% do peso máximo de decolagem, o peso vazio do avião correspondia a 45%, o combustível para a etapa a ser cumprida 35% e a reserva de combustível 6%. O *payload* de um B707 lançado no fim da década de 1950 era de apenas 16,2 toneladas, para um peso máximo de aproximadamente 115 toneladas. O supersônico Concorde tinha um peso máximo de decolagem de 185 toneladas e um *payload* de apenas 13,4 toneladas, o que explica o seu insucesso econômico. Ele foi fabricado com materiais pesados, impróprios para um avião supersônico, e com elevado consumo de combustível.

Alguns dos maiores aviões já lançados, o Airbus 380 e o Boeing 747-8, têm as seguintes características de peso na versão de aeronave para passageiros:

Avião	Peso máximo de decolagem (t)	*Payload* (t)	*Payload* (%)
A 380	560	91	17
B 747-8	440	90	20

Em versão cargueira, o *payload* de ambos ultrapassa 150 toneladas.

Outro fator de economia têm sido as turbinas das gerações mais recentes, que consomem cada vez menos combustível. Peso a menos e redução do consumo de querosene é a combinação ideal para que as viagens sejam acessíveis a mais camadas da população.

Para que os aviões usem as pistas dos aeroportos, estas devem ser sinalizadas. Pinturas no solo indicam aos pilotos algumas características como largura, localização da pista, além da direção a seguir e onde parar.

A direção das pistas é determinada pela "rosa dos ventos". A partir de um ponto central, círculos concêntricos indicam a velocidade de vento e a porcentagem de tempo que ele ocorre em dada direção. Identificada essa direção, em razão dos ventos dominantes na maior parte do tempo, é determinada a localização da pista. Por exemplo, se os ventos dominantes estão na direção norte-sul sobre um azimute em relação ao norte verdadeiro de 70, essa pista receberá a numeração 07 e 29 em sua cabeceira, caso existam duas pistas paralelas uma será L (*left*) e outra R (*right*), assim 07 L – 29 L ou 07 R – 29 R.

Brasília é o único aeroporto brasileiro que possui duas pistas paralelas, em ambiente com radar, o que permite o seu emprego simultâneo para pouso em uma delas e decolagem na outra.

A sinalização luminosa das pistas constitui auxílio visual aos pilotos tanto na aproximação para o pouso quanto nas manobras em solo.

Na aproximação para o pouso, as aeronaves recebem informações de equipamentos de terra que lhes permitem fazer o enquadramento e a reta final em segurança, esses equipamentos dão a localização e a distância dos aviões em relação aos locais de pouso.

O mais importante auxiliar ao pouso é o Instrumental Landig System (ILS), Sistema de Pouso por Instrumento, que dá orientação precisa ao pouso, é constituído por dois rádios transmissores, localizados nas proximidades dos aeroportos, que indicam aos pilotos se estão no alinhamento e no ângulo de descida corretos.

Além disso, existem torres na reta final, a partir de 300 metros da pista e no seu prolongamento, com antenas que indicam a altura do avião em relação ao solo a partir de 1.000 pés antes do pouso. Em operações sob condições inclementes de tempo, o sinal emitido pode não ser captado pelo avião. Nos aviões mais modernos um sinal sonoro informa, na reta final, a altura desde os 1.000 pés até os 10 pés, já em cima da pista.

Em alguns aeroportos existem radares de aproximação que permitem aos controladores da torre visualizar melhor o que se passa nas proximidades de seu espaço de trabalho.

Existem três categorias de ILS:

- Categoria I (CAT I) – possibilita aproximação por instrumentos para alturas em relação ao mínimo local do pouso (60 metros), visibilidade acima de 800 m e contato visual de pelo menos 550 m com a pista. Nesse caso a aproximação é manual.
- Categoria II (CAT II) – aproximação por instrumentos com altura mínima de 60 metros, visibilidade mínima 300 m e contato visual de 350 m com a pista. Nessa categoria, na III A e na III B há necessidade de auxílio do piloto.
- Categoria III A (CAT III A) – opera com altura de 30 m, visibilidade mínima de 200 m e contato visual de pelo menos 200 m com a pista. Na CAT III B, essas medidas são de 15 m, 200 m e 50 m, respectivamente; e na CAT III C, o pouso é feito por instrumentos, sem restrições visuais da pista.

Aeroportos com grande movimento, em áreas sujeitas a condições climáticas ou meteorológicas difíceis devem ser dotados do ILS CAT III. No Brasil alguns aeroportos importantes estão sujeitos a nevoeiros intensos durante o inverno. Quando o movimento era menor, e não havia malhas aéreas integradas, o fechamento desses aeroportos era sentido apenas em sua localidade; a não operação em dias de intenso nevoeiro provoca uma reação em cadeia, com atrasos em regiões distantes de onde ocorreu o problema, prejudicando os passageiros e as empresas, que têm desorganizadas suas malhas aéreas. A imagem de eficiência é fortemente atingida. Por exemplo, em um dia de julho de 2007, contribuindo para o "caos" aéreo reinante na ocasião, o aeroporto de Porto Alegre ficou fechado por 17 horas para pousos e decolagens devido ao nevoeiro. Não é difícil imaginar os desdobramentos desse episódio.

O melhor uso do aeroporto depende da qualidade de suas áreas de pouso, estacionamento das aeronaves, dos sistemas de controle do tráfego aéreo e de aproximação, e também da eficiência dos pilotos e controladores; a maioria dos acidentes aéreos ocorre em razão de falhas humanas e durante os pousos e decolagens.

Em muitos aeroportos, a principal limitação ao seu uso é a não disponibilidade de pátio para o estacionamento de aeronaves. Esse problema é mais grave nos aeroportos de Congonhas e Guarulhos, em São Paulo.

Acidentes aéreos

Não há dúvidas, todas as estatísticas comprovam que o avião é o meio de transporte mais seguro que existe. A probabilidade de ocorrer um acidente aéreo com uma pessoa é de 0,2 por milhão de decolagens, ou seja, nada é mais improvável de acontecer com alguém que um acidente aéreo.

Ocorre que os acidentes aéreos, principalmente aqueles com aviões de grande porte, são eventos dramáticos em toda sua extensão, desde o número de vítimas até as cenas que são vistas no local da tragédia.

O número de acidentes por área e por milhão de decolagens é:

Oceania	0,2
EUA/Canadá	0,4
A. Sul/Caribe/México	3,1
Europa	0,7
China	2,0
O. Médio	2,1
África	8,7
Brasil	1,0
Média mundial	1,2

Fonte: Flight Safety Foudation/Boeing/DAC.
Crédito: AeroSafety World/Flight Safety Foundation

Os Gráficos 6.1 a 6.6 possibilitam a formulação de uma visão sobre a segurança da aviação brasileira.

Fatos recentes têm contribuído para o aperfeiçoamento do sistema, em que uma série de problemas que afetam a segurança é identificada e vai sendo corrigida, principalmente nas áreas de controle do tráfego aéreo e aeroportuária.

O número de acidentes vem caindo ao longo dos anos, graças ao aperfeiçoamento do controle do tráfego, à melhoria das aeronaves, e também está diminuindo nos aeroportos do interior.

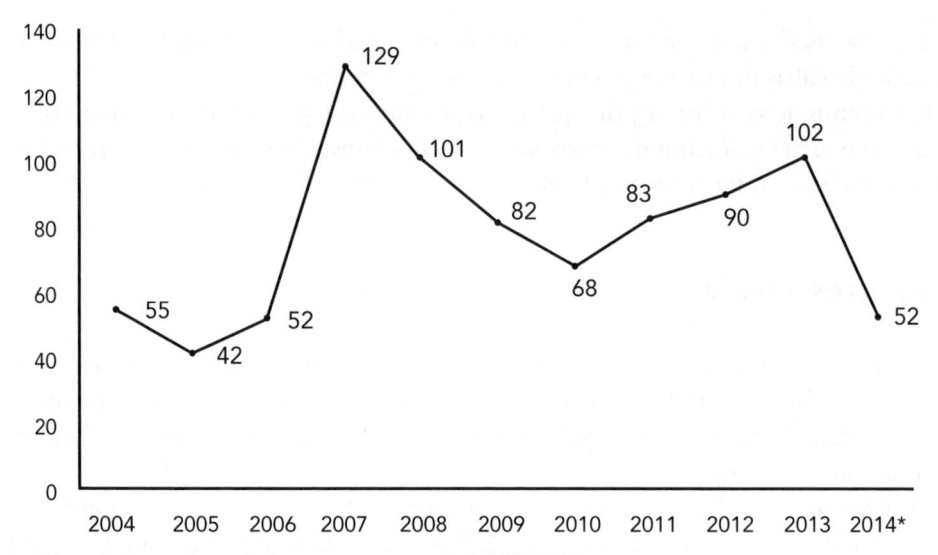

Fonte: Disponível em: <www.desastresaereos.net>. (*) Até 2/9/2014.
Crédito: www.desastresaereos.net

Gráfico 6.1 – Total de acidentes aeronáuticos na aviação civil brasileira.

Em termos comparativos, por exemplo, no ano 1990, o número de acidentes por aeronave foi 0,025; em 2007, esse número caiu para 0,005, conforme se verifica do Gráfico 6.2.

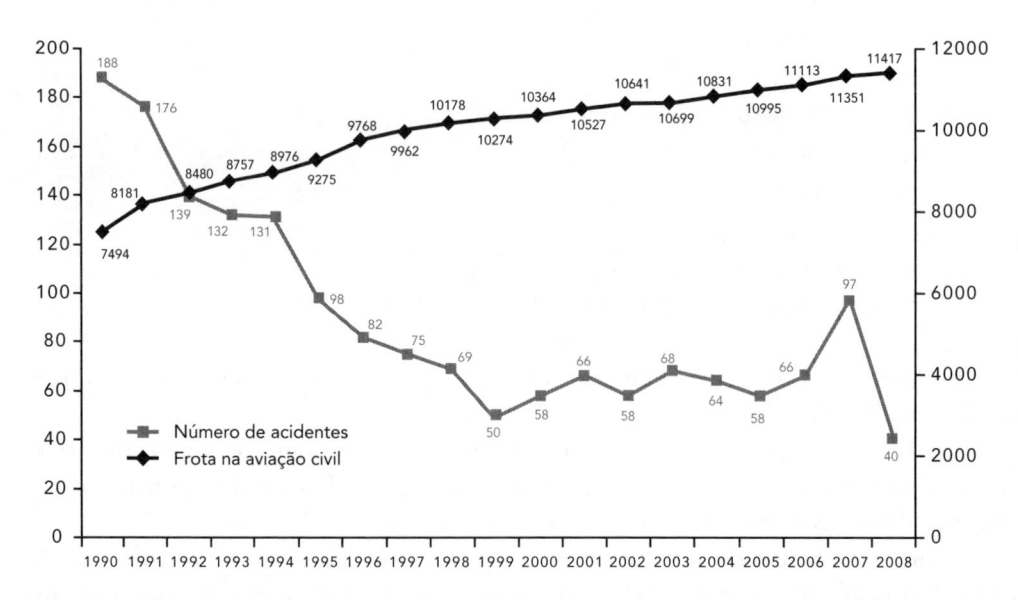

Fonte: Disponível em: <http://www.cenipa.aer.mil.br/estatisticas/aviacao_civil.pdf>. Acesso em: 20 set. 2015.

Gráfico 6.2 – Comparação acidentes x frota na aviação civil brasileira.

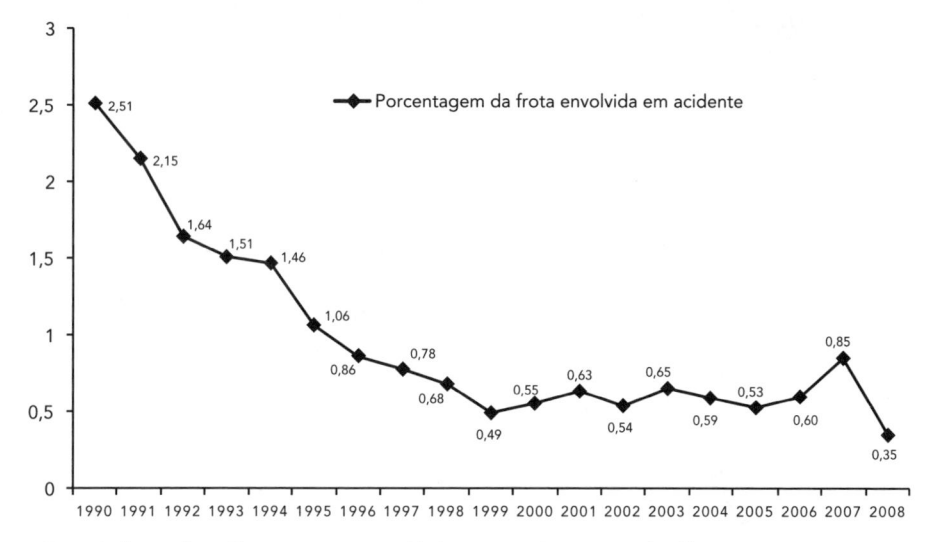

Fonte: Disponível em: <http://www.cenipa.aer.mil.br/estatisticas/aviacao_civil.pdf>. Acesso em: 20 set. 2015.

Gráfico 6.3 – Porcentagem da frota envolvida em acidente.

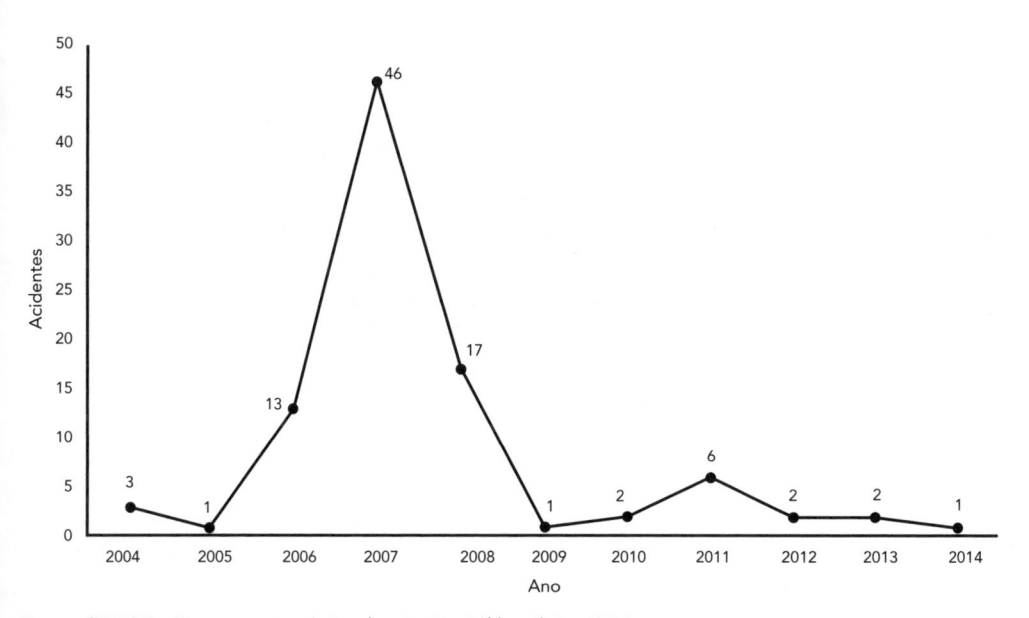

Fonte: CENIPA – Panorama estatístico da aviação civil brasileira, 2014.

Gráfico 6.4 – Total de acidentes da aviação civil no transporte aéreo regular.

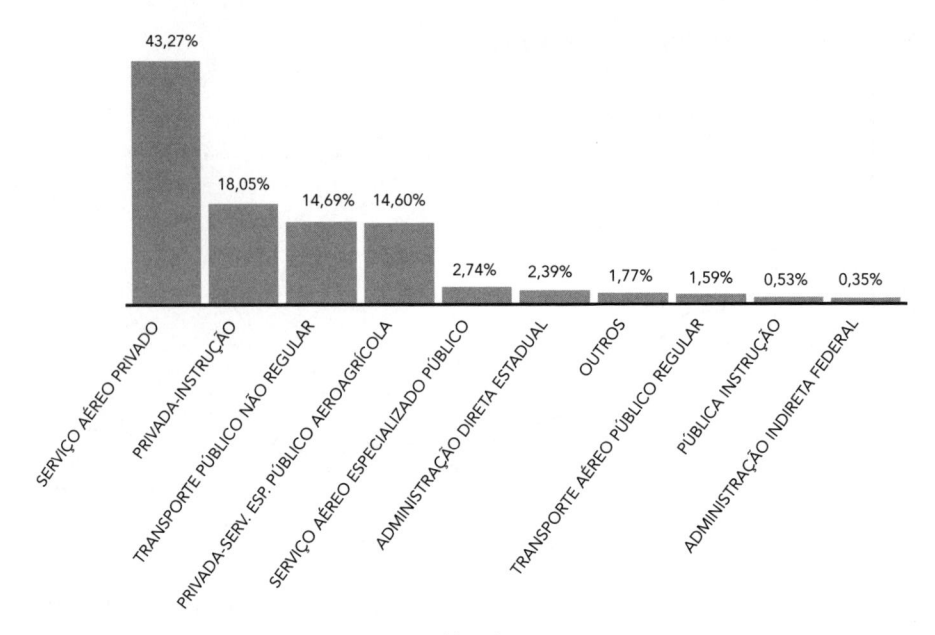

Fonte: CENIPA – Panorama estatístico da aviação civil brasileira, 2014.

Gráfico 6.5 – Percentual de acidentes na aviação civil por categoria (2004 a 2013).

A aviação regular tem tido um reduzido número de acidentes com vítimas, entre 2004 e 2013: três entre um total de 94 acidentes, em mais de 1,0 milhão de voos.

A maioria dos acidentes aéreos é provocada por falha humana: deficiente julgamento, supervisão e planejamento do voo, além de falhas ligadas aos controladores, pilotos e pessoal de manutenção. Daí a importância de levantar em detalhes o que ocasionou o acidente para que ele seja analisado por toda a comunidade aeronáutica em todo o mundo.

Cada acidente aéreo é cuidadosamente analisado, alguns por dois anos ou mais. O objetivo não é apenas determinar as causas, mas, se for o caso, mudar procedimentos e projetos para que não se repita.

Todo acidente em aviação parte de uma causa inicial à qual se somam outras. A falha em algum equipamento que até então estava em ordem e permitia voos, pousos e decolagens seguros, mesmo que outros elementos estivessem em condições perfeitas de funcionamento, pode, em caso de acidente, ressaltar essas imperfeições, que acabam se somando a outras pouco notadas quando tudo funciona bem.

O somatório de falhas origina causas múltiplas para a maioria dos acidentes, mas sempre a partir de um erro ou problema inicial desencadeador do problema.

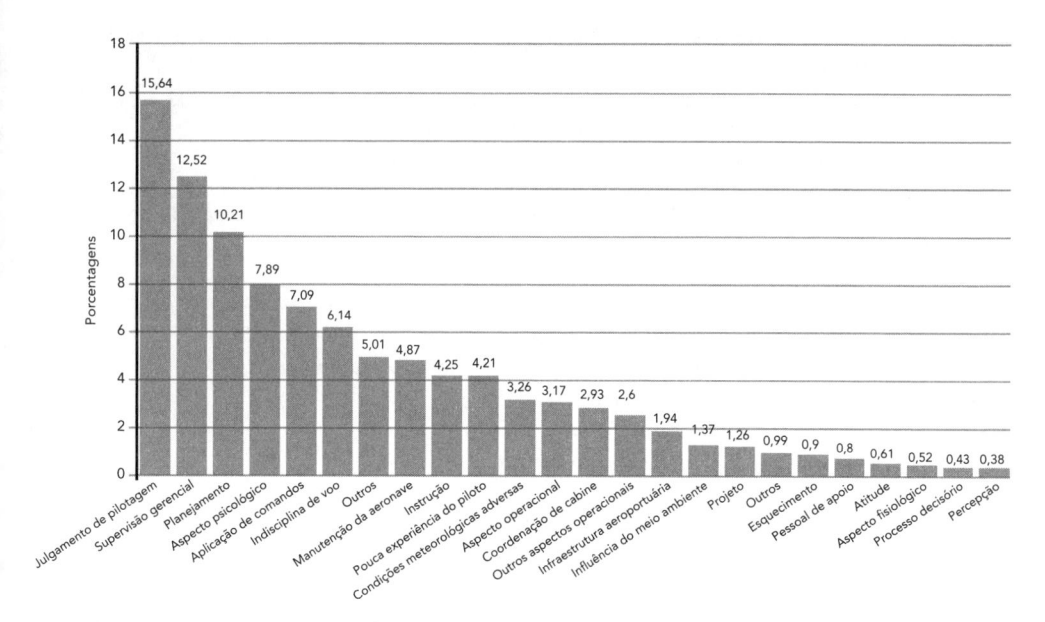

Fonte: CENIPA – Panorama estatístico da aviação civil brasileira, 2014.

Gráfico 6.6 – Índice de fatores que contribuíram para acidentes na aviação civil (2004 a 2013).

Os resultados dos estudos dos acidentes são usados para modificar projetos de aeronaves, de pistas, de equipamentos de auxílio ao pouso e à navegação, aprimorar o treinamento de pilotos e controladores, melhorar a manutenção dos aviões e das pistas.

REFERÊNCIAS

AGÊNCIA ITA – Brasil. *Transformações na aviação civil brasileira*, 2000.
AGÊNCIA Nacional de Aviação Civil – ANAC. Disponível em: <www.anac.gov.br>.
AIRBUS. Disponível em: <www.airbus.com>.
AIRCRAFT Commerce, vários números. Disponível em: <www.aicraft-commerce.com>.
ANDRADE, R. P. de. *A construção aeronáutica no Brasil (1910/1976)*. São Paulo: Brasiliense, 1976.
BARAT, J. *Segurança e desenvolvimento no sistema aéreo*. Cidade Fórum Nacional – BNDES, 2007.
CENIPA – Centro de Investigação e Prevenção de Acidentes Aeronáuticos. Disponível em: <www.cenipa.aer.mil.br>.
DAVIES, R. E. G. *Airlines of Latin America*. Washington: Smithsonian I. Press, 1983.
DESASTRES Aéreos. Disponível em: <www.desastresaereos.net>.
DIAGNÓSTICO Aeroportuário – Infraero, 1999.
EMPRESA Brasileira de Aeronáutica. Disponível em: <www.embraer.com>.
FUNDAÇÃO Liberdade e Cidadania. Um novo modelo de gestão do transporte aéreo, Seminário CIEE, 2007.
FREIBERG, K.; FREIBERG, J. *Nuts*. São Paulo: Manole, 2000. Federal Aviation Administration. Disponível em: <www.faa.gov>.

GANDRA, M. *Ideias para o planejamento estratégico da aviação comercial brasileira*. Cidade: Fórum Nacional – BNDES, 2007.

GUIMARÃES, E. A. *Nota sobre a regulação de transporte aéreo no Brasil*. SEAE do MF, 2003. HORONJEFF, R.; MC KELVEY, F. *Planning and design of airports*. Nova York: McGraw-Hill, 1994.

INTERNACIONAL Civil Aviation Organization. Disponível em: <www.icao.int>.

NISHIME, M. J. Efeitos da flexibilização da regulamentação sobre o mercado de transporte aéreo no Brasil. 1996. Dissertação (Mestrado) – Escola de Engenharia/Universidade Federal do Rio Grande do Sul. Porto Alegre, 1996.

OTT, J.; NEIDL, R. F. *Airline Odissey*. Nova York: Mc Graw-Hill, 1995.

PANORAMA estatístico da aviação civil brasileira, 2014 – CENIPA.

PEREIRA, A. *Breve história da aviação comercial brasileira*. Rio de Janeiro: Europa, 1987.

PORTAL BRASIL. Disponível em: <www.portalbrasil.net/aviacao/embraer.htm>.

SEMINÁRIO Gazeta Mercantil – Aviação Comercial, 2001.

SNEA – 70 Anos de História, 2003.

THE BOEING Company. Disponível em: <www.boeing.com>.